Más allá de la pantalla

El mundo hispano a través del cine

Fabiana Sacchi
The University of Texas at Austin

Silvia Pessoa
Carnegie Mellon University

Luis Martín-Cabrera
University of Michigan

THOMSON

HEINLE

Australia · Brazil · Canada · Mexico · Singapore · Spain · United Kingdom · United States

THOMSON
HEINLE

Más allá de la pantalla: El mundo hispano a través del cine

Sacchi, Pessoa, Martín-Cabrera

Editor-in-Chief: *PJ Boardman*
Executive Editor: *Carrie Brandon*
Senior Acquisitions Editor: *Helen Alejandra Richardson*
Development Editor: *Heather Bradley*
Editorial Assistant: *Caitlin McIntyre*
Technology Project Manager: *Sacha Laustsen*
Marketing Manager: *Lindsey Richardson*
Marketing Assistant: *Marla Nasser*
Advertising Project Manager: *Stacey Purviance*
Production Project Manager: *Annette Pagliaro*

Senior Print Buyer: *Mary Beth Hennebury*
Production Service: *Rozi Harris, Interactive Composition Corporation*
Text Designer: *Joyce Weston*
Photo Manager: *Sheri Blaney*
Photo Researcher: *Lauretta Surprenant*
Cover Designer: *Gina Petti*
Cover Printer: *Coral Graphics*
Compositor: *Interactive Composition Corporation*
Printer: *Courier Corporation*
Cover Photo: © Cocoon/Digital Vision/Getty Images

Library of Congress Control Number: 2005905578

ISBN-13: 978-1-4130-1010-7
ISBN-10: 1-4130-1010-5

Thomson Higher Education
25 Thomson Place
Boston, MA 02210-1202
USA

For more information about our products, contact us at:
Thomson Learning Academic Resource Center
1-800-423-0563

For permission to use material from this text or product, submit a request online at **http://www.thomsonrights.com**
Any additional questions about permissions can be submitted by e-mail to **thomsonrights@thomson.com**

Credits appear on page 252, which constitutes a continuation of the copyright page.

A mi mamá, Diana, por su amor, fortaleza y ejemplo, por estar siempre, por enseñarme tanto y por siempre alentarme a ir más allá ...

—*Fabiana Sacchi*

A mi madre por su fuerza y valentía y a mis hermanos y a sus hijos por su inspiración ... Gracias por acompañarme a la distancia.

A mi esposo, Erik, por todas nuestras experiencias creciendo juntos y por su amor, comprensión y apoyo incondicional. Gracias por acompañarme en cada paso.

—*Silvia Pessoa*

A Kimberly por las complicidades, por el afecto y los días compartidos, por estar del otro lado y por muchas otras cosas que no caben en esta dedicatoria.

—*Luis Martín–Cabrera*

Brief Contents

Unidad 1: MEMORIA Y OLVIDO — 1

Capítulo 1: La lengua de las mariposas (José Luis Cuerda, 1999) ESPAÑA — 4

Capítulo 2: El silencio de Neto (Luis Argueta, 1994) GUATEMALA — 18

Capítulo 3: La historia oficial (Luis Puenzo, 1985) ARGENTINA — 30

Capítulo 4: La boca del lobo (Francisco Lombardi, 1988) PERÚ — 44

Unidad 2: INMIGRACIÓN Y EXILIO — 61

Capítulo 5: El Norte (Gregory Nava, 1984) GUATEMALA/EE.UU. — 64

Capítulo 6: Bread and Roses (Ken Loach, 2000) EE.UU./MÉXICO — 78

Capítulo 7: Martín (Hache) (Adolfo Aristarain, 1997) ARGENTINA/ESPAÑA — 92

Capítulo 8: Cosas que dejé en la Habana (Manuel Gutiérrez Aragón, 1997) CUBA/ESPAÑA — 106

Unidad 3: LAS IDENTIDADES MARGINALIZADAS EN LA HISTORIA — 119

Capítulo 9: Camila (María Luisa Bemberg, 1984) ARGENTINA — 122

Capítulo 10: Los olvidados (Luis Buñuel, 1950) MÉXICO — 134

Capítulo 11: Fresa y chocolate (Tomás Gutiérrez Alea, Juan Carlos Tabío, 1994) CUBA — 148

Capítulo 12: Todo sobre mi madre (Pedro Almodóvar, 1999) ESPAÑA — 164

Unidad 4: EL MUNDO HISPANO EN LA GLOBALIZACIÓN — 179

Capítulo 13: Johnny cien pesos (Gustavo Graef-Marino, 1995) CHILE — 182

Capítulo 14: Amores perros (Alejandro González Iñárritu, 2000) MÉXICO — 196

Capítulo 15: Nueve reinas (Fabián Bielinsky, 2001) ARGENTINA — 210

Capítulo 16: La comunidad (Alex de la Iglesia, 2000) ESPAÑA — 224

Contents

Preface   xi

Acknowledgments   xix

Unidad 1: MEMORIA Y OLVIDO   1

Contextos   2

Capítulo 1: La lengua de las mariposas   4

Prepárate para ver la película   5
A simple vista   9
Conexiones con el tema   13
Más allá de la pantalla   15

Capítulo 2: El silencio de Neto   18

Prepárate para ver la película   19
A simple vista   23
Conexiones con el tema   26
Más allá de la pantalla   28

Capítulo 3: La historia oficial   30

Prepárate para ver la película   31
A simple vista   35
Conexiones con el tema   38
Más allá de la pantalla   41

Capítulo 4: La boca del lobo   44

Prepárate para ver la película   45
A simple vista   49
Conexiones con el tema   52
Más allá de la pantalla   55

Unidad 2: INMIGRACIÓN Y EXILIO 61

Contextos 62

Capítulo 5: El Norte 64
Prepárate para ver la película 65
A simple vista 69
Conexiones con el tema 72
Más allá de la pantalla 76

Capítulo 6: Bread & Roses 78
Prepárate para ver la película 79
A simple vista 83
Conexiones con el tema 87
Más allá de la pantalla 90

Capítulo 7: Martín (Hache) 92
Prepárate para ver la película 93
A simple vista 97
Conexiones con el tema 101
Más allá de la pantalla 103

Capítulo 8: Cosas que dejé en La Habana 106
Prepárate para ver la película 107
A simple vista 111
Conexiones con el tema 114
Más allá de la pantalla 116

Unidad 3: LAS IDENTIDADES MARGINALIZADAS EN LA HISTORIA 119

Contextos 120

Capítulo 9: Camila 122
Prepárate para ver la película 123
A simple vista 127
Conexiones con el tema 130
Más allá de la pantalla 132

Capítulo 10: Los olvidados 134
Prepárate para ver la película 135
A simple vista 139
Conexiones con el tema 142
Más allá de la pantalla 145

Capítulo 11: Fresa y chocolate   **148**
Prepárate para ver la película   149
A simple vista   154
Conexiones con el tema   157
Más allá de la pantalla   160

Capítulo 12: Todo sobre mi madre   **164**
Prepárate para ver la película   165
A simple vista   169
Conexiones con el tema   172
Más allá de la pantalla   175

Unidad 4: EL MUNDO HISPANO EN LA GLOBALIZACIÓN   179

Contextos   180

Capítulo 13: Johnny cien pesos   **182**
Prepárate para ver la película   183
A simple vista   187
Conexiones con el tema   191
Más allá de la pantalla   194

Capítulo 14: Amores perros   **196**
Prepárate para ver la película   197
A simple vista   201
Conexiones con el tema   205
Más allá de la pantalla   208

Capítulo 15: Nueve Reinas   **210**
Prepárate para ver la película   211
A simple vista   215
Conexiones con el tema   219
Más allá de la pantalla   221

Capítulo 16: La comunidad   **224**
Prepárate para ver la película   225
A simple vista   229
Conexiones con el tema   232
Más allá de la pantalla   235

Apéndice 1: Comentarios de películas   239

Apéndice 2: Expresiones de opinión   241

Apéndice 3: Expresiones para usar en juicios   243

Apéndice 4: Vocabulario cinematográfico   245

Index   247

Credits   252

Preface

Description of the Book

Más allá de la pantalla: El mundo hispano a través del cine is designed for students taking an intermediate to advanced Spanish course with a focus on Hispanic culture through film. Undoubtedly, films are a rich source of meaningful cultural information and students can come to understand much about a country's culture (history, politics, social problems, etc.) through the discussion and analysis of films. As an added benefit, the combination of sound, image, and language provided by the films engages and stimulates students' senses and cognitive faculties, simultaneously. Through the activities in *Más allá de la pantalla*, students will use language in a meaningful way to discuss the different cultural aspects portrayed in the films, while further developing their proficiency in the four language skills (listening, speaking, reading, and writing). Therefore, in addition to expanding students' historical and cultural knowledge, the text works to develop students' skills according to the National Standards for Foreign Language Learning. To achieve this, *Más allá de la pantalla* engages students in cognitively challenging activities that go beyond simple comprehension exercises. In each chapter, students will read about the cultural context for each film, analyze and discuss the major themes in the films, and make connections between these themes and larger cultural issues that pertain to the Spanish–speaking world. Students will also practice their critical thinking skills throughout the chapters in a variety of exercises that require a profound understanding, reflection, and analysis of the films. The activities in *Más allá de la pantalla* reflect our belief that language and culture are intertwined and, therefore, any meaningful language learning experience must incorporate both. The films selected provide a rich framework for this integration.

Book Philosophy

The rationale of *Más allá de la pantalla* is predicated on a belief in content–based, communicative language learning. As advocated in these approaches, language is best learned in a meaningful context. Each film provides the context for students' study of the histories and cultures of the diverse Spanish–speaking world. In fact, the thematic organization of the book encourages students to view and analyze the films in each chapter, while considering the larger historical and social context identified in the unit opener. One of the main advantages of a content–based approach remains the development of critical thinking skills. That said, the goal is for students to approach the study of another culture, not as an opposing system of thought, but rather as a different set of knowledge that ultimately enriches their own views of the world. Accordingly, *Más allá de la pantalla* attempts to go beyond the stereotypical topics associated with the Spanish–speaking world and invites students to develop a more complex and sophisticated understanding of these cultures.

Más allá de la pantalla also embraces the notion that active participation is an essential component of language learning development. Therefore, the activities in the book provide ample opportunities for students to analyze and discuss the major themes in the films using language in unrehearsed situations. Following a content–based approach, in *Más allá de la pantalla* students use language as a medium for learning content and use content as a resource for learning and improving language. Although no explicit reference is made to Spanish grammatical features in the text, a focus on developing vocabulary, listening, reading, speaking, and writing skills is interwoven throughout the chapter activities. Additionally, in the book's appendices students have access to specific linguistic resources, which support their productive participation in classroom discussion and their writing of film reviews.

The activities in *Más allá de la pantalla* adhere to the National Standards for Foreign Language Learning: Communication, Culture, Connections, Comparisons, and Communities. These five elements are integrated consistently throughout the book. The films and the activities allow students to learn about the Spanish–speaking cultures and communities, while making connections and comparisons to their own personal reality and their disciplines in a communicative setting. Based on critical pedagogy, *Más allá de la pantalla* stimulates students' sense of inquiry about the Spanish–speaking world without "exoticizing" the subject. It is our goal to enhance students' social, historical, and political understanding of these cultures through critical thinking and analysis. We hope to draw the "otherness" closer to their personal reality.

Features of the Book

The Unit Themes

Más allá de la pantalla is organized using a historical framework that is specific to the Spanish–speaking world. The book is organized into four units that portray some of the most prevalent social, historical, and political facets of the Spanish–speaking world: *Memoria y olvido, Inmigración y exilio, Las identidades marginalizadas en la historia,* and *El mundo hispano en la globalización.*

Unit I: Memoria y olvido. Memory is a recurrent topic in novels, essays, and films from the Spanish–speaking world due to the often traumatic historic events, which are the focus of public debates on what needs to be remembered and what should be forgotten. The films in this unit deal with different approaches to memory and oblivion: from the beginning of a dictatorship to political repression against indigenous populations. Through the activities, students reflect upon and analyze the historical context in which events occurred. This grants them awareness of the problem of memory and oblivion and takes them beyond the stereotype of Spanish–speaking countries as places of irrational violence and problems.

Unit II: Inmigración y exilio. This unit includes films that examine the culture of exile and immigration. As a consequence of political and economic crisis, many of the people in the Spanish-speaking world have been forced to leave their homelands in search of better living conditions. The films and the activities in this unit enable students to reflect upon immigration and exile and analyze how these phenomena create different forms of hybrid and hetero-geneous cultures.

Unit III: Las identidades marginalizadas en la historia. This unit includes films that depict different groups, which have been marginalized throughout history: the poor, women, homosexuals, and transvestites. Students learn about the fight for recognition that these groups have endured in different historical periods. The activities engage students in critical analysis of the struggles of these socially marginalized people and point to the ways in which the "othering" of these people takes place in Spanish–speaking societies.

Unit IV: El mundo hispano en la globalización. With the historical back-ground from the previous units, this culminating unit examines contemporary issues in the Spanish–speaking world. Although globalization has had a positive impact by bringing together different cultures, it has also had a negative effect on many Spanish–speaking societies. The films in this unit showcase the contradictions between the positive elements of globalization and modern life, and excessive consumption, the media, corruption, unemployment, and increasing poverty. In analyzing these contradictions, students must reflect critically on the process of globalization in Latin America and Spain from a historical point of view.

Selection of Films

Each unit features four films from different countries, each of which explores various aspects of the unit theme. The films were carefully selected, combining mainstream films such as *La historia oficial* or *Fresa y chocolate,* with lesser known (yet still easily attainable from www.amazon.com, www.facets.org, www.fnac.es, or interlibrary loans) films such as *La boca del lobo* or *Cosas que dejé en La Habana.* In addition, we looked to represent as many countries as possible; however, Argentina, Mexico, and Spain remain more prominent due to their developed film industries and greater product accessibility. The rationale behind our selections remained to provide students with a rich overview of the pertinent Spanish–speaking cultures and to reflect critically on the many stereotypes that mark them. Due to the nature of the social and historical issues portrayed in the films, most are either rated R (or not rated) for language and content. Instructors may exclude any film that they deem inappropriate for their students. Finally, depending on students' language proficiency, subtitles may be used when viewing the films. That said, a certain tolerance of ambiguity should be instilled in students.

Activities

The sequencing of activities is an essential feature of the book: they are organized progressively from comprehension to analysis, while consistently emphasizing the practice and development of the four language skills. To develop students' analysis and understanding of the movies, activities are designed to first facilitate the students' general understanding of the plot and characters before completing analytical tasks that require a more sophisticated and abstract level of analysis. For example, in the beginning reading sections of each unit/chapter (e.g. *Contextos, Un poco de historia, El director*) students acquire the background knowledge (input) they need in order to understand the background of the films and they later apply this information directly to their analyses of the films (output). Since the purpose of these sections is to provide input, they do not contain comprehension questions; however, later activities include questions that refer students to these opening sections, thus recycling the material presented in order to enhance students' understanding and integration of the information. At the end of each chapter, students perform role–plays, write about topics in the films, engage in debates and research issues related to the films' topics. The different text types that students are exposed to, and are encouraged to write, represent a variety of genres: poems, songs, literary essays, formal and informal letters, newspaper articles, argumentative essays, among other genres. The variety of activities as well as the questions, charts, and diagrams throughout the chapters are designed to scaffold students' learning and to appeal to students with different learning styles, thus addressing multiple intelligences. Most of the activities present students with many questions because scaffolding is an essential part of *Más allá de la pantalla*. These questions are not designed to limit students' own analysis of the films but to encourage multiple interpretations and critical understanding of the films.

Authentic, Meaningful Materials

Each unit in this book begins with one or two short authentic literary texts (excerpts from essays, excerpts from novels, poems, etc.) that are related to the main theme of the unit. The goals of using these texts are threefold: 1) to activate students' background knowledge of the themes before viewing the films, 2) to expose students to rich and diverse literature that invites them to understand the reality of the Spanish–speaking world, and 3) to help students make connections between written literature and the major themes of the films. Some of the texts may be challenging for intermediate students. Therefore, teachers should remind students that a certain tolerance of ambiguity is important in language learning. At the same time, individual teachers may decide to approach these texts differently depending on students' proficiency, needs, and interests. For example, while there are general questions about the texts, there are no comprehension questions, thus some teachers may want to provide students with more specific questions to scaffold their understanding of the texts. It is important to remember, however, that the main purpose of these texts is to provide input that will help students reflect upon and make connections to the themes of the units, which they do in later sections. In *Conexiones con el tema* and in *Más allá de la pantalla*, students are also presented with short authentic texts in the form of song lyrics, quotations, and reviews. These texts provide students with input that facilitates reflection and analysis through oral and written tasks.

Flexibility

Más allá de la pantalla is flexible, as it may be employed for different purposes without losing its focus. It may be used for a culture course through film, a conversation course, or as supporting materials for an all–skills language course. Additionally, the ample selection of films and the wide range of activities make it possible for instructors to select materials according to the demands and the restrictions of the curriculum, teaching styles, time constraints, and students' needs and preferences.

A Note on Implementation. An important feature of *Más allá de la pantalla* remains its flexibility: the textbook may be tailored to fit the needs of the students and instructors.

- The films may be shown in class or outside of class. This decision will depend on various factors: institutional and curricular constraints, audiovisual resources available in each classroom or institution, and time constraints for both teachers and students. We recommend taking into account all these factors when designing the course. For example, showing the film in class ensures students' viewing of the film before discussing it and imposes fewer constraints on their busy schedules. On the other hand, watching the movies outside of class may be a better option if there are few contact hours and may provide more flexibility for students to watch movies at their own pace.

- Another important decision is the use of subtitles. We recommend their use for intermediate learners to enhance their understanding of the film. Teachers should encourage more advanced learners to avoid the use of subtitles in order to further develop their listening comprehension skills.

- The text contains a large number of activities, which may seem overwhelming for some instructors and students; however, the activities do not need to be completed in their entirety. In addition to not covering all of the activities, instructors may decide not to cover all of the chapters in the units. Whether or not all of the chapters are utilized, students will still gain a profound understanding of the unit themes thanks to the detailed analyses of the other films. The plethora of activities and the richness of the chapters are precisely what make *Más allá de la pantalla* a dynamic text for both instructors and students.

- The literary texts included in the beginning of each unit may be challenging for some students, due to lack of background knowledge or language proficiency. On a first read, the content may not be very meaningful for students; therefore, we recommend reading these texts again after watching the movies. In order to enhance students' understanding and keep the social and historical context in mind, instructors may also decide to refer students to the information in these texts during activities. To enhance student comprehension, especially that of intermediate students, a more extensive list of vocabulary may be provided to accompany the texts, as well as comprehension questions.

Supplementary Materials

Más allá de la pantalla features an answer key and a web site. The answer key, which is available on the password–protected instructor's web site, contains answers to the *La trama, Los personajes,* and *¿Quién lo dice y por qué?* sections of the text. For instructors, the web site also includes ideas for implementation and links to useful web sites. For students, the web site offers links to additional information on the films and their directors, plus the societies which they represent. The web site materials enable instructors and students to reflect upon and learn more about each film and its historical context.

Chapter Organization

Unit Opener: Contextos. Each unit opens with one or two literary texts related to the unit theme. These texts serve as springboards, activating background knowledge and placing the films in context. Within each chapter, in the *Conexiones con el tema* section, students will revisit the opening texts to connect the ideas presented to the major themes in each film.

Chapter Opener. Each film is introduced with its cover and a brief synopsis. This will help students predict the content of the movie without revealing the major events of the plot.

Prepárate para ver la película. In *Un poco de historia,* each film is introduced within its appropriate historical context, helping students to understand the broader context in which the events take place. This reading also gives students the active or background knowledge they need in order to understand the connection between the unit theme and the cultural issues portrayed in the films.

In *El director,* students are supplied with information about the director of the film. This short reading not only helps students to familiarize themselves with Hispanic filmmakers and the issues they address in their films, but it also assists them in identifying the genre the films belong to and how they reflect the directors' views.

The *Notas lingüísticas* section lists useful vocabulary students need to understand and discuss the film. Definitions are provided in Spanish and regional words are highlighted. In addition, some of the specific linguistic features of the film are explained, for example, 'voseo' and 'bilingüismo.'

The questions in *Anticipando los temas* help students predict the content of the film, activate schema, and relate the issues addressed in the film to their own personal background.

A simple vista. Exercises in the *La trama* section are designed to evaluate students' comprehension of the plot of the film. We believe it is necessary for students to have a general understanding of the events in the film before progressing into a more abstract analysis. The activities encourage students to work in groups and talk about specific events and circumstances in which these events took place.

The activities in *Los personajes* focus on understanding the personality, psychology, and conflicts of the main characters as well as the relationships among them. This helps students deepen their understanding of the plot of the film.

In the *Imágenes* section, we refer students to two or three powerful visual shots in the film to help them make connections between these visual elements and the issues addressed in the movie. For example, in *Martín (Hache)* we ask students to compare the differences between Madrid and Buenos Aires, based on the images presented in the film.

Escenas y citas: ¿Quién lo dice y por qué? is a series of quotes, taken from the film, that students are to identify and discuss. The selection of the quotes features those that enhance students' understanding of the main issues and conflicts in the film.

Conexiones con el tema. The *Analizando la película* section marks a transitional point in the chapter in that it helps students move from a comprehension stage to a deeper critical analysis of the major topics in the film. This section includes thoughtful, open–ended questions, and requires the analysis of a powerful and controversial excerpt from a scene that reflects the most important themes of the film and of the unit.

Más allá de la pantalla. In contrast to *A simple vista,* this section goes beyond basic plot comprehension, requiring students to use their language skills to further analyze the issues in the film in different ways. Instructors may select from the wide range of activities available.

The activities in the *Tú eres la estrella* are designed for students to practice their speaking skills by engaging in role–plays representing different characters in the film. These activities stimulate students' creativity with language while enhancing their understanding of the major themes of the movie. Students are also encouraged to use the regional vocabulary of the film in order to practice vocabulary building and to make their dialogues more natural.

The activities in the *Tú eres el escritor* allow students to practice their writing skills in different genres. Students are to write newspaper articles, letters, journal entries, film scripts, movie reviews, etc. Again, these activities further enhance students' understanding of the major themes of the movies.

In the *Tú eres el crítico* section, the class engages in debates about the different controversial themes in the movie. This is an opportunity for students to talk about the other topics in the film, not necessarily the unit's theme. For example, *Martín (Hache)* is primarily a film about immigration and exile, but there are also other controversial topics present, such as drugs, homosexuals, father–son relationships, etc.

The *Tú eres el investigador* section brings the unit to a close by asking students to do research about the themes of the film focusing on the country's history, important figures, and current reality. Instructors may ask students to give an oral or written report of their findings.

Más allá de la pantalla strives to start a critical dialogue about the cultures of the Spanish–speaking world, while helping students develop their language skills. We wish you much success accomplishing these goals. We hope the films and the activities help you go beyond what you see on the screen to enhance your understanding of the diversity of the Spanish–speaking world. To promote an open dialogue, we look forward to hearing about your experiences using *Más allá de la pantalla.*

—Fabiana Sacchi, Silvia Pessoa, and Luis Martín-Cabrera

Acknowledgments

This book is a collective effort, which has been made possible thanks to the generosity and support of different individuals and institutions. First of all, we would like to thank our families in Argentina, Spain, and Uruguay for their unconditional support and love. In many ways, this book is an ongoing effort to bridge the gap between the places that we still call home (Río Cuarto, Béjar, and Montevideo) and the culture in which we now live. We would also like to express our gratitude to our partners: Erik Helin, Rodrigo Palacios, and Kimberly Boys. Erik helped in more ways than it is possible to acknowledge: he cooked when we were exhausted; he put a touch of Swedish humor in our endless days of work; and he definitely watched almost as many films from Latin America and Spain as we did. Rodrigo was a constant presence from afar, helping with tasks such as reading the book contract, and sharing with us the excitement and challenges of writing a book; his support was also a very important part of this book. Kimberly helped both professionally and personally. She offered important insights and comments to improve the manuscript; she edited important parts of the preface; and more importantly, she enthusiastically supported a book based on bringing together language and culture.

Más allá de la pantalla is also the result of our experiences teaching and learning at the University of Michigan, Carnegie Mellon University, and The University of Texas at Austin. At the University of Michigan—where the idea for the book first came to light—we would like to express our deepest gratitude to Ana Ros, Cristina Moreiras–Menor, Carlos de los Santos, Alberto Caballero, and Daniel Noemi for their help both as colleagues and friends. At Carnegie Mellon, we wish to thank Mariana Achugar for using materials from the book in her classes and for her wise advice and support; Dick Tucker and Susan Polansky for their assistance in decoding the details of our first book contract and for their support in every aspect of graduate school; and Mariana Achugar's students, especially Frances Ruiz and Fátima Boujarwah, for sharing their film reviews with us. At The University of Texas at Austin, we would like to thank Dan Villarreal for his help in translating legal terms to be used in activities. Furthermore, at each of these universities, we are indebted to our students. This book is also for them, in recognition of everything they have taught us, and as an invitation to continue a critical and productive dialogue about the cultures of the Spanish–speaking world.

We would also like to extend our gratitude to the following reviewers for their insightful comments and suggestions. ***Más allá de la pantalla*** has greatly benefited from their knowledge and expertise.

Ana Yolanda Contreras, *University of North Florida*

Oscar A. Díaz–Ortiz, *Middle Tennessee State University*

Alan Englekirk, *Gonzaga University*

José M. García Sánchez, *Eastern Washington University*

Juli A. Kroll, *University of North Dakota*

Ramonita Marcano–Ogando, *University of Pennsylvania*

José Morillo, *Marshall University*

Elena Olazagasti–Segovia, *Vanderbilt University*

Margherita A. Tortora, *Yale University*

Andrew S. Wiseman, *Cedarville University*

Last, but not least, we would like to thank everyone at Thomson Heinle, especially Helen Alejandra Richardson, Heather Bradley, and Cait McIntyre for believing in this project from the beginning and for constantly guiding us throughout the process of publishing our first textbook. We would also like to thank Annette Pagliaro, Production Project Manager, and Rozi Harris, Freelance Project Manager, for their adept handling of the production process.

Unidad 1

Memoria y
olvido

Contextos

Las películas de esta unidad tratan el tema de la memoria y el olvido. Antes de ver estas películas, lee los siguientes textos y contesta las preguntas a continuación. Estos textos te ayudarán a comprender algunos de los temas de las películas.

Después de la lluvia: Sobre la ambigua modernidad española.
Eduardo Subirats (1993)

Hemos olvidado la realidad terrible de cuatro décadas de dictadura militar. [...] Se ignora la violencia que ha perseguido la vida cotidiana española desde la sublevación militar de 1936 hasta los fusilamientos, las torturas y los espectáculos cotidianos de terror que la dictadura de Franco prodigó sin la mejor contención, hasta el día mismo de su muerte. Se ha impuesto una verdadera amnesia sobre la humillación nacional que significó la ocupación militar española por el aparato bélico de Alemania e Italia. [...] Ya no se recuerda el sistema de represión que se instaló a espaldas de las bandas fascistas. Y que ha dejado largas secuelas hasta el día de hoy. Hemos olvidado el rostro de vulgaridad y mediocridad que se impuso en todas las expresiones de la vida cotidiana española de aquel entonces. [...]

Ahora ya podemos comprender, sin embargo, el sentido último de este olvido y de las complejas estrategias políticas y mediáticas que han contribuido a él: el retorno de lo reprimido. [...] Este retorno de lo reprimido comienza a aflorar hoy por doquier: leyes restrictivas de libertades civiles, monopolización de los medios de comunicación bajo la tutela de los grupos políticos en el poder, disfuncionamiento del aparato judicial, violencia civil, controles sociales extraconstitucionales, intervencionismo estatal creciente en todas las actividades culturales bajo el síndrome general del nuevo Estado cultural, liquidación de los últimos vestigios de una democracia participativa, ocupación de las instituciones sociales por miembros del aparato político, caudillismo y centralismo democrático como disciplina normal del partido en el poder, imposición velada o semivelada de la censura... [...]

———

(Fragmento de *Después de la lluvia. Sobre la ambigua modernidad española*, Capítulo 9: Estrategias del olvido)

La memoria rota. Ensayos sobre literatura y política.
Arcadio Díaz-Quiñones (1993)

Los quince años de *Sin Nombre* [revista editada en San Juan, Puerto Rico, 1970–1985] han sido los años del terror sistematizado en Argentina, en Chile, en Uruguay, en Guatemala y en El Salvador. Resulta escalofriante repasar la implantación de regímenes militares, de autoritarismos y violencia durante este período. La brutalidad y el terror impusieron un marco desolador en el terreno cultural. [...] La "cultura" triunfante a partir del golpe contra Allende en Chile y las dictaduras del Cono Sur en la década del setenta, llevó a la clausura de periódicos, la quema de libros, el asesinato de escritores, a la tortura de mujeres, jóvenes, obreros y de muchos inocentes. El exilio se convirtió en una penosa realidad para miles de latinoamericanos, mientras continuaba el atropello insensato de los derechos humanos, los secuestros y las desapariciones. [...]

¿Cómo hablar de la angustia y la pesadilla de la tortura? ¿De dónde salieron los torturadores, los delatores, los asesinos? ¿Cómo contar la magnitud de la tragedia de Chile o Uruguay? ¿Cómo expresar la impotencia ante un enemigo dispuesto al exterminio, a liquidar sin compasión a adolescentes y jóvenes que combatieron con voluntad suicida? ¿Cómo hablar compasivamente de los que prefirieron vivir y desertaron la lucha? [...]

(Fragmento de *La memoria rota. Ensayos sobre cultura y política*, Capítulo 3: Los años sin nombre)

1. Según el texto de Subirats, ¿qué efecto tiene en el presente de la sociedad española el olvido del pasado? ¿Qué acontecimientos de la historia española han sido olvidados y por qué?

2. Según el texto de Díaz-Quiñones, ¿por qué es tan difícil hablar de ciertos eventos de la historia reciente de Latinoamérica? ¿Se pueden explicar estos acontecimientos?

3. ¿Qué relación hay entre los eventos históricos que describe Subirats y los que describe Díaz-Quiñones? ¿Qué diferencias hay entre estos dos textos en el modo de abordar el tema de la memoria y el olvido?

Capítulo 1

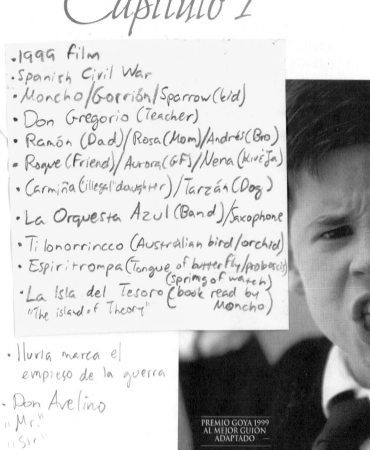

.1999 film
- Spanish Civil War
- Moncho/Gorrión/Sparrow (kid)
- Don Gregorio (Teacher)
- Ramón (Dad)/Rosa (Mom)/Andrés (Bro)
- Roque (Friend)/Aurora (GF)/Nena (kid ja)
- Carmiña (illegal daughter)/Tarzán (Dog)
- La Orquesta Azul (Band)/Saxophone
- Ti lonorrincco (Australian bird/orchid)
- Espiritrompa (Tongue of butterfly/proboscis)
  (springs of watch)
- La Isla del Tesoro (book read by Moncho)
  "The island of Theory"

- lluria marca el empieso de la guerra

- Don Avelino
  "Mr."
  "Sir"

Manuel
Lozano

PREMIO GOYA 1999
AL MEJOR GUIÓN
ADAPTADO

UNA PELÍCULA DE JOSE LUIS CUERDA

LA LENGUA DE LAS MARIPOSAS

Sogepaq VIDEO

© Oliver Mallah Photography

Sinopsis

La lengua de las mariposas cuenta la historia de la relación entre Moncho, un niño de ocho años, y su maestro, Don Gregorio, en un pueblo de Galicia en los años 30. La película muestra el crecimiento de Moncho enfocándose en las cosas que aprende con su maestro, con su familia y con las demás personas del pueblo. Sin embargo, el comienzo de la Guerra Civil española interrumpe la relación entre Moncho y Don Gregorio así como su proceso de aprendizaje.

Prepárate para ver la película

Un poco de historia: La experiencia de la República en la España de los años 30

El 14 de abril de 1931 se proclamó en España, con el apoyo mayoritario del pueblo y de los intelectuales, el gobierno de la Segunda República. Después de la redacción de una nueva constitución, las elecciones de octubre de 1931 dieron la victoria a una coalición de partidos de centro-izquierda encabezada por Manuel Azaña. El gobierno de Azaña trató de implementar una serie de reformas políticas y sociales para modernizar un país en el que todavía sobrevivían formas de gobierno tradicionales y autoritarias.

En primer lugar, el gobierno de la República trató de fomentar la educación pública y gratuita. El índice de analfabetismo en la España de los años 30 llegaba casi al 40%. La educación estaba casi exclusivamente en manos de la Iglesia y, por ello, muchos sectores populares no tenían acceso a ella. En los diez primeros meses del gobierno de Azaña se construyeron 7.000 escuelas públicas, muchas más por promedio que las que construyó la Monarquía. Otra de las reformas más importantes de este período fue la reforma agraria. En los años 30 la mayoría de la tierra cultivable estaba en manos de los grandes propietarios y de la Iglesia. Por eso, el gobierno de Azaña aprobó una ley cuyo objetivo era permitir la expropiación de estas grandes superficies de tierra para repartirlas entre los campesinos pobres.

A pesar de las muchas tensiones políticas de este periodo, se puede decir que se consiguieron avances sociales hasta entonces impensables: entre muchos otros logros, se legalizaron el divorcio y los matrimonios civiles, se le concedió el voto a la mujer y se alfabetizó a grandes sectores de la población. Sin embargo, estas mismas reformas provocaron una confrontación con aquellos sectores sociales (la Iglesia, el ejército, los propietarios, la nobleza, etc.) que veían amenazados sus privilegios. A la indignación que provocaron estas reformas hay que sumar la radicalización de gran parte del campesinado y de la clase obrera quienes, después de muchos años de hambre e injusticia, reaccionaron quemando iglesias y ocupando tierras.

El descontento de las clases dominantes se materializó en la victoria de la CEDA (Confederación Española de Derechas Autónomas) en las elecciones de 1934. La CEDA representaba precisamente a los sectores más tradicionales de la sociedad española. Por eso, en buena medida, su política se fundamentó en deshacer muchas de las reformas del gobierno de Azaña, por ejemplo, paralizaron la reforma agraria y volvieron a fortalecer el papel social de la Iglesia.

En enero de 1936 se volvieron a celebrar elecciones en medio de un ambiente social cada vez más polarizado. Las elecciones las ganó el Frente Popular, una coalición de partidos de izquierdas encabezada de nuevo por Azaña. El segundo gobierno de Azaña volvió a poner en marcha las reformas sociales y liberó a los más de 30.000 presos políticos que el gobierno de la CEDA había encarcelado.

Sin embargo, el avance de las libertades sociales fue interrumpido una vez más por la intervención de los militares. El 18 de julio de 1936 el general Francisco Franco, junto con otros generales, dio un golpe de Estado que inició la Guerra Civil (1936–1939). Los españoles tuvieron que vivir cuarenta años bajo la dictadura del general Franco (1939–1975) para volver a recuperar muchas de las conquistas sociales (legalización del divorcio, separación de la Iglesia y el Estado, etc.) que la República les había otorgado.

El director: José Luis Cuerda

José Luis Cuerda nació en 1947 en Albacete, España. Estudió la carrera de leyes durante tres años, pero la abandonó para dedicarse profesionalmente al cine. En 1969 empezó a trabajar para Televisión Española donde realizó más de 500 reportajes y documentales. Entre 1985 y 1987 fue profesor de cine en la Facultad de Bellas Artes de la Universidad de Salamanca. En 1982 dirigió su primera película, **Pares y nones,** pero la película que realmente lo lanzó a la fama es ***El bosque animado*** (1987), una película basada en una novela del escritor Wenceslao Fernández Flórez.

Con esta película se inaugura una trilogía formada además por ***Amanece que no es poco*** (1989) y ***Así en el cielo como en la tierra*** (1995). Las tres películas tienen en común el uso de situaciones absurdas y elementos surrealistas con el fin de generar un tipo de comedia que tiene como objetivo recrear situaciones históricas y fomentar la sátira política. Estas películas están todas ambientadas en zonas rurales de España a las que se les da el carácter de espacios alegóricos para reproducir distintos momentos históricos del país.

La lengua de las mariposas continúa esta línea de cine ambientado en las zonas rurales de España, pero en ella el referente histórico de la Segunda República y la Guerra Civil aparece dentro de una estética más realista que en sus películas anteriores. Basada en tres cuentos del escritor gallego Manuel Rivas —"La lengua de las mariposas", "Carmiña" y "Un saxo en la niebla"— la película trata de recrear el ambiente de los meses anteriores al estallido de la Guerra Civil en España.

Manuel Zambrava/CORBIS

José Luis Cuerda, director español

Notas lingüísticas

Las siguientes palabras te servirán para comprender los diálogos de la película y podrás utilizarlas también en las actividades del capítulo.

SPAIN

Palabras útiles

Religión

ateo	persona que no cree en Dios
cura	(*inf.*) sacerdote de la Iglesia Católica _pastor_

Política

República	sistema de gobierno democrático que se opone a la Monarquía en España
rojo	(*figurativo*) persona con ideas políticas progresistas y/o izquierdistas
republicano	persona que apoya las ideas de la República

Otras palabras

gorrión	pájaro pequeño y frágil que abunda en ciudades y pueblos
sastre	persona que hace ropa, principalmente para hombres _tailor for men_
señorito	persona de la clase alta con privilegios

Palabras regionales

chavales	(*inf.*) niños, muchachos
coño	(*vulgar*) expresión de sorpresa negativa
mearse	(*vulgar*) orinarse _urinate_
dar palo	(*inf.*) castigar físicamente a una persona

Cognados

asma	conservador	guardia civil
microscopio	orquesta	principios
progresista		

Nota: El uso de vosotros

Vosotros es la segunda persona del plural que se utiliza para dirigirse informalmente a un grupo de personas. Es una de las marcas lingüísticas más reconocibles del español hablado en la mayor parte de España. En los demás países hispanohablantes no se utiliza la forma **vosotros** y en su lugar se usa **ustedes**. El español peninsular utiliza la forma **ustedes** para dirigirse formalmente a un grupo de personas. El ejemplo siguiente está sacado de la película: "¿En qué banda **tocáis vosotros**?" En Latinoamérica esta pregunta sería: ¿En qué banda **tocan ustedes**?

Predicciones y reflexiones

 1-1. Anticipando los temas

Contesten las siguientes preguntas antes de ver la película.

1. Miren la portada y lean el título y la sinopsis de la película. ¿De qué creen que trata la película? ¿Qué está haciendo el niño de la portada? ¿Quién piensan que es ese niño?

2. ¿Qué recuerdos tienen de su niñez? ¿Recuerdan muchas cosas? ¿Qué cosas recuerdan?

3. ¿Les gustaba ir a la escuela? ¿Recuerdan los primeros maestros que tuvieron cuando eran niños? ¿Eran maestros o maestras? ¿Cómo eran? ¿Tienen buenos o malos recuerdos de ellos? ¿Qué es lo que más recuerdan de ellos? ¿Qué clases les gustaban más?

4. Según su opinión, ¿qué cualidades necesita tener un/a buen/a maestro/a? ¿Por qué?

5. ¿Recuerdan algún evento traumático y/o muy negativo de la historia de su país? ¿Cuál es? ¿De qué manera afectó su vida?

A simple vista

 ### 1-2. La trama

El ejercicio siguiente les servirá para analizar algunos de los eventos más importantes de la película.

¿Cuáles piensas que son los eventos de la película que Moncho jamás olvidará? De la lista a continuación: a) elige los cuatro momentos que te parezcan más relevantes para la trama de la película y para el crecimiento de Moncho, b) ordénalos cronológicamente y c) comenta tus respuestas en grupos.

a. _____ Ir a la escuela por primera vez

b. _____ Conocer a Don Gregorio

c. _____ Conocer a su amigo Roque

d. _____ Regalarle un traje a Don Gregorio

e. _____ Ir al campo a observar la naturaleza

f. _____ Pelearse con un compañero en la escuela

g. _____ Ver por primera vez a una pareja teniendo relaciones sexuales

h. _____ Viajar con su hermano y la orquesta

i. _____ Ver a su madre quemar los documentos relacionados con la República

j. _____ Gritarle a Don Gregorio y a los otros hombres en público al final de la película

 ### 1-3. Los personajes

En los ejercicios siguientes vas a comentar con tus compañeros las características de los personajes de la película y las relaciones que se establecen entre ellos.

1. Describan los diferentes personajes de la película usando las palabras del siguiente cuadro y las que consideren apropiadas. Luego, expliquen su elección.

compasivo/a	revolucionario/a	curioso/a	sabio/a	protector/a	valiente	rebelde
cobarde	religioso/a	generoso/a	artístico/a	tranquilo/a	bohemio/a	egoísta
idealista	pragmático/a	ingenuo/a	inocente	conservador/a	progresista	tolerante
intolerante	materialista	romántico/a	autoritario/a	paciente		

Personaje	Descripción
El maestro:	
Moncho:	
La madre de Moncho:	
El padre de Moncho:	
El hermano de Moncho:	

2. A lo largo de la película vemos que Moncho aprende muchas cosas, no solamente de la escuela, sino también de la vida. Este aprendizaje ocurre cuando Moncho se relaciona con las diferentes personas que forman parte de su vida. Completa el siguiente diagrama con las cosas que aprende Moncho de los distintos personajes de la película. Luego, explica por qué piensas de esa manera.

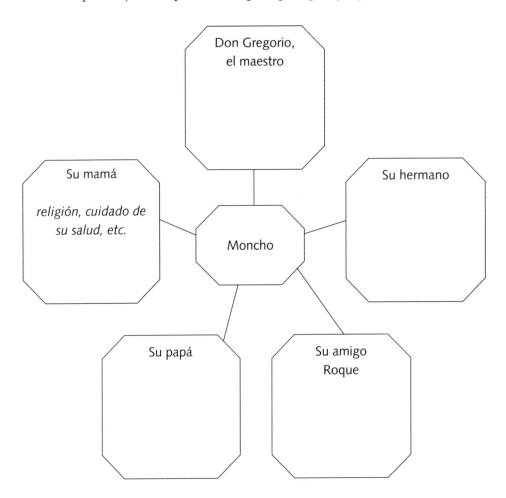

Courtesy of the Authors

Niños aprendiendo una lección en los años 30 en España

1-4. Imágenes

Piensa en ciertas imágenes de la película y responde las siguientes preguntas.

1. Al principio de la película aparecen una serie de fotos sobre la España de los años 30. ¿Qué se ve en estas fotos? ¿Cómo son las personas en las fotografías? ¿Qué imagen de España presentan? ¿Por qué piensas que el director incluyó estas fotos al principio de la película?

2. Piensa en la escuela que se ve en la película. ¿Cómo es la escuela? ¿Qué materiales pedagógicos hay en la clase? ¿Cómo son los niños que van a la escuela? ¿Dónde juegan los niños?

3. ¿Cómo es la casa de Don Gregorio? ¿Qué nos dice la casa de Don Gregorio acerca de su personalidad?

4. Piensa en la escena en que el novio de Carmiña mata a Tarzán, su perro. ¿Cómo lo mata? ¿Qué simboliza esta escena en la película? ¿Qué relación tiene esta escena con otros eventos de la película? ¿Por qué piensas que el director incluye esta escena en la película? ¿Cuál es la reacción de Moncho y su amigo ante este evento? ¿Por qué piensas que el director hace que Moncho y su amigo vean este evento?

5. Al final de la película, la madre de Moncho quema varios objetos. ¿Qué objetos quema? ¿Por qué lo hace? ¿Cómo crees que se siente el padre al ver que su esposa quema estas cosas? ¿Qué representan estos objetos para la familia de Moncho? ¿Y para la sociedad española de esa época?

6. Al final de la película toda la gente del pueblo ve la detención de diferentes personas. ¿A quiénes arrestan? ¿Por qué los muestran delante de la gente? ¿Cómo reacciona la gente? ¿Cómo reacciona la familia de Moncho? ¿Cómo reacciona Moncho?

1-5. Escenas y citas: ¿Quién lo dice y por qué?

Lee las siguientes citas de la película y escribe quién las dice. Luego, en parejas expliquen por qué los personajes dicen esto.

1. "Yo no pego. No he pegado nunca a nadie y menos a un niño". _Don Gregorio_

2. "Palo, señor maestro, palo. Hay que meterles las cuentas en la cabeza sea como sea". _Don Avelino_

3. "Papá cree que Dios existe como toda persona de bien". _Rosa_

4. "Dios no mata, Moncho". _Rosa_

5. "La libertad estimula el espíritu de los hombres fuertes". _Don Gregorio_

6. "Aunque haya razas, todos somos iguales". _(Moncho) de Don Gregorio_

7. "Saben que las mariposas tienen lengua? La lengua de las mariposas es una trompa [...] finísima y enroscada [...]" _Don Gregorio_

8. "Los maestros no ganan lo que deberían ganar. Ellos son las luces de la República". _Ramón_

9. "Mi padre dice que de haber juicio final los ricos se irían con sus abogados". _Moncho (de su padre)_

10. "Si a ustedes les preguntan, papá nunca ha sido republicano, papá nunca le regaló un traje al maestro . . ." _Rosa_

Conexiones con el tema

 ## 1-6. Analizando la película

Utilicen las siguientes preguntas para discutir el tema de la **memoria** y el **olvido** en la película.

1. Los eventos de la infancia tienen una importancia crucial en el desarrollo de las personas. En su infancia Moncho vive muchos momentos que probablemente tendrán un impacto en la conformación de su personalidad. ¿Qué creen que va a recordar Moncho sobre su infancia y qué creen que va a olvidar? ¿Cómo recordará ciertos eventos? ¿De qué manera afectarán su vida?

2. El maestro es sin duda un personaje muy importante en la vida de los niños del pueblo. ¿Qué materias y valores enseña el maestro? ¿Cuál es su estilo de enseñanza? En su opinión, ¿qué enseñanzas quiere Don Gregorio que permanezcan en la memoria de los estudiantes? ¿Qué enseñanzas piensan que quedarán en la memoria de los niños?

3. Una de las partes más importantes de la película es el discurso de Don Gregorio al jubilarse porque allí se expresan muchas de las ideas sobre la educación y la libertad que defendía la República y que la dictadura más tarde suprimió. Lean el discurso y después contesten las preguntas que siguen.

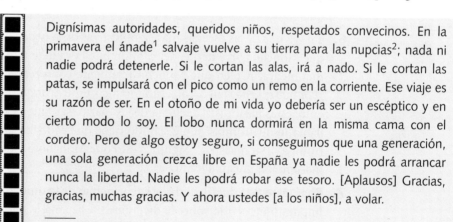

Dignísimas autoridades, queridos niños, respetados convecinos. En la primavera el ánade[1] salvaje vuelve a su tierra para las nupcias[2]; nada ni nadie podrá detenerle. Si le cortan las alas, irá a nado. Si le cortan las patas, se impulsará con el pico como un remo en la corriente. Ese viaje es su razón de ser. En el otoño de mi vida yo debería ser un escéptico y en cierto modo lo soy. El lobo nunca dormirá en la misma cama con el cordero. Pero de algo estoy seguro, si conseguimos que una generación, una sola generación crezca libre en España ya nadie les podrá arrancar nunca la libertad. Nadie les podrá robar ese tesoro. [Aplausos] Gracias, gracias, muchas gracias. Y ahora ustedes [a los niños], a volar.

[1] tipo de pato
[2] boda, casamiento

a. ¿Cuál es el mensaje principal del discurso?

b. ¿Por qué dice Don Gregorio que debería "ser un escéptico"? ¿Qué relación tiene esta afirmación con la historia de España en ese momento? ¿Piensan que Don Gregorio sospecha que va a ser imposible educar a una generación de españoles en libertad?

c. ¿Por qué dice Don Gregorio que los lobos y los corderos no pueden dormir en la misma cama? Según el maestro, ¿quiénes son los lobos y quiénes son los corderos en la España de ese momento?

d. Según lo que han aprendido en la sección **Un poco de historia,** ¿por qué era tan importante que hubiera una generación de españoles que creciera en libertad? ¿Quiénes defendían la educación pública y en libertad en la España de los años 30?

e. Después del discurso, ¿cómo reacciona la audiencia? ¿Quiénes aplauden y quiénes no? ¿Por qué uno de los padres de los estudiantes se levanta y se marcha enojado?

4. Al final de la película la madre de Moncho obliga a toda la familia a olvidar su relación con el maestro. ¿Por qué hace esto la madre? ¿Qué implica olvidar al maestro? ¿Hacía daño el maestro? ¿Se puede condenar a alguien por sus ideas políticas? ¿Qué aspectos de la historia de España se suprimen al olvidar al maestro y sus enseñanzas?

5. En la última escena de la película las personas del pueblo, como en muchos otros lugares de España, presenciaron el arresto y la humillación pública del maestro y los otros republicanos. ¿Por qué muchos españoles decidieron condenar públicamente a estas personas? ¿Cómo piensan que se sentía la gente al hacer esto? ¿Por qué deciden "olvidar" a las personas que habían sido parte de su vida? ¿Creen que la gente del pueblo podrá realmente olvidar lo que pasó?

6. Tal vez una de las escenas más significativas de la película sea el momento en el que Moncho corre detrás del camión que lleva detenido a su maestro y le tira una piedra. ¿Creen que Moncho realmente comprende lo que está pasando? ¿Por qué le grita "¡ateo, rojo, tilonorrinco, espiritrompa!"? ¿Qué diferencias hay entre estas palabras? La lengua de las mariposas, que tiene forma de espiral, se llama "espiritrompa" ¿Qué sentido tiene que Moncho grite la palabra "espiritrompa" a su maestro? ¿Significa esto que Moncho olvidará o no olvidará a su maestro?

7. En el texto de Eduardo Subirats al principio de la unidad se explica cómo se ha impuesto un olvido sobre la dictadura en España. ¿Qué acontecimientos de la historia de España recupera la película *La lengua de las mariposas*? ¿De qué manera la película sirve para mostrar una parte de la historia de España que estaba olvidada? ¿Cómo es la España que muestra la película y cómo es la España que describe Subirats?

Más allá de la pantalla

1-7. Tú eres la estrella

Representen las siguientes situaciones. Traten de utilizar el vocabulario de la sección **Notas lingüísticas.**

1. Representen una conversación entre Moncho y Roque acerca de la captura de Don Gregorio y el padre de Roque. ¿Cuál es la reacción de los niños frente a estos acontecimientos? ¿Cómo se siente Roque ante la captura de su padre? ¿Cuál es la actitud de Moncho frente a la captura del padre de Roque? ¿Comprenden los niños estos acontecimientos? ¿Ha cambiado la relación de Roque y Moncho a causa de estos acontecimientos?

2. Imaginen que después de que se llevan a Don Gregorio, los nuevos gobernantes del pueblo contratan a un nuevo maestro. Representen una situación en la escuela de Moncho con el nuevo maestro. Antes de representar la situación, piensen en las siguientes preguntas. ¿Cómo es el nuevo maestro? ¿Es similar o distinto a Don Gregorio? ¿Qué les enseña el nuevo maestro a los niños? ¿Cómo es la relación de Moncho con el nuevo maestro?

3. Representen una conversación entre Moncho y su familia acerca de la captura de Don Gregorio y los otros republicanos. Ya ha pasado algún tiempo desde estos eventos, transcurre la Guerra Civil y el pueblo de Moncho está en la región dominada por los militares. Moncho quiere saber más sobre lo que ocurrió ese día, por qué se llevaron a Don Gregorio, y qué ha pasado con él y los otros republicanos. Los padres le tratan de explicar a Moncho qué ha ocurrido. Tengan en cuenta las ideas políticas y las actividades del padre antes del comienzo de la Guerra Civil. ¿Qué le explica el padre a Moncho? ¿Cómo se siente el padre? ¿Qué le explica la madre? ¿Cómo reacciona Moncho ante los comentarios y explicaciones de sus padres?

Mapa de España al principio de la Guerra Civil

1-8. Tú eres el escritor

Escribe sobre los siguientes temas.

1. Al final de la película la guardia civil detiene a muchos republicanos frente a toda la gente del pueblo. Imagina que eres una de las personas que está mirando la escena y escribe una carta a un pariente que vive en América y que no sabe lo que está sucediendo en España. En tu carta incluye detalles de lo que viste, cómo te sientes, cómo es la vida del pueblo ahora, qué cosas han cambiado en el país, etc.

2. Durante la Guerra Civil España estaba dividida en dos zonas, la republicana y la nacional. Los periódicos de las diferentes zonas tenían visiones muy diferentes de los acontecimientos en el país. Escribe dos artículos que narren los hechos de la captura de los republicanos al final de la película, uno para un periódico de la zona nacional y el otro para uno de la zona republicana.

 ### 1-9. Tú eres el crítico

Debate los siguientes temas con la clase.

1. Hablen sobre las siguientes hipótesis.

   a. Si fueras la madre de Moncho, ¿quemarías los objetos relacionados a la República?

   b. Si fueras el padre de Moncho, ¿negarías que eres republicano?

   c. Si fueras Moncho, ¿le gritarías en público a Don Gregorio al final de la película?

   d. Si fueras el maestro, ¿defenderías la República?

   e. Si fueras Moncho, ¿olvidarías a Don Gregorio y todo lo que te ha enseñado?

2. Discute sobre la educación de niños y niñas por separado. ¿Cuáles son las ventajas y desventajas de este sistema? ¿Es necesario que los niños y niñas estén separados para recibir una buena educación? ¿Mandarías a tus hijos a una escuela sólo para niños o sólo para niñas?

3. En dos grupos debatan sobre la enseñanza de los valores religiosos en la escuela. Un grupo debe sostener que se deben enseñar valores religiosos en la escuela y el otro que la enseñanza de valores religiosos en la escuela debe prohibirse. Ambos grupos deben explicar sus argumentos y razones.

4. La película termina con el comienzo de la Guerra Civil en España. En dos grupos debatan sobre las implicaciones políticas, éticas, sociales y económicas de una guerra civil. Un grupo piensa que la guerra es un medio para solucionar los problemas del país y el otro grupo piensa que la guerra sólo va a traer más complicaciones. Consideren las siguientes preguntas como guía. ¿En qué momentos una guerra puede ser justa? ¿En qué sentido las guerras pueden mejorar la situación de un país? ¿Quiénes van a la guerra? ¿Cómo afectan a las familias las guerras civiles? ¿En qué sentido las guerras civiles son diferentes a las otras guerras?

 ## 1-10. Tú eres el investigador

Busca información sobre los siguientes temas relacionados con la película. En grupos o individualmente presenta a la clase lo que aprendiste.

1. Investiga sobre la Guerra Civil en España. ¿Por qué comenzó la guerra? ¿Cuándo fue? ¿Cuánto tiempo duró? ¿Por qué peleaban las diferentes partes? ¿Murieron muchas personas?

2. Durante la Guerra Civil muchos escritores españoles muy importantes tuvieron un destino trágico. Investiga lo que le sucedió a Federico García Lorca, Antonio Machado, Miguel Hernández y Rafael Sánchez Mazas.

3. Hay muchos escritores internacionales que han escrito sobre la Guerra Civil española, entre ellos Ernest Hemingway, George Orwell, André Malraux, Pablo Neruda y César Vallejo. Investiga sobre los libros de estos autores acerca de la Guerra Civil. ¿Por qué estaban interesados en esta guerra? ¿Por qué escribieron sobre la guerra de un país que no era el suyo?

4. Investiga sobre lo que sucedió en España después de la Guerra Civil. ¿Quién estuvo en el poder? ¿Cuántos años? ¿Cómo vivía la gente durante esta época? ¿Cómo cambió España durante este tiempo?

Capítulo 2

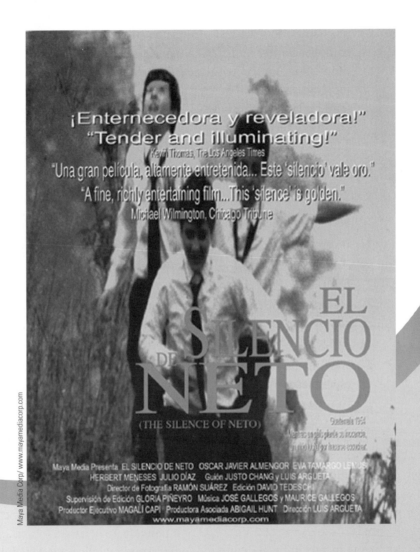

Sinopsis

A partir de la muerte de su tío Ernesto, Neto, un niño guatemalteco, recuerda los años previos a su adolescencia y las dificultades que tuvo al crecer en un país convulsionado por la intervención de los Estados Unidos. Las complicadas relaciones de Neto con su tío y con el resto de su familia sirven de vehículo para narrar el último año del gobierno democrático de Juan Jacobo Arbenz, 1954.

Prepárate para ver la película

Un poco de historia: La intervención estadounidense en Guatemala

El final de la Segunda Guerra Mundial y el principio de la Guerra Fría desencadenaron toda una serie de intervenciones de los Estados Unidos en Latinoamérica cuyo objeto era impedir la penetración del comunismo en el continente, pero también defender los intereses de las corporaciones norteamericanas. En el caso de Guatemala, de 1931 a 1944 el control de los intereses de las compañías norteamericanas lo llevó a cabo el general Jorge Ubico. La dictadura de Ubico se caracterizó por la represión generalizada del movimiento sindical, la marginación de los intelectuales y la defensa de los intereses de compañías como la United Fruit Company y de los grandes terratenientes guatemaltecos.

Las protestas de los estudiantes y los trabajadores contra la dictadura de Ubico y la rebelión de varios militares hicieron posible la redacción de la primera constitución que reflejaba los principios de la llamada "revolución de octubre" en Guatemala. Esta constitución de 1944 reconoció la igualdad de derechos para hombres y mujeres, declaró la discriminación racial un delito en un país predominantemente indígena e hizo que la educación fuera pública y gratuita. Las primeras elecciones libres y democráticas dieron la victoria a Juan José Arévalo. El gobierno de Arévalo disolvió la policía secreta, responsable de la represión durante la dictadura, y concedió a los trabajadores el derecho a formar un sindicato y el derecho a la huelga.

Tras seis años de gobierno, Jacobo Arbenz fue elegido segundo presidente democrático de Guatemala en 1951. Arbenz siguió desarrollando las reformas políticas emprendidas por Arévalo, pero su política se centró fundamentalmente en la reforma agraria. En su opinión, el desarrollo económico de Guatemala requería que se redistribuyera la tierra para crear un mercado interno fuerte que rompiera con la dependencia económica de los Estados Unidos. Por esa razón, Arbenz inició un proceso de expropiación de grandes extensiones de tierra que permanecían sin cultivar, entre otras, las de su propia familia. La reforma agraria expropió 1,5 millones de acres y les dio pequeñas parcelas de tierra a más de 100.000 familias. Una de las compañías afectadas por la reforma fue la United Fruit Company, que poseía 550.000 acres de tierra en Guatemala, de los cuales el 85% permanecía sin cultivar.

El gobierno de Arbenz ofrecía compensaciones económicas a los propietarios de la tierra, pero la expropiación de las tierras de la United Fruit Company desencadenó un enfrentamiento con el gobierno de los Estados Unidos, que percibía esta medida como una agresión a los intereses económicos de la compañía de frutas. Además, entre los accionistas de la United Fruit Company había altos funcionarios de la administración estadounidense como Henry Cabot Lodge, embajador en las Naciones Unidas.

Por eso, en 1954 con la excusa de que el gobierno de Arbenz estaba relacionado con el comunismo soviético, los Estados Unidos inició una campaña para desprestigiar al gobierno guatemalteco. La CIA compró una estación de radio para deslegitimar las medidas de Arbenz y entrenó a un ejército de mercenarios y militares en la frontera de Honduras que finalmente invadió el país y forzó a Arbenz a retirarse de su cargo como presidente. El sucesor de Arbenz, el coronel Castillo Armas, fue designado directamente por los Estados Unidos para deshacer todas las reformas de Arbenz y detener el avance de la democracia.

El director: Luis Argueta

Luis Argueta nació en la ciudad de Guatemala en 1946. Estudió ingeniería en la Universidad de Michigan y obtuvo una maestría en lenguas romances y cine de esta misma universidad en 1972. En 1975, viajó a Italia y Francia para trabajar con el escritor español Fernando Arrabal en *El árbol de Guernica*, una película sobre la Guerra Civil española. En 1978, dirigió un documental, *El costo del algodón*, sobre el efecto de los pesticidas en las zonas algodoneras de la costa sur de Guatemala. El documental fue prohibido en Guatemala, pero recibió premios en Italia y Francia.

Argueta trabajó en Nueva York en distintos proyectos de publicidad y producción hasta llegar a fundar en 1989 su propia productora Morningside Movies, Inc. Paradójicamente, fueron los ingresos generados por su productora y la publicidad los que le permitieron volver a sus raíces guatemaltecas y trabajar en *El silencio de Neto* (1994), una película que reconstruye la memoria colectiva de uno de los episodios más dolorosos y silenciados de la historia de Guatemala, la intervención estadounidense en el país.

Finalmente, en el año 2003 filmó *Collect Call*, una comedia sarcástica que explora las dificultades de los inmigrantes guatemaltecos en los Estados Unidos.

Notas lingüísticas

Las siguientes palabras te servirán para comprender los diálogos de la película y podrás utilizarlas también en las actividades del capítulo.

Palabras útiles

Dictadura

golpe de Estado	hecho por el cual un grupo militar o rebelde, generalmente armado, ataca al Estado para desplazar a los líderes que están gobernando el país en ese momento
salvoconducto	documento oficial que permite a las personas transitar sin riesgo principalmente en lugares donde hay control militar

Otras palabras

bananera	compañía que comercializa bananas
licenciado	persona que tiene un título universitario
trotamundos	persona que viaja por muchos lugares del mundo
vendepatria	(*inf.*) persona que con sus acciones no muestra respeto por los valores de su país

Palabras regionales

pata de chucho	(*inf.*) trotamundos

Cognados

comunismo	comunista

Nota: El voseo

Vos se usa en varios países de Latinoamérica (Guatemala, Honduras, El Salvador, Argentina, Uruguay) en lugar del pronombre **tú**. El verbo se conjuga en forma similar a *la de **vosotros*** pero con variaciones en la acentuación y otras características particulares que cambian de país en país. El ejemplo siguiente está sacado de la película: "Y **vos**, ¿qué **querés?**"

Predicciones y reflexiones

 ## 2-1. Anticipando los temas

Contesten las siguientes preguntas antes de ver la película.

1. Miren la portada de la película y lean la sinopsis. ¿Qué muestra la portada de la película? ¿Qué están haciendo los personajes? ¿Por qué piensan que la película se llama *El silencio de Neto*? ¿Quién piensan que es Neto? ¿Por qué piensan que está en silencio?

2. ¿Cómo eran cuando tenían 12 años? ¿Eran muy traviesos/as o eran niños tranquilos? ¿Tenían muchos amigos? ¿Qué hacían con sus amigos/as para divertirse?

3. ¿Cómo eran su relación con sus padres durante su infancia? ¿Se llevaban bien con sus padres? ¿Tenían algún pariente favorito? ¿Cómo era él/ella?

4. ¿Recuerdan algún evento histórico importante en su país durante su infancia o adolescencia? ¿Fue este evento importante en su vida? ¿Afectó de alguna manera a su familia?

5. ¿Qué piensan de la intervención política de Estados Unidos en otros países? ¿Por qué razones ha intervenido Estados Unidos en otros países? ¿Apoyan la intervención política de Estados Unidos en otros países? ¿Por qué sí? ¿Por qué no?

A simple vista

2-2. La trama

El ejercicio siguiente les servirá para analizar algunos de los eventos más importantes de la película.

La película cuenta la historia de Neto, su tío Ernesto, su familia y también su país, Guatemala. Completen el siguiente cuadro con los eventos de la película que más importancia tienen para la historia de los personajes y de Guatemala. Luego, hablen con sus compañeros y expliquen por qué piensan que esos eventos son importantes.

	Eventos importantes
Neto:	1. No volvió a ver más a su amiga Ani. 2.
Ernesto:	1. 2.
familia:	1. 2.
Guatemala:	1. 2.

2-3. Los personajes

En los ejercicios siguientes vas a comentar con tus compañeros las características de los personajes de la película y las relaciones que se establecen entre ellos.

1. En grupos de cuatro, cada estudiante debe elegir uno de los personajes principales de la película (Neto, su padre, su madre o el tío Ernesto) y completar el diagrama para describirlo. El nombre del personaje debe ir en el círculo del centro y una característica de su personalidad como por ejemplo sincero, callado o cobarde en cada uno de los círculos laterales. Luego, habla con los miembros de tu grupo y explícales por qué piensas que el personaje tiene esa característica basándote en su comportamiento en la película.

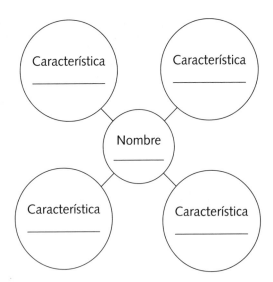

2. Completa el siguiente cuadro para explicar cómo es la relación entre los personajes principales de la película. Piensa en distintas escenas, en las conversaciones entre los personajes y en su comportamiento en diferentes situaciones. Comparte tus opiniones con los miembros de tu grupo.

	Neto	**Tío Ernesto**	**Padre**	**Madre**
Neto		_____	_____	_____
Tío Ernesto	_____		_____	_____
Padre	Muy estricto	_____		_____
Madre	_____	_____	_____	

2-4. Imágenes

Piensa en ciertas imágenes de la película y responde las siguientes preguntas.

1. Cuando los padres de Neto se dirigen al funeral del tío Ernesto son detenidos por un militar. ¿Por qué hay militares en las calles de Guatemala? ¿Por qué el soldado les pide un salvoconducto para permitirles el paso? ¿Qué más se puede ver en las calles de Guatemala en esta escena?

2. Neto tiene 12 años y está empezando a interesarse en la sexualidad. ¿Qué escenas de la película están relacionadas con el aprendizaje de Neto sobre la sexualidad?

3. En la película se ve una manifestación. ¿Por qué está protestando la gente? ¿Qué dicen los carteles que lleva la gente?

4. En una escena, Neto y sus amigos están jugando en el campo y encuentran un arma. ¿Qué hizo Neto con el arma? ¿Cómo reaccionaron sus amigos? ¿Qué vieron después los niños en ese mismo lugar y qué hicieron al ver esto?

Soldados guatemaltecos antes del golpe de Estado contra Jacobo Arbenz

2-5. Escenas y citas: ¿Quién lo dice y por qué?

Lee las siguientes citas de la película y escribe quién las dice. Luego, en parejas expliquen por qué los personajes dicen esto.

1. "En este país todos somos indios". _____

2. "Como hacía mucho calor en Marruecos, pues vine a refrescarme con la guerra fría". _____

3. "¡Ay, gracias a Dios! Escuchó mis ruegos y ahora nos van a mandar a los americanos para liberarnos de los comunistas". _____

4. "Mamaíta, para Ud. todo el que no piensa como Ud. es comunista". _____

5. "Y pensar que todo esto se debe a que se quieren llevar un racimo de bananos".

_____

6. "Por lo menos nos va a quedar la satisfacción de ser el primer paisito en Latinoamérica que le dijo que no a los gringos". _____

7. "Nos devolverán las tierras que nos quitaron los comunistas". _____

8. "Mi papá y mi mamá hacen como que no saben nada, miedosos". _____

9. "Mi tío Ernesto decía que el silencio no era bueno, […] pero en ese momento fue él quien se quedó callado". _____

10. "Nidia, a tu hijo déjalo hablar". _____

Conexiones con el tema

 ## 2-6. Analizando la película

Utilicen las siguientes preguntas para hablar sobre el tema de la *memoria* y el *olvido* en la película.

1. ¿Por qué la película se llama *El silencio de Neto*? ¿En qué momentos decide Neto callarse y en qué momentos decide hablar? ¿Con quién decide hablar y con quién se queda en silencio? ¿Es Neto el único que está en silencio? ¿De qué no puede hablar la familia de Neto? ¿Cuál es el secreto de la madre de Neto?

2. En varias escenas de la película, los personajes escuchan la radio. ¿Qué escuchan los diferentes personajes en la radio? ¿Qué reacciones genera en Neto y en los demás personajes lo que escuchan en la radio? ¿Hablan sobre las noticias que escuchan en la radio? ¿Qué personajes hablan sobre las noticias y qué personajes deciden callar? ¿Cómo reaccionan Neto, su tío, su padre, su madre y su abuela con respecto a las noticias sobre la situación política de Guatemala?

3. ¿Cómo cambia la vida de Neto después de la intervención estadounidense en Guatemala? ¿Qué sucede con su amiga Ani? ¿Por qué Neto nunca habla sobre lo que le ocurrió a la familia de Ani? ¿Por qué Neto y sus amigos nunca hablan del cadáver que encontraron cuando jugaban en el campo? ¿Qué cambios hay en la escuela de Neto? ¿Cómo reacciona Neto ante estos cambios?

4. Neto y su tío Ernesto tienen una muy buena relación y hablan mucho sobre diferentes temas. El tío Ernesto es un modelo para Neto y por eso él escucha con mucha atención lo que su tío le dice. La conversación siguiente entre Neto y el tío Ernesto muestra la dinámica que existe entre ellos. Lean la conversación atentamente y después respondan las preguntas que siguen.

Neto: ¿Y a dónde se va a ir tío?

Tío Ernesto: No sé. ¡Al carajo! A Italia tal vez. Me da vergüenza vivir entre traidores, cobardes, vendepatrias.

Neto: Mi papá no es cobarde.

Tío Ernesto: No, si no lo digo por él, con él es otro el lío.

Neto: Siempre que se ponen a hablar terminan peleando. ¿Por qué no mejor [Ud.] se queda callado?

Tío Ernesto: Eso sería lo más fácil. ¿Verdad, Neto? Pero no, cuando hay que hablar hay que hablar. ¡Cómo te parecés a tu mamá! Tan callado como ella y tan callado como todo este país. Neto, ese silencio no es bueno. Nos lo metieron adentro desde que nacemos pero hay que luchar hasta sacarlo por completo. Entonces podremos respirar.

a. ¿Cuál es la actitud del tío Ernesto hacia Guatemala? ¿Qué cosas le molestan de su país? ¿Qué valores quiere enseñarle a Neto?

b. ¿Por qué el tío Ernesto dice que el "silencio no es bueno"? ¿Quiénes les metieron el silencio adentro a los guatemaltecos? ¿Por qué el tío Ernesto le dice a Neto que hay que luchar para sacarse el silencio y poder respirar? ¿Qué relación tiene esta afirmación con la enfermedad de Neto?

c. Usando la información que han leído en la sección **Un poco de historia** relacionen el silencio de los guatemaltecos con la historia de su país. ¿Piensan que el silencio colectivo de la gente es una forma de olvidar lo que sucede en el país? ¿Quién piensan que impuso este silencio? ¿Qué tipos de gobiernos promueven que la gente no hable? ¿Por qué? ¿Qué consecuencias creen que tenía hablar o no hablar en esa época en Guatemala? ¿Están de acuerdo con el tío Ernesto que las personas que no hablaban de la realidad política en ese momento eran cobardes?

5. La película está construida a partir de un *flashback* en el que Neto recuerda los meses anteriores a la muerte de su tío Ernesto y a la intervención norteamericana en Guatemala. ¿Cómo evoluciona Neto a lo largo de la película? ¿Piensan que sus recuerdos son un modo de no estar en silencio? ¿Por qué hace volar el globo al final del funeral de su tío Ernesto? ¿Qué creen que simboliza esto? ¿Por qué le dice a Nidia que deje hablar a su hijo?

Más allá de la pantalla

2-7. Tú eres la estrella

Representen las siguientes situaciones. Traten de utilizar el vocabulario de la sección **Notas lingüísticas.**

1. Representen una conversación de Neto con sus padres en la que él les pregunta sobre la situación política del país. ¿Qué piensan que preguntará Neto? ¿Cómo piensan que los padres van a explicarle al hijo de 12 años lo que está ocurriendo en Guatemala?

2. Representen una conversación entre el tío y el papá de Neto en la que hablan sobre Neto y la mejor manera de educarlo. Recuerden que los dos tienen ideas muy diferentes sobre la vida.

2-8. Tú eres el escritor

Escribe sobre los siguientes temas.

1. Imagina que eres el tío Ernesto y escribe una carta de despedida a Neto antes de morirte. En la carta incluye consejos para Neto y recomendaciones para su vida.

2. Imagina que eres periodista y que estás investigando la situación en Guatemala durante la dictadura de Castillo Armas. Escribe un artículo para un periódico de otro país latinoamericano explicando la situación política y social de Guatemala. Incluye en tu artículo tus ideas sobre cuál sería la mejor manera de actuar de la gente y del gobierno de Guatemala en este momento.

3. Imagina que eres un periodista estadounidense que está investigando la situación en Guatemala durante la dictadura de Castillo Armas. Escribe un artículo que explique la situación política y social de Guatemala para un periódico para gente de habla hispana de los Estados Unidos. Incluye en tu artículo las razones de la intervención estadounidense en Guatemala.

2-9. Tú eres el crítico

Debate los siguientes temas con la clase.

1. A través de los personajes del tío Ernesto y del padre de Neto, la película muestra dos formas de criar a los hijos. ¿Cuáles son estas dos formas de criar a los hijos? En grupos de cuatro estudiantes hablen de las ventajas y desventajas de criar a los hijos de una manera u otra. ¿Hay una mejor manera de criar a los hijos? ¿Cuál es la mejor manera?

2. Divídanse en dos grupos y discutan sobre la intervención política de los Estados Unidos en Guatemala. Un grupo debe estar a favor de esta situación y el otro grupo, en contra. Ambos grupos deben presentar sus opiniones y argumentos y tratar de refutar los argumentos del otro grupo. Consideren lo siguiente para fundamentar sus argumentos: ¿Por qué Estados Unidos intervino en Guatemala? ¿Qué razones políticas, sociales y económicas tenía Estados Unidos para intervenir en Guatemala? ¿Son legítimas estas razones? ¿Qué medidas usó Estados Unidos para lograr su propósito? Utilicen la información de **Un poco de historia** como referencia.

3. Divídanse en dos grupos y comenten la intervención política de los Estados Unidos en otros países. Consideren el ejemplo de Guatemala y también citen otros ejemplos. Un grupo debe estar a favor de la intervención de los Estados Unidos en otros países y otro grupo, en contra. Pueden utilizar ejemplos de hechos históricos (la guerra de Vietnam, las dos guerras con Iraq, la intervención de Estados Unidos en Kosovo, etc.) para defender su posición.

2-10. Tú eres el investigador

Busca información sobre los siguientes temas relacionados con la película. En grupos o individualmente presenta a la clase lo que aprendiste.

1. Busca información sobre Jacobo Arbenz. Además de enfocarte en su biografía e ideas políticas, trata de buscar información sobre su último discurso en Guatemala en el que deja su país en manos de los militares.

2. Investiga sobre la United Fruit Company. ¿Qué tipo de compañía es? ¿Cómo se formó? ¿Por qué es importante en la historia de los Estados Unidos y Latinoamérica?

3. Busca información sobre la situación social de los indígenas de Guatemala. Averigua quién es Rigoberta Menchú y por qué es importante.

Capítulo 3

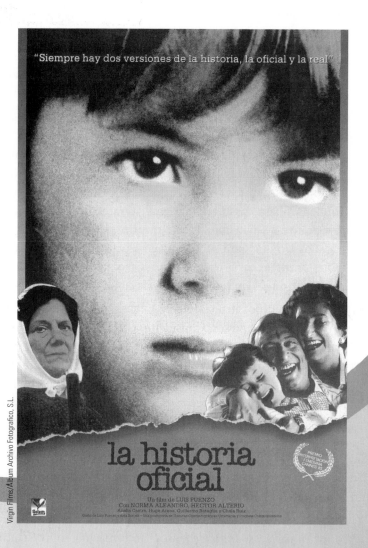

"Siempre hay dos versiones de la historia, la oficial y la real"

la historia oficial

Un film de LUIS PUENZO
Con NORMA ALEANDRO, HECTOR ALTERIO
Analia Castro, Hugo Arena, Guillermo Bataglia y Chela Ruiz
Guión de Luis Puenzo y Aida Bortnik – Una producción de Historias Cinematográficas, Cinemania y Progress Comunicaciones

Sinopsis

Alicia es una profesora de historia casada con un empresario que había tenido conexiones con militares durante la dictadura en Argentina. Alicia y Roberto tienen una hija adoptiva, Gabi. A pesar de la resistencia de Roberto, Alicia quiere saber el origen de su hija. Esta investigación la llevará a descubrir no solamente la historia de su hija, sino también lo que ocurrió en el país durante la dictadura.

Prepárate para ver la película

Un poco de historia: La democracia interrumpida y la represión en Argentina

A lo largo de todo el siglo XX los argentinos vivieron bajo gobiernos democráticos sólo por poco más de veinte años, ya que muchos de estos gobiernos se vieron interrumpidos por la intervención de las Fuerzas Armadas en los asuntos públicos de la nación. La dictadura de 1976 a 1983 fue el último episodio de una larga serie de gobiernos autoritarios.

Los militares denominaron a este período Proceso de Reorganización Nacional. Apoyada y financiada por los Estados Unidos, la dictadura encabezada por el general Videla emprendió una campaña de represión y exterminio de todos aquellos que disentían de esta forma de gobierno. Con el pretexto de "limpiar" la nación de sus elementos "subversivos", la Junta Militar realizó detenciones ilegales, internó a miles de personas en campos de detención y tortura e hizo desaparecer a los prisioneros políticos depositándolos en fosas comunes o arrojándolos vivos en mitad del Océano Atlántico. Muchos de estos prisioneros estaban relacionados con la guerrilla, pero muchos otros eran simplemente civiles detenidos en mitad de la noche por militares.

El objetivo de la dictadura era eliminar la disidencia política, acabar con el avance del populismo y reestructurar la economía en beneficio de las élites del país y las corporaciones internacionales. Con este fin, los militares manipularon a la población con distintas estrategias, entre otras, la celebración del mundial de fútbol en 1978, que sirvió para desviar la atención sobre los casos de violaciones de los derechos humanos. En 1982, la junta militar encabezada en esta ocasión por el general Leopoldo Galtieri, decidió declararle la guerra a Inglaterra para recuperar las Islas Malvinas (*Falkland Islands*) que permanecían bajo jurisdicción británica desde 1883. La guerra de las Malvinas fue un último intento desesperado por encubrir no sólo las violaciones de los derechos humanos, sino también la profunda crisis económica y social que atravesaba el país.

Al final de la guerra, la sociedad argentina, que en su mayoría había permanecido en silencio frente a la dictadura, empezó a movilizarse en contra, en parte inspirada por el ejemplo de las Madres y las Abuelas de Plaza de Mayo. Las Madres y las Abuelas fueron las primeras durante la dictadura en concentrarse cada jueves frente a la Casa Rosada (la sede del gobierno) para protestar por las desapariciones de sus hijos y nietos. Una de las prácticas comunes de los militares consistía en apropiarse de los bebés nacidos en los campos de detención para después darlos en adopción a familias cercanas a los dirigentes de las Fuerzas Armadas. Por esta razón, las Madres y las Abuelas se organizaron para protestar por la desaparición de sus hijos y para tratar de recuperar a los miles de bebés que incluso en la actualidad no saben quiénes son sus padres biológicos.

En 1983 volvió la democracia, pero la dictadura había dejado un saldo de 30.000 desaparecidos, además de una deuda económica que todavía afecta al país. El gobierno democrático de Raúl Alfonsín juzgó a algunos de los militares responsables de las desapariciones y torturas, pero después aprobó dos leyes: la ley de "obediencia debida" y la ley de "punto final". La primera eximía a muchos de los militares de sus delitos por haberlos cometido por orden de superiores y la segunda declaraba inválida cualquier investigación en el futuro. Finalmente, el siguiente presidente elegido democráticamente, Carlos Saúl Menem, declaró la amnistía para aquellos militares que todavía permanecían en prisión. Por esta razón, el problema de la recuperación de la memoria y la justicia para los desaparecidos y las víctimas de tortura continúa siendo una cuestión abierta para la sociedad argentina.

El director: Luis Puenzo

Luis Puenzo nació en 1946 en Buenos Aires, Argentina. **La historia oficial** fue su primer largometraje y el que lo llevó a la fama mundial. La película fue filmada durante los últimos años de la dictadura y está basada en testimonios reales. De este modo, **La historia oficial** se convirtió en uno de los primeros documentos cinematográficos que denunciaban las atrocidades de la junta militar en Argentina. **La historia oficial** recibió el Oscar a la mejor película de lengua extranjera y otros numerosos premios en festivales de cine internacionales.

En 1990 y tras su éxito con **La historia oficial**, Puenzo dirigió **Gringo viejo**, una coproducción argentino–estadounidense. Al año siguiente, realizó **La peste**, una película basada en un libro del escritor francés Albert Camus. La película mezcla la obra de Camus con la situación de un pequeño pueblo de Argentina ocupado por los militares.

Finalmente, en el año 2003 volvió al tema de la represión y la memoria, porque fue invitado por Steven Spielberg a participar en una colección de cortometrajes, **Broken Silence**, sobre los supervivientes del holocausto. El documental de Puenzo, **Algunos que vivieron**, está basado en los testimonios de algunos de los supervivientes del holocausto que tras la Segunda Guerra Mundial se trasladaron a Uruguay y Argentina.

Arici Graziano/SYGMA/CORBIS

Luis Puenzo, director argentino

Notas lingüísticas

Las siguientes palabras te servirán para comprender los diálogos de la película y podrás utilizarlas también en las actividades del capítulo.

Palabras útiles

Dictadura

desaparecido	persona que no se sabe dónde está y no se sabe si está viva o no
golpe de Estado	hecho por el cual un grupo militar o rebelde, generalmente armado, ataca al Estado para desplazar a los líderes que gobiernan el país en ese momento
subversivo	término usado para referirse a personas que tienen ideas políticas diferentes a las del gobierno, especialmente durante una dictadura
picana	instrumento de tortura que se usa para aplicar descargas eléctricas en el cuerpo de la víctima
picanear	torturar usando una picana
secuestrar	llevarse a una persona contra su voluntad

Protesta

manifestación	acto público en el que un grupo de personas protesta o reclama algo
pancarta	cartel que contiene mensajes y que se usa en las manifestaciones para expresar opiniones colectivas
solicitadas	avisos que aparecen en el periódico y que en el contexto de la dictadura se utilizaban para pedir información sobre los desaparecidos

Otras palabras

estéril	persona que no puede tener hijos
himno nacional	pieza musical que representa a un país

Palabras regionales

pibe/a	niño/a, joven

Cognados

adoptado	disidente	torturar

Nota: el yeísmo, el voseo y el uso del che

1. El yeísmo es un fenómeno que ocurre en Argentina y en Uruguay. Se refiere a la pronunciación de Y (por ejemplo en la palabra **ayuda**) y LL (por ejemplo en la palabra **llorar**) con el sonido de /sh/ en la palabra *English*.

2. **Vos** se usa en varios países de Latinoamérica (Guatemala, Honduras, El Salvador, Argentina, Uruguay) en lugar del pronombre **tú**. El verbo se conjuga en forma similar a la de **vosotros,** pero con variaciones en la acentuación y otras características particulares. Los ejemplos siguientes están sacados de la película: "¿No te **tenés** que cambiar **vos**?", "¿Por qué **vos** no me avisaste que te ibas?"

3. **Che** es una expresión informal similar a **oye** que es muy frecuentemente utilizada en Argentina, Uruguay y partes de Bolivia para llamar la atención de alguien. El ejemplo siguiente está sacado de la película: **Che,** Ana, ¿dónde estuviste todos estos años?

Predicciones y reflexiones

3-1. Anticipando los temas

Contesten las siguientes preguntas antes de ver la película.

1. Miren la portada de la película. ¿Qué se ve en la portada de la película? ¿Quiénes piensan que son los personajes? ¿Qué están haciendo? ¿Por qué piensan que la película se llama *La historia oficial*?

2. ¿Qué piensan sobre la adopción? ¿Piensan que es una buena opción para parejas que no pueden tener hijos? ¿Piensan que los padres adoptivos deben conocer a los padres biológicos? ¿Conocen a alguien que sea adoptado? ¿Sabe esta persona que es adoptada? ¿Piensan que una persona adoptada debe saber que es adoptada? ¿Debe una persona adoptada tener la opción de conocer a sus padres biológicos?

3. ¿Cuáles son las cualidades de un/a buen/a profesor/a de historia? ¿Cómo eran sus profesores/as de historia? ¿Cómo han aprendido la historia de su país? ¿Piensan que hay diferentes modos de contar la historia? ¿Piensan que la historia oficial, la de los libros, cuenta toda la verdad de la historia? ¿Quiénes escriben la historia oficial?

4. ¿En qué países de Latinoamérica hubo dictaduras? ¿Cómo y por qué surgen las dictaduras en general? ¿Quiénes tienen el poder en una dictadura? ¿Cómo piensan que es la vida durante una dictadura? ¿Cómo se puede oponer una persona a la dictadura? ¿Conocen algunos ejemplos de personas que hayan luchado contra la dictadura? ¿Qué piensan que ocurre con las personas que están en contra de la dictadura de un país?

A simple vista

3-2. La trama

El ejercicio siguiente les servirá para analizar algunos de los eventos más importantes de la película.

Lean las siguientes afirmaciones y deciden si son verdaderas (V) o falsas (F). En los casos en que sean falsas, corríjanlas.

a. __T__ Gabi es la hija adoptiva de Alicia y Roberto.

b. __T__ Roberto es un empresario que trabaja con militares y con estadounidenses.

c. _____ Alicia sabe todo lo que hace y ha hecho su esposo.

d. __F__ Ana, la amiga de Alicia, se fue de Argentina porque quería conocer Europa.

e. __F__ La personalidad y la visión del mundo de Alicia no cambian en toda la película.

f. __T__ Sara quiere averiguar si Gabi es su nieta.

g. __F__ Los padres y el hermano de Roberto tienen mucho dinero.

h. __F__ Alicia enseña la historia que no está contada en los libros.

i. __T__ Gabi quiere mucho a Alicia y a Roberto.

j. __F__ Roberto ayuda a Alicia a buscar información sobre el origen de Gabi.

3-3. Los personajes

En el ejercicio siguiente vas a comentar con tus compañeros las características de los personajes de la película.

Hablen sobre la historia de los siguientes personajes. Tengan en cuenta las siguientes preguntas. ¿Cómo son? ¿De dónde vienen? ¿Cuál es su trabajo? ¿Qué conflictos/problemas tienen? ¿Qué elementos de su pasado han afectado profundamente sus vidas? Utilicen el siguiente espacio para tomar apuntes.

Alicia: _____

_____

_____

_____

Roberto: _empresario, no es perdedor, hombre de dinero_

_____

_____

_____

Gabi: _____

_____

_____

_____

Ana: _____

_____

_____

_____

Sara: _____

_____

_____

_____

El padre de Roberto: _____

_____

_____

_____

3-4. Imágenes

Piensa en ciertas imágenes de la película y responde las siguientes preguntas.

1. ¿Cómo comienza la película? ¿Qué personas se ven? ¿Dónde están? ¿Qué están haciendo? ¿Cómo es el lugar?

2. En la película hay diferentes momentos en los que la gente protesta. ¿Cómo son las manifestaciones? ¿Por qué protesta la gente? ¿Qué se puede ver en las pancartas? ¿Cuánta gente hay? ¿Qué tipo de personas protestan?

3. Cuando Sara se reúne con Alicia le muestra fotos de los posibles padres biológicos de Gabi. ¿Cómo son las fotos? ¿Dónde vivían ellos? ¿Cuántos años tenían y cómo eran? ¿Qué se puede deducir de las fotos sobre la historia de los padres de Gabi?

4. ¿Cómo es la casa de Alicia y de Roberto? ¿En qué se diferencia de la casa de los padres de Roberto? ¿Qué piensas que representan las diferencias entre las casas en relación con las ideas políticas de Roberto, su padre y su hermano?

Andrew Hasson/Alamy

Las Abuelas de Plaza de Mayo en su concentración semanal frente a la Casa Rosada

3-5. Escenas y citas: ¿Quién lo dice y por qué?

Lee las siguientes citas de la película y escribe quién las dice. Luego, en parejas expliquen por qué los personajes dicen esto.

1. "Ningún pueblo podría sobrevivir sin memoria y la historia es la memoria de los pueblos". _Alicia → class_

2. "No hay pruebas porque la historia la escriben los asesinos". _Costa → Alicia_

3. "Alicia, dejá de pensar". _Roberto → Alicia_

4. "Siempre creí lo que dijeron, pero ahora no puedo". _Alicia → Benitez_

5. "Todo el país se fue para abajo. Solamente los hijos de puta, los ladrones, los cómplices y el mayor de mis hijos, se fueron para arriba". _Padre de Roberto (Jose) → Roberto_

6. "¿Será verdad lo de las listas de desaparecidos?" _Alicia → Benitez_

7. "No hay nada más conmovedor que una burguesa con culpa". _Benitez → Alicia_

8. "¿Gabi puede ser la hija de una desaparecida?" _Alicia → Roberto_

9. "No quedó nada... nada, estas cuatro fotos solamente de ellos y nuestra memoria". _Sra. Sara Reballo → Alicia_

10. "Esa nena que Ud. tiene bien podría ser mi nieta". _Sra. Sara Reballo → Alicia_

Conexiones con el tema

 ## 3-6. Analizando la película

Utilicen las siguientes preguntas para hablar sobre el tema de la **memoria** y el **olvido** en la película.

1. Alicia es una profesora de historia. ¿Qué importancia tiene que Alicia sea profesora de historia? ¿Qué temas se discuten en la clase de Alicia? ¿En qué se diferencia su visión de la historia de la visión de sus estudiantes al principio de la película? ¿En qué se diferencia el estilo de enseñanza de Alicia con el estilo de Benítez, el profesor de literatura? ¿Por qué Benítez dice que la historia y la literatura siempre se encuentran? ¿Cómo y por qué evoluciona la visión de Alicia de la historia a lo largo de la película? ¿Cómo quiere ella que recuerden sus estudiantes la historia al principio de la película? ¿Qué importancia tiene que Alicia acepte un ensayo del estudiante Costas a pesar de que no tenga referencias bibliográficas?

2. La película está situada al final de la dictadura argentina cuando empezaron a salir a la luz pública muchos casos de personas desaparecidas, entre ellos, niños recién nacidos. ¿Cuándo y cómo se entera Alicia de la existencia de desaparecidos en Argentina? ¿Por qué piensan que Alicia no sabía nada sobre estos hechos? ¿Cómo reacciona ella ante estos acontecimientos? ¿Cómo afectan estos hechos a Alicia en su relación con su familia? ¿Qué hace Alicia después de enterarse sobre lo que ha ocurrido en su país?

3. En diferentes oportunidades Alicia le hace preguntas a su marido sobre el origen de Gabi y sobre los eventos que ocurrieron y están ocurriendo en Argentina. ¿Cómo reacciona Roberto ante estas preguntas? ¿Qué cosas quiere Roberto que olvide Alicia? ¿Por qué le pide que olvide, que no piense, que no haga preguntas?

4. El padre de Roberto es un exiliado español que fue a Argentina después de la Guerra Civil española. Roberto y su padre no tienen buena relación y discuten frecuentemente. ¿Por qué le dice Roberto a su padre que olvide la Guerra Civil? ¿Qué piensan Roberto y su padre de la situación en Argentina? ¿Hay relación entre la situación en Argentina y lo que ocurrió en España? ¿Por qué al padre le molesta que su hijo haya olvidado la historia de España, el país de origen de su familia? ¿Por qué Roberto le dice al padre que él no es un perdedor?

5. Sara es una de las Madres de Plaza de Mayo que, a pesar de sentir mucho dolor por la pérdida de sus hijos, se niega a olvidar. ¿Por qué piensan que Sara quiere encontrar a su nieta? ¿Cuál es su actitud al reunirse con Alicia? ¿Demuestra rencor? Si Gabi fuera su nieta biológica, ¿cuáles piensan que serían sus intenciones para el futuro? ¿Es la única persona que busca familiares desaparecidos? ¿Cómo es su búsqueda? ¿Recibe ayuda de alguien?

6. Uno de los momentos más tensos de la película ocurre cuando Ana le explica a su amiga Alicia por qué se tuvo que marchar a vivir a España. El testimonio de Ana representa la memoria de muchas de las personas que sufrieron por la represión de la dictadura militar. Este testimonio es además fundamental porque ayuda a Alicia a tomar conciencia de lo que no está escrito en la "historia oficial". Lean la conversación entre Alicia y Ana y luego respondan a las preguntas que siguen:

Ana: Entraron a patadas y me pusieron un pulóver en la cabeza y rompieron todo. Me llevaron en un auto con los pies de ellos encima. Me pegaron un culatazo.[1] Cuando me desperté estaba desnuda arriba de una mesa donde empezaban a picanearme. [...] Perdí un poco la noción del tiempo, fue como si se me hubiera roto algo adentro que ya no sé si tiene arreglo. Todavía me despierto ahogada a la mañana. [...] Después de siete años todavía me ahogo. Cuando salí de allí me dijeron que había estado 36 días. [...] Al principio me preguntaban por Pedro y yo les decía la verdad, que hacía dos años que no lo veía. [...]

Alicia: ¿Qué había hecho Pedro?

Ana: Pedro estaba jugado[2] y a lo mejor ya estaba muerto cuando preguntaban por él.

Alicia: ¿Hiciste la denuncia?

Ana: ¡Qué buena idea! No se me había ocurrido. ¿Vos a quién le hubieras hecho la denuncia?

Alicia: Y si vos no habías hecho nada... ¿Cómo a quién?

Ana: Ese lugar estaba lleno. A veces era difícil saber si era yo la que gritaba o eran los otros. Había mujeres embarazadas que perdían allí sus hijos y otras que se las llevaban y volvían solas porque al chico se lo daban a esas familias que los compran sin preguntar de dónde vienen.

Alicia: ¿Por qué me decís eso a mí?

Ana: Nunca lo había contado. Lo escribí una sola vez para la Comisión.[3]

---

[1]golpe que se da con la culata de un arma
[2](inf.) estaba en problemas
[3]Comisión Nacional sobre la Desaparición de Personas (CONADEP)

a. ¿Cómo y por qué se llevaron a Ana de su casa? ¿Quiénes piensan que se la llevaron? ¿Qué había hecho Ana? ¿Quién piensan que era Pedro? ¿Por qué piensa Ana que Pedro está muerto?

b. ¿Cuál es la reacción de Alicia? ¿Piensan que tiene una reacción muy ingenua? ¿Por qué le pregunta a Ana por qué no denunció lo sucedido? ¿Era posible denunciar un hecho así? ¿Piensan que Alicia no sospechaba lo que le había ocurrido a su amiga? ¿Piensan que Roberto sabía lo que le había ocurrido a Ana? ¿Piensan que realmente se puede vivir en un país sin enterarse de los problemas políticos y sociales que están ocurriendo?

c. ¿Quiénes eran las otras personas que estaban en el mismo lugar que Ana? ¿Piensan que lo que le ocurrió a Ana es similar a lo que les ocurrió a los padres biológicos de Gabi?

d. ¿Por qué Ana no había contado nunca su historia? ¿Cómo se la cuenta a Alicia? ¿Cuál es el estado emocional de Ana al contar su historia? ¿Piensan que lo que le sucedió a Ana estaba incluido en la historia escrita hasta ese momento? ¿Por qué Ana habla con Alicia ahora de este tema y no antes? ¿Por qué piensan que Ana no le escribió a Alicia mientras estaba fuera del país?

7. ¿Por qué piensan que la película ofrece un testimonio tan detallado sobre la tortura de Ana? ¿Qué sentido tiene recordar hechos tan traumáticos? ¿Ayuda a comprender lo que pasó en Argentina o fuerza al país a obsesionarse con su pasado traumático? ¿Cuál es su reacción al leer estos testimonios de tortura? ¿Si fueran argentinos/as, recordarían u olvidarían estos eventos históricos? ¿Cómo se relaciona esta dificultad para recordar estos eventos traumáticos con las reflexiones de Arcadio Díaz-Quiñones en el texto del principio de la unidad (página 3)?

8. Durante toda la película Gabi canta una canción infantil de María Elena Walsh titulada *En el país de nomeacuerdo*. La película termina con la niña sentada en una mecedora y cantando esta canción. Lean la canción y piensen en cuál es su importancia en la película y su relación con la memoria y el olvido.

En el país de Nomeacuerdo
En el país de Nomeacuerdo
Doy tres pasitos y me pierdo
Un pasito para allí
No me recuerdo si lo di
Un pasito para allá
Ay, qué miedo que me da
En el país de Nomeacuerdo
Doy tres pasitos y me pierdo
Un pasito para atrás
Y no doy ninguno más
Porque, ya me olvidé
Dónde puse el otro pie
En el país de Nomeacuerdo
Doy tres pasitos y me pierdo

Más allá de la pantalla

3-7. Tú eres la estrella

Representen las siguientes situaciones. Traten de utilizar el vocabulario de la sección **Notas lingüísticas.**

1. Hoy los hijos de desaparecidos tienen entre 24 y 28 años. Representen una conversación entre un/a hijo/a de desaparecidos y la abuela biológica que lo ha encontrado. Piensen en cúal será la reacción de los dos, de qué hablarán y qué decisiones tomarán.

2. Imaginen un programa de televisión inmediatamente después de la dictadura en el que se entrevista a un militar de las Fuerzas Armadas, a un sobreviviente de los campos de detención y a una Madre de Plaza de Mayo. Uno de los estudiantes es el presentador del programa y se encarga de hacer las preguntas a los invitados y de moderar el debate. Los otros estudiantes en sus diferentes roles responderán a las preguntas y discutirán su posición con los otros invitados.

3. Representen un juicio a los militares implicados en los casos de desapariciones y torturas. Un estudiante será el juez, otro será el abogado defensor de las víctimas, otro será el abogado de los militares y los demás se repartirán los papeles de los testigos: una madre de un desaparecido, un sobreviviente de los campos de detención, un empresario que apoyó a los militares, un militar arrepentido, etc. Consulten las expresiones para usar en los juicios del. **Apéndice 3** (páginas 243–244).

3-8. Tú eres el escritor

Escribe sobre los siguientes temas.

1. Escribe un ensayo a favor o en contra de la decisión de Alicia de conocer a Sara y reconocerla como la abuela biológica de Gabi. Explica tu opinión y defiende tu posición.

2. Imagina que eres periodista y escribe un artículo sobre los niños dados en adopción durante la dictadura en Argentina tomando como ejemplo el caso de Gabi, su familia adoptiva y el reencuentro con su supuesta abuela biológica. Incluye los testimonios de Alicia, Roberto y Sara.

3. Escribe una carta de las Madres de Plaza de Mayo al gobierno de Argentina después de la dictadura. En la carta pide que se investigue a los responsables de las desapariciones de los hijos y los nietos de las Madres y que se haga justicia. Considera lo siguiente: ¿Deben los culpables ir a la cárcel? ¿Qué tipo de compensaciones deben recibir las Madres y las Abuelas? ¿Qué debe pasar con los niños que fueron adoptados por otras familias?

3-9. Tú eres el crítico

Debate los siguientes temas con la clase.

1. Comenten las siguientes hipótesis.

   a. Si fueras Alicia, ¿les contarías a tus estudiantes la historia oficial u otra historia?

   b. Si fueras Alica, ¿investigarías sobre el origen de la madre de tu hija adoptiva?

   c. Si fueras Roberto, ¿habrías adoptado a un bebé de desaparecidos?

   d. Si fueras Roberto, ¿le habrías ocultado la verdad sobre el origen de Gabi a tu esposa?

   e. Si fueras la abuela de Gabi, ¿buscarías a tu nieta desaparecida?

2. En los años 90, después de la dictadura, el gobierno de Argentina le dio dinero a las familias de los desaparecidos, a los presos políticos y a algunos exiliados como compensación por los daños sufridos durante la dictadura. Discute con el resto de la clase si esta medida es justa. Consideren las siguientes preguntas: ¿Es ésta una manera apropiada de compensar a las víctimas de la dictadura? ¿Puede el dinero ayudar a superar los daños causados por el terrorismo de Estado? ¿Deben todas las víctimas recibir la misma compensación o se deben establecer diferencias basadas en el tipo de daños? ¿De qué otra manera se puede hacer justicia?

3. Uno de los objetivos principales de las Abuelas de Plaza de Mayo es reunir a los hijos de los desaparecidos con sus familias biológicas. En la actualidad los hijos de los desaparecidos son adultos que se tienen que enfrentar a la decisión de conocer o no a sus familias verdaderas. En dos grupos debatan este problema. Un grupo presentará argumentos a favor del reencuentro entre abuelos y nietos y el otro grupo se opondrá. Piensen en las implicaciones psicológicas y sociales que tienen una u otra decisión.

 3-10. Tú eres el investigador

Busca información sobre los siguientes temas relacionados con la película. En grupos o individualmente presenta a la clase lo que aprendiste.

1. Busca información sobre el informe de la CONADEP (Comisión Nacional sobre la Desaparición de Personas), *Nunca Más*. ¿Por qué se llama así el informe? ¿Quién lo redactó y por qué? ¿Quiénes dan testimonio en este informe?

2. Investiga qué ocurrió con los militares argentinos después de la dictadura. ¿Fueron juzgados por violaciones de los derechos humanos? ¿Cumplieron sus condenas? ¿Asumieron su responsabilidad por lo que ocurrió?

3. Busca información sobre las siguientes organizaciones de derechos humanos: Madres de Plaza de Mayo, Abuelas de Plaza de Mayo e HIJOS ¿Cuándo se formaron estos grupos y para qué? ¿Qué hacen en la actualidad?

4. Investiga sobre la guerra de las Malvinas. ¿Qué países se enfrentaron durante esta guerra y por qué? ¿Qué consecuencia tuvo para la historia de Argentina este suceso?

5. Investiga cuál fue la relación entre Estados Unidos y la dictadura en Argentina. ¿Qué tipo de relación económica y política tuvieron los Estados Unidos con la dictadura? ¿Qué postura tomó el gobierno norteamericano frente a las violaciones de los derechos humanos?

Sinopsis

Un grupo de soldados peruanos es destinado a Chuspi, un pequeño pueblo en la cordillera de los Andes en Perú, para luchar contra el grupo terrorista Sendero Luminoso. La población civil de Chuspi, mayoritariamente indígena, se encuentra atrapada entre la violencia de los senderistas y la violencia del grupo de soldados que está cada vez más aislado y más incapaz de mantener el orden en el pueblo.

Prepárate para ver la película

Un poco de historia: El pueblo entre dos fuegos: Sendero Luminoso en el Perú de los años 80

El 17 de mayo de 1980 un pequeño grupo de guerrilleros peruanos interrumpió las primeras elecciones democráticas después de diecisiete años de dictadura militar. Los guerrilleros quemaron papeletas y urnas electorales en Chuspi, una pequeña población peruana situada en la región de Ayacucho. Este pequeño incidente inició uno de los períodos más sangrientos y conflictivos de la historia reciente del Perú.

El grupo pasó rápidamente a ser conocido por la opinión pública como Sendero Luminoso, puesto que se trataba de una facción del Partido Comunista Peruano que se denominó a sí misma Partido Comunista Peruano por el sendero luminoso de José Carlos Mariátegui. Mariátegui era el marxista peruano de mayor prestigio cultural en los años 30 y uno de los defensores más fervientes de los derechos de los indígenas en Perú.

Sendero Luminoso fue fundado por Abimael Guzmán, conocido como "presidente Gonzalo" entre los senderistas. Guzmán obtuvo dos doctorados—uno en filosofía y otro en leyes—de la Universidad de Arequipa, más tarde viajó a China durante la revolución cultural de Mao Tse–Tung y finalmente se trasladó a la Universidad de San Cristóbal de Huamanga. En Huamanga, tras observar las duras condiciones de vida del campesinado indígena en los Andes, Abimael Guzmán decidió romper con el Partido Comunista y

Cartel de propaganda de Sendero Luminoso

© Oliver Mallah Photography

fundó Sendero Luminoso con el objetivo de destruir el Estado peruano y declarar un Estado comunista. Guzmán se considera heredero en línea directa de Marx, Lenín y Mao y por eso los miembros de Sendero Luminoso se refieren a su doctrina política como "pensamiento Gonzalo".

A partir de 1980, Sendero Luminoso declaró el inicio de una "guerra popular" en el Perú cuyo lema era *La tierra para quien la trabaja*. En los primeros meses de intervenciones armadas los senderistas consiguieron expulsar a la policía peruana de algunos de los pueblos de la zona de Ayacucho. Algunos politólogos consideran a Sendero Luminoso un grupo terrorista y otros lo consideran un grupo guerrillero. Sin embargo, lo que está claro es que Sendero Luminoso, con sus atentados y asesinatos selectivos, inició uno de los períodos más violentos de la historia peruana.

Paralelamente, el 18 de mayo de 1980, Fernando Belaúnde Terry asumía la presidencia del Perú por segunda vez. Belaúnde heredó un país castigado por la inflación y la deuda externa, y con una reforma agraria inconclusa. Además de estos problemas económicos, Belaúnde tuvo que enfrentarse a la emergencia de grupos como Sendero Luminoso y el MRTA (Movimiento Revolucionario Túpac Amaru) que pretendían tomar el poder.

En junio de 1983, Belaúnde decidió involucrar al ejército en la lucha contra Sendero Luminoso, declaró el estado de excepción y restauró la pena de muerte para las personas involucradas en "actividades terroristas". Sin embargo, los campesinos indígenas de la zona presentaron varias denuncias contra el ejército por violaciones de los derechos humanos. La intervención del ejército, entonces, no solucionó el problema del campesinado indígena, sino que lo agravó. La población civil de estas zonas se encontraba atrapada entre dos fuegos: entre la violencia redentora de Sendero que paradójicamente pretendía representar los intereses del pueblo y la violencia en defensa del Estado peruano que hacía el ejército.

El director: Francisco Lombardi

Francisco Lombardi nació en Tacna, Perú en 1949. Comenzó sus estudios de cine en Lima y luego, en 1968, se trasladó a Argentina para matricularse en la Escuela de Cine de Santa Fe. Con el comienzo de la dictadura militar en Argentina, la escuela fue clausurada y Lombardi tuvo que volver a Lima para terminar sus estudios de dirección cinematográfica mientras trabajaba como periodista y crítico de cine.

En 1974 comenzó a realizar sus primeros cortos y en 1977 rodó su primer largometraje, *Muerte al amanecer*. Esta película cuenta la historia de un condenado a muerte por un delito que no cometió. De este modo, puede decirse que *Muerte al amanecer* abrió uno de los temas más importantes en la cinematografía de Lombardi: la preocupación por el fracaso de la justicia en Latinoamérica. Otras películas suyas desarrollan esta misma preocupación por el fracaso de la ley en el Perú, entre ellas *La boca del lobo* (1988) o la más reciente de todas *Ojos que no ven* (2003) que aborda el fracaso del Estado democrático peruano a partir del hallazgo de unas cintas de video grabadas por los servicios de seguridad del gobierno de Alberto Fujimori.

Otra de las facetas más importantes de la carrera cinematográfica de Lombardi es su trabajo como guionista y director de obras literarias. En 1985 obtuvo su primer gran éxito de público y crítica por la adaptación de *La ciudad y los perros* del escritor peruano Mario Vargas Llosa. La mayoría de estas adaptaciones tienen como eje la represión de la sexualidad en la cultura peruana, entre ellas, cabe destacar *Pantaleón y las visitadoras* (1999) basada también en una novela de Vargas Llosa y *No se lo digas a nadie* adaptada de una novela con el mismo título de Jaime Bayly.

A simple vista

 ## 4-2. La trama

El ejercicio siguiente les servirá para analizar algunos de los eventos más importantes de la película.

Utilicen el siguiente cuadro para resumir la película.

Resumen de la historia

Título: _____

Lugar: _____

Época: _____

Personajes

El personaje principal es _____

En la película él/ella _____

_____

Pienso que es una buena/mala persona porque _____

_____

Trama

En esta película el problema empieza cuando _____

_____

_____

Luego, _____

_____

_____

Después, _____

_____

_____

Finalmente, _____

_____

_____

4-3. Los personajes

En los ejercicios siguientes vas a comentar con tus compañeros las características de los personajes de la película y las relaciones que se establecen entre ellos.

1. En grupos de tres estudiantes, describan las cualidades de los personajes principales con ejemplos de la película. Comenten luego cuál piensan que es el mejor personaje y cuál el peor en cuanto a personalidad, moral y ética. Después, compartan sus opiniones con el resto de la clase. ¿Está toda la clase de acuerdo respecto al mejor o al peor personaje?

Personaje	Características
Vitín:	
Roca:	
Quique:	
Sargento Moscada:	
Julia:	

El mejor personaje es _____ porque _____

El peor personaje es _____ porque _____

2. A lo largo de la película las relaciones entre los personajes cambian a causa de ciertos eventos. Comenten cómo es la relación entre estos personajes al principio de la película, y cómo y por qué cambia al final de la película.

Relación	Al comienzo de la película	Al final de la película
Vitín y Quique:		
Vitín y Roca:		
Quique y Julia:		
Vitín y Julia:		

4-4. Imágenes

Piensa en ciertas imágenes de la película y responde las siguientes preguntas.

1. ¿Cómo es la naturaleza de la región donde está Chuspi? ¿Cómo es Chuspi? ¿Cómo son las casas del pueblo?

2. ¿Cómo son los habitantes de Chuspi? ¿A qué etnia pertenecen? ¿Cómo se visten? ¿En qué trabajan? ¿Qué hacen los niños del pueblo?

3. ¿Cómo es la fiesta que se muestra en la película? ¿Qué tipo de fiesta es? ¿Quiénes están invitados y quiénes no? ¿Cómo reaccionan los invitados ante la llegada de los soldados?

4. ¿Qué banderas hay en el pueblo y quién las coloca? ¿Qué pasó con la bandera que estaba al frente del cuartel de los soldados?

5. ¿Qué dicen los mensajes que escriben en las paredes del pueblo los senderistas?

 ### 4-5. Escenas y citas: ¿Quién lo dice y por qué?

Lee las siguientes citas de la película y escribe quién las dice. Luego, en parejas expliquen por qué los personajes dicen esto.

1. "No quiero ni robos ni excesos contra la población". _____

2. "No entiende castellano". _____

3. "La población debe odiarnos. ¿Apoyarías tú a alguien que se roba tus gallinas?"

_____

4. "¿Tampoco sabés que todo aquel que ayuda a un terruco es un terruco?"

_____

5. "Le tengo un hambre a esa chiquilla". _____

6. "¿Somos o no somos amigos?" _____

7. "Desde hoy se acabaron los inocentes en Chuspi, se acabaron las medias tintas, o están conmigo o están contra mí". _____

8. "Fue él, teniente. Se aprovechó de que yo estaba sola. Era tarde ya anoche. Borracho creo que estaba". _____

9. "No me vas a decir ahora que estos indios son unos santitos". _____

10. "Estás muerto, Roca". _____

Conexiones con el tema

 4-6. Analizando la película

Utilicen las siguientes preguntas para hablar sobre el tema de la *memoria* y el *olvido* en la película.

1. ¿En que situación se encuentra la población de Chuspi? ¿Cuál es su relación con los senderistas? ¿Cuál es su relación con el ejército? ¿Ayuda el ejército a las personas de Chuspi? ¿Colaboran las personas de Chuspi con el ejército? ¿Colaboran con los senderistas?

2. ¿Cómo reaccionan los habitantes de Chuspi cuando el ejército los interroga acerca de los senderistas? ¿Por qué piensan que la mayoría de la gente no quiere hablar? ¿Qué medidas toma el ejército para hacer hablar a las personas del pueblo? ¿Funcionan estas medidas? ¿Creen que los habitantes del pueblo saben quiénes son los senderistas?

3. A lo largo de la película las agresiones del ejército contra los habitantes de Chuspi se agravan. En este sentido, uno de los episodios clave es la violación de Julia. ¿Cómo reacciona Julia ante esta situación? ¿Cómo reacciona el teniente Roca cuando Julia cuenta lo sucedido? ¿Cómo reacciona Vitín? ¿Piensan que es justa la decisión de Roca?

4. Otro episodio importante en esta serie de agresiones del ejército es la interrupción de la fiesta de los habitantes de Chuspi por parte de los soldados. ¿Por qué interrumpen la fiesta? ¿Qué excusa usan los soldados para entrar en la fiesta? ¿Cómo reaccionan las personas de la fiesta? ¿Consideran válida la excusa dada por los soldados? ¿Piensan que los soldados abusan de su poder? ¿Piensan que la población conoce sus derechos?

5. Tras ser expulsados de la fiesta, Quique y su compañero acusan a los asistentes de ser terroristas de Sendero Luminoso. Cuando el teniente Roca escucha estas acusaciones decide arrestar a todos. ¿Cómo interrogan a las personas de la fiesta? ¿Creen que los habitantes de Chuspi dicen la verdad? ¿Por qué muchas personas deciden no hablar? ¿Piensan que tienen miedo? ¿Están todos los soldados convencidos de que las personas de la fiesta son terroristas?

6. Después de la muerte de uno de los detenidos, el teniente Roca decide fusilar a todos los testigos de lo ocurrido. ¿Por qué decide Roca fusilar a todos los testigos? ¿En qué sentido los testigos son una amenaza para Roca? ¿Cómo reaccionan los soldados ante esta decisión? ¿Por qué Vitín no quiere disparar? ¿Cómo reacciona Roca ante la decisión de Vitín? ¿Por qué piensas que Roca da la orden de dinamitar los cadáveres? ¿Qué simboliza esta acción? ¿Qué quiere borrar Roca dinamitando los cuerpos? ¿Qué relación tiene esto con la memoria y la justicia?

7. Después de la masacre, los soldados discuten con el Sargento Moscada las implicaciones que tiene este acto genocida. Lean la conversación y luego contesten las preguntas.

> **Sargento Moscada:** No puede ser, toda esa gente, no puede ser.
>
> **Soldado:** Nosotros no queríamos, sargento.
>
> **Sargento Moscada:** [...] ¿Y ahora qué va a pasar? ¿Quién va a explicar semejante salvajada?
>
> **Soldado:** No tenemos que explicar nada si no nos preguntan.
>
> **Sargento Moscada:** ¿Tú eres imbécil o te haces? ¿Crees que nadie se va a dar cuenta de lo que ha pasado, pedazo de cojudo? Desaparecen treinta y tantos y ¿nadie va a decir nada?
>
> **Soldado:** Todos eran terrucos, pues sargento, ¿qué quiere?
>
> **Sargento Moscada:** ¿Tenemos pruebas? ¿Tú tienes alguna prueba?
>
> **Soldado:** Adentro hicimos hablar a uno. Confesó todo.
>
> **Sargento Moscada:** ¿Y las mujeres y los niños también eran terrucos?
>
> **Soldado:** ¿Y qué íbamos a hacer con ellos?
>
> **Sargento Moscada:** Lo que Uds. han hecho no tiene nombre, no tiene nombre.
>
> **Soldado:** Nosotros sólo cumplíamos órdenes sargento.

a. ¿Cómo reacciona Moscada ante la noticia de lo ocurrido? ¿Qué justificaciones dan los soldados sobre lo ocurrido? ¿Creen que las pruebas son convincentes? ¿Cómo justifican la muerte de mujeres y niños?

b. ¿A quién tendrán que dar explicaciones de lo ocurrido los soldados? ¿Piensan que es cierto que no tendrán que dar explicaciones si no les preguntan? ¿Por qué algunos soldados quieren silenciar lo ocurrido? ¿Qué repercusiones tendría que contaran lo que ocurrió? ¿Creen que los soldados pueden justificar lo que hicieron diciendo que cumplían órdenes?

c. Lean nuevamente las preguntas que aparecen en el texto de Arcadio Díaz-Quiñones del comienzo de la unidad (página 3) y piensen qué relación tienen estas preguntas con la situación en Chuspi. ¿Piensan que se pueden hacer las mismas preguntas sobre la masacre de Chuspi? Díaz-Quiñones se pregunta "¿Cómo contar la magnitud de la tragedia de Chile o Uruguay?" ¿Se puede explicar la magnitud de la tragedia de Chuspi? ¿Por qué Moscada dice en el diálogo de arriba que lo ocurrido "no tiene nombre"? ¿Qué significa que algo no tenga nombre? ¿Hay un nombre que pueda describir lo ocurrido? ¿Conocen otros eventos históricos que hayan generado la misma reacción? ¿Cómo se han descrito estos eventos?

8. ¿Por qué piensan que Roca deja a Moscada en el cuartel mientras él y los demás soldados ejecutan a los indígenas? ¿Por qué Roca encarcela a Vitín después de la masacre? ¿Piensan que se puede hacer justicia sin testigos? ¿Quién puede testimoniar sobre lo que ocurrió en Chuspi? ¿Quién puede recuperar la memoria de lo ocurrido? ¿Qué relación hay entre justicia y memoria? ¿Qué tipo de justicia podría ofrecer el Estado peruano a las víctimas de Chuspi?

9. La película tiene un final abierto que plantea varios problemas éticos. ¿Por qué Vitín y Roca juegan a la ruleta rusa? ¿Qué relación tiene el juego de la ruleta rusa con la situación que se está viviendo en Chuspi? ¿Por qué Roca no se mata a sí mismo cuando pierde en la ruleta rusa? ¿Por qué Vitín decide no matar a Roca? ¿Sería matar a Roca una forma de hacer justicia? ¿Por qué Vitín decide ser un desertor?

Más allá de la pantalla

4-7. Tú eres la estrella

Representen las siguientes situaciones. Traten de utilizar el vocabulario de la sección **Notas lingüísticas.**

1. Al final de la película Julia y su tío se retiran de Chuspi y Vitín abandona el servicio militar. Imaginen que Julia y Vitín se reencuentran en la sierra andina y Julia le ofrece su ayuda a Vitín porque está perdido en la sierra. Representen una conversación entre Julia y Vitín en la cual Julia cuestiona a Vitín sobre su actitud ante la violación por parte de Quique y le hace preguntas sobre los eventos ocurridos en Chuspi.

2. La película está basada en hechos reales, así que podemos asumir que tanto Vitín como los otros soldados tuvieron en algún momento que decir la verdad sobre los hechos que ocurrieron en Chuspi. Imaginen que el director de *La boca del lobo* entrevista a Vitín sobre lo que pasó en Chuspi. Representen la entrevista.

3. Representen un juicio a Roca y sus soldados por lo que hicieron en Chuspi. Cada estudiante desempeñará un papel diferente: Roca, juez, abogado defensor, fiscal, jurado y testigos (Quique, Sargento Moscada, Vitín, Julia y demás soldados y personas del pueblo). El abogado defensor y el fiscal elegirán a los testigos, planearán sus argumentos con los testigos y los testigos serán cuestionados en la corte. El jurado escuchará atentamente y luego tomará una decisión. El juez debe organizar el juicio y mantener el orden en la corte. Consulten las expresiones para usar en los juicios del **Apéndice 3** (páginas 243–244).

4-8. Tú eres el escritor

Escribe sobre los siguientes temas.

1. Imagina que eres Vitín y escribe una carta a tu tío en Lima explicándole por qué desertaste. Recuerda que tu tío es un gran soldado y que tú lo admiras y respetas mucho. Además, él te ayudó a ti y a Quique a ir a Chuspi para combatir el terrorismo en Perú.

2. Escribe un artículo sobre lo que sucedió en Chuspi desde el punto de vista de los soldados. Incluye testimonios de Roca, Quique y los demás soldados.

3. Escribe un artículo sobre lo que sucedió en Chuspi desde el punto de vista de los indígenas. Incluye testimonios del alcalde del pueblo, Julia y su tío, y las demás personas del pueblo.

4. Escribe el informe que Roca le manda a sus superiores sobre lo acontecido en Chuspi. Ten en cuenta que Roca no quiere perder su trabajo y aún espera que lo asciendan.

4-9. Tú eres el crítico

Debate los siguientes temas con la clase.

1. Comenten las siguientes hipótesis.

    a. Si fueras Vitín, ¿le contarías a Roca la verdad acerca de la violación de Julia?

    b. Si fueras el sargento Moscada, ¿acusarías a Roca ante las autoridades?

    c. Si fueras Vitín, ¿jugarías a la ruleta rusa con Roca?

    d. Si fueras Roca, ¿jugarías a la ruleta rusa con Vitín?

    e. Si fueras Vitín, ¿matarías a Roca?

    f. Si fueras Roca, ¿te matarías?

    g. Si fueras Vitín, ¿desertarías del servicio militar?

2. Los indígenas son mayoría en la población de varios países de Latinoamérica. Sin embargo, son ignorados por los políticos y viven en condiciones de mucha pobreza. Divídanse en dos grupos y debatan con sus compañeros cúal es la mejor manera para mejorar las condiciones de vida de los indígenas latinoamericanos en el presente. Un grupo debe argumentar que los indígenas tienen que asimilarse a la vida moderna (con educación, tecnología, etc.) para poder tener las mismas oportunidades que el resto de los ciudadanos del país. El otro grupo debe sostener que los indígenas tienen la obligación de preservar su cultura y que los gobiernos deben considerar que sus derechos son los mismos que los de los demás ciudadanos aunque su vida sea diferente.

3. El terrorismo es un tema muy importante de la película y del mundo actual. En dos grupos, hablen sobre las diferentes opciones que existen para combatir el terrorismo. Un grupo debe argumentar que la mejor manera de pelear contra el terrorismo es con el ejército y la guerra. El otro grupo debe sostener que hay alternativas pacíficas para combatir el terrorismo, por ejemplo negociar con los grupos terroristas para tratar de comprender su posición.

4. Una de las lenguas más habladas en el Perú es el quechua. Muchas personas indígenas hablan quechua y no hablan español. Esto obviamente crea mucha falta de comunicación entre las personas del país. En dos grupos, debatan sobre este tema. Un grupo debe sostener que los indígenas deben aprender español para poder integrarse a la sociedad moderna. El otro grupo piensa que en el Perú se tendrían que hablar dos lenguas y que las personas que hablan español tienen que aprender quechua.

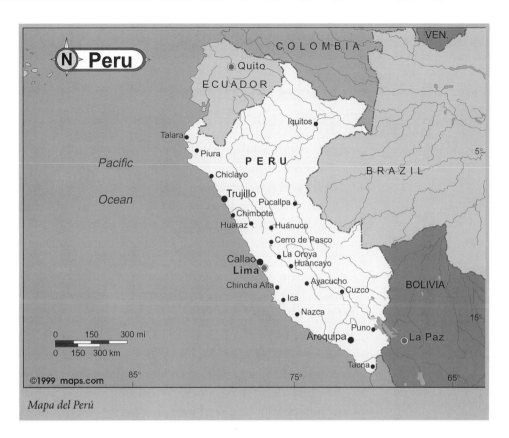

Mapa del Perú

4-10. Tú eres el investigador

Busca información sobre los siguientes temas relacionados con la película. En grupos o individualmente presenta a la clase lo que aprendiste.

1. Investiga sobre el grupo terrorista Sendero Luminoso y su líder Abimael Guzmán. ¿Cómo es la situación actual de esta organización? ¿Sigue funcionando? ¿Ha habido algún atentado terrorista organizado por el grupo recientemente?

2. Investiga sobre las diferentes regiones del Perú. ¿Qué diferencias hay entre la costa, la selva y la sierra? ¿Por qué son estas diferencias importantes?

3. Investiga sobre los indígenas del Perú. ¿Qué porcentaje de la población es indígena en el país? ¿Dónde viven? ¿Cómo viven? ¿Qué trabajos hacen? ¿Tienen representación en el gobierno?

4. Investiga quiénes eran José Carlos Mariátegui y José María Arguedas y qué pensaban sobre los indígenas. ¿Cuál es su relación con el indigenismo en el Perú?

5. Investiga sobre los diferentes idiomas indígenas, como el quechua y el aimara, que se hablan en el Perú. ¿Quién los habla en la actualidad? ¿Cuántas personas hablan estas lenguas? ¿Cuál es el estatus de estas lenguas en la sociedad peruana? ¿Se imparte educación bilingüe e intercultural en español y las lenguas indígenas en el Perú?

Otras películas

Soldados de Salamina. David Trueba (España, 2003)

La película cuenta la historia de una periodista que investiga el fusilamiento masivo de prisioneros franquistas al final de la Guerra Civil española. El enigma que rodea a uno de los supervivientes de este episodio, el escritor Rafael Sánchez Mazas, sirve de base para rendir homenaje a los perdedores de la historia. El enigma sobre Sánchez Mazas lleva a la periodista a encontrarse con Miralles, un soldado republicano que vive olvidado en un asilo de Francia. De este modo, la película reconstruye la memoria y la vida de los héroes anónimos de la Guerra Civil.

Amnesia. Gonzalo Justiniano (Chile, 1994)

Ramírez es un soldado chileno destinado a un campo de concentración en el medio del desierto durante la dictadura del general Pinochet. En el campo de concentración Ramírez sufre vejaciones continuas por parte del sargento Zúñiga y es obligado a ejecutar prisioneros políticos y a otras muchas cosas que terminan por deshumanizarlo. Con el retorno de la democracia, Ramírez encuentra a Zúñiga en las calles de Valparaíso y planea vengarse de él con uno de los compañeros del campo de concentración. Sin embargo, la venganza nunca se llevará a cabo, y muchas preguntas sobre la relación entre memoria y justicia quedan sin responderse.

Garage olimpo. Marco Bechis (Argentina-Francia-Italia, 1999)

María es una activista política que trabaja en los barrios pobres de Buenos Aires. Ella enseña a leer y escribir a niños a la vez que participa en las actividades de un grupo de guerrrilleros que se oponen a la dictadura militar. Un día, de sorpresa, un grupo de soldados vestidos de civil entran en su casa y detienen a la joven ante la mirada impotente de su madre. María es conducida a un centro de detención clandestino, el Garage Olimpo. Allí María es torturada por uno de los inquilinos que vivía antes en la casa de su madre. La película es una reflexión sobre las complicadas relaciones entre el torturador y su víctima, a la vez que reconstruye uno de los acontecimientos más traumáticos de la historia reciente de Argentina.

La noche de los lápices. Héctor Olivera (Argentina, 1986)

La película está ambientada en los primeros meses de la dictadura militar argentina. La historia está basada en un hecho real, la desaparición, tortura y asesinato de siete estudiantes de una escuela secundaria de La Plata, a causa de sus protestas contra el aumento de precio del boleto estudiantil. Ésta es una de las películas más emblemáticas del cine testimonial argentino. La recuperación de este episodio histórico se suma evidentemente a la lucha en la Argentina contemporánea por la recuperación de la memoria histórica de lo sucedido durante la dictadura.

Machuca. Andrés Wood (Chile, 2004)

La película está ambientada en Chile durante los días previos al golpe de Estado de 1973. Gonzalo Infante y Pedro Machuca son dos niños que viven en Santiago. Gonzalo vive en un barrio rico de la ciudad y Pedro en un humilde poblado ilegal recientemente instalado muy cerca del barrio donde vive Gonzalo. El director de un colegio religioso privado, el padre McEnroe, decide integrar en el elitista colegio a chicos de familias de escasos recursos del poblado con la firme decisión de que los niños aprendan a respetarse mutuamente. Es así como Pedro Machuca está en la misma clase que Gonzalo Infante y entre ellos nace una amistad llena de descubrimientos y sorpresas.

Unidad 2

Inmigración y exilio

Contextos

Las películas de esta unidad tratan el tema del exilio y la inmigración. Antes de ver estas películas, lee los siguientes textos sobre la inmigración y el exilio y contesta las preguntas a continuación. Estos textos te ayudarán a comprender algunos de los temas de las películas.

Borderlands/La Frontera.
Gloria Anzaldúa (1999)

La travesía. For many mexicanos *del otro lado,* the choice is to stay in Mexico and starve or to move north and live. *Dicen que cada mexicano siempre sueña de la conquista en los brazos de cuatro gringas rubias, la conquista del país poderoso del norte, los Estados Unidos. En cada Chicano y mexicano vive el mito del tesoro territorial perdido.* North Americans call this return to the homeland the silent invasion. [...]

Faceless, nameless, invisible, taunted with "hey cucaracho" (*cockroach*). Trembling with fear, yet filled with courage, a courage born of desperation. Barefoot, and uneducated, Mexicans with hands like boot soles gather at night by the river where two worlds merge creating what Reagan calls a frontline, a war zone. The convergence has created a shock culture, a border culture, a third country, a closed country. [...]

The Mexican woman is especially at risk. Often the *coyote* (smuggler) doesn't feed her for days or let her go to the bathroom. Often he rapes her or sells her into prostitution. [...] American employers are quick to take advantage of her helplessness. She can't go home. She´s sold her house, her furniture, borrowed from friends in order to pay the *coyote* who charges her four or five thousand dollars to smuggle her to Chicago. [...]

(Fragmento de *Borderlands/La Frontera*, capítulo 1: The Homeland, Aztlán/El otro México)

Dicen que la avenida está sin árboles.
Mario Benedetti (1994)

Algún día los especialistas tendrán que abordar, en el marco de una sociología del exilio, el tema de la diáspora y su costo social, con los problemas que inevitablemente genera en el ámbito familiar, en la vida de pareja, en la relación de padres e hijos. Las tensiones que causa cualquier partida inopinada, cuando uno deja atrás hogar, amigos, trabajo y tantas otras cosas que integran su ámbito afectivo y cultural; la inseguridad que trae aparejada la búsqueda de un nuevo trabajo, una nueva vivienda, así como la súbita y no prevista inserción en otras costumbres, otro alrededor, otro clima, y a veces hasta otro idioma; todos son elementos generadores de angustia, malestares, y hasta de resentimientos y rencores que, por supuesto, distorsionan una relación afectiva que en América Latina siempre ha sido importante, definitoria. [...]

Es obvio que una cultura no es una mera suma de individualidades; es también [...] un diálogo constructivo, un pasado de discusión y análisis, y es también un paisaje compartido, un cielo familiar. El exilio, en cambio, es casi siempre una frustración, aun en los casos en que la fraterna solidaridad mitiga la nostalgia y el desarraigo.

Para las dictaduras del Cono Sur, la cultura es subversión. De ahí que su proyecto siempre incluya el genocidio cultural. No creo que nada ni nadie pueda cumplir el macabro designio de exterminar una cultura. Puede, sí, devastarla, descalabrarla, vulnerarla, dejarla malherida, pero nunca destruirla. Por eso es tan importante que, tanto desde el interior de nuestros castigados países como desde el exilio, cuidemos nuestra cultura, hagamos un esfuerzo, no sobrehumano, sino profundamente humano, por contrarrestar la devastación, por asegurar la continuidad de nuestras letras, de nuestras artes plásticas, de nuestra música. [...]

En estos temas, que de algún modo comprometen los sentimientos, siempre he preferido la poesía a la prosa, de modo que les pido permiso para concluir con un breve poema:

"Eso dicen: / que al cabo de nueve años / todo ha cambiado allá. / Dicen que la avenida está sin árboles, / y no soy quién para ponerlo en duda. / ¿Acaso yo no estoy sin árboles / y sin memoria de esos árboles / que, según dicen, ya no están?".

(Fragmento de *Articulario: Desexilio y perplejidades: Reflexiones desde el Sur*)

Contesta las preguntas.

1. ¿Cómo describe Anzaldúa la cultura de los inmigrantes mexicanos de la frontera? ¿Cómo describe Benedetti la experiencia del exilio? ¿Qué diferencias y analogías encuentras entre sus visiones de la inmigración y el exilio?

2. ¿Qué razones obligan a la gente a partir al exilio? ¿Qué razones obligan a la gente a inmigrar?

Capítulo 5

Sinopsis

El Norte es la historia de Rosa y Enrique, dos hermanos guatemaltecos de origen maya, que se ven obligados a abandonar su pueblo natal a causa de la represión del ejército. La película cuenta la historia del viaje que hacen los dos hermanos desde Guatemala hasta los Estados Unidos en busca de un futuro mejor. Tras las dificultades que deben vencer para cruzar la frontera, la película trata los distintos problemas y desafíos que encuentran los hermanos para adaptarse a la cultura de los Estados Unidos.

Prepárate para ver la película

Un poco de historia: Guatemala, un país en crisis

Guatemala tiene una población de 10 millones de habitantes de los cuales 6 millones son indígenas. La mayoría de estos indígenas, descendientes de los antiguos Mayas, trabaja en los campos de café en condiciones de vida infrahumanas. El 50% de las personas de las áreas rurales son analfabetas y la mitad de los niños del país sufren de malnutrición. Durante la segunda mitad del siglo XX el país sufrió una guerra civil que dejó un saldo de 150.000 personas desaparecidas, un millón de personas desplazadas dentro del país, varios miles que fueron obligados a emigrar a México y a los Estados Unidos, además de 440 pueblos, en su mayoría indígenas, desaparecidos.

En buena medida, las duras condiciones de vida arriba descritas son resultado de las dictaduras militares que han dominado el país desde los años 50. En 1954 la CIA derrocó al gobierno democrático de Juan Jacobo Arbenz para defender los intereses de la United Fruit Company y puso en el poder al coronel Castillo Armas (ver introducción histórica de *El silencio de Neto*, página 19). A partir de este momento, el país quedó en manos de los militares que, ayudados por el ejército norteamericano, crearon los llamados "escuadrones de la muerte" para reprimir toda forma de oposición al gobierno militar y a los intereses políticos y económicos de los Estados Unidos.

Paralelamente, a partir de los años 60, surgieron grupos revolucionarios en Guatemala inspirados por la teología de la liberación—una corriente dentro de la Iglesia Católica que luchaba por la justicia social. Estos grupos, además de oponerse a las violaciones de los derechos humanos, luchaban por la educación de los campesinos, el acceso a la salud pública y el derecho de los pueblos indígenas a utilizar su lengua y a vivir de acuerdo con las costumbres de sus culturas. Los diferentes gobiernos militares respondieron a las demandas de la guerrilla con una intensificación de la violencia, lo que contribuyó a que tuviera lugar una guerra civil.

A finales de los años 70 todos estos grupos guerrilleros se unificaron para formar un grupo común: URNG (Unidad Revolucionaria Nacional Guatemalteca). Al mismo tiempo, los gobiernos militares de Romeo Lucas García y Efraín Ríos Montt (graduados de la Escuela de las Américas) llevaron a cabo programas de matanza selectiva (en la ciudad) y de matanzas colectivas (en las áreas rurales). Uno de los episodios más tristemente famosos de esta época es la matanza en la embajada española de la ciudad de Guatemala. En 1981 un grupo de campesinos—en su mayoría indígenas— ocupó el edificio de la embajada española para llamar la atención de la comunidad internacional sobre las violaciones de los derechos humanos y el proceso de expropiación de la tierra a que estaban sometidos. El gobierno reaccionó disparando indiscriminadamente sobre el grupo de manifestantes. La mayoría de estos manifestantes nunca tuvo la posibilidad de recurrir a un tribunal de justicia para reparar el crimen cometido por el gobierno.

En 1994 las Naciones Unidas ordenó la creación de una "Comisión de la Verdad" para esclarecer lo que ocurrió durante esos años. Según esta Comisión, la represión militar—además de los desaparecidos antes mencionados—forzó a 500.000 personas a convertirse en refugiados políticos. La mayoría de estos refugiados se asentó en México, pero evidentemente muchos otros trataron de pasar a Estados Unidos para huir de la miseria y la muerte. En la actualidad Guatemala vive en un régimen democrático, la guerrilla y el gobierno han firmado acuerdos de paz y, sin embargo, la memoria de las violaciones de los derechos humanos sigue siendo un tema de debate en el país.

El director: Gregory Nava

Gregory Nava nació en San Diego, California, en 1949 y su familia es de origen vasco y mexicano. Se graduó de la Escuela de Cine de la Universidad de California en Los Ángeles (UCLA) en 1976. En UCLA filmó su primera película, **The Journal of Diego Rodríguez Silva**, con la que ganó el premio al mejor largometraje dramático en el National Student Film Festival.

El cine de Gregory Nava se centra fundamentalmente en la historia y la cultura de la comunidad latina en los Estados Unidos. **El Norte**, la película que lo lanzó a la fama, está basada en un guión escrito por él mismo y por su esposa, Ann Thomas. La película fue nominada al Oscar como mejor guión original en 1984 y establece los temas fundamentales del cine de Nava: la vida de los inmigrantes hispanos y los problemas de la comunidad hispana para integrarse al modo de vida norteamericano.

En 1995 Nava dirigió **My Family/Mi familia**, una exploración de la cultura, los valores y la historia de la comunidad hispana en los Estados Unidos. En 1997 dirigió **Selena**, una película sobre la vida de la cantante latina, Selena, interpretada por Jennifer López. En todas estas películas queda clara, por tanto, la dedicación de Nava a la dignificación del conocimiento de las culturas hispanas en los Estados Unidos. Por esa razón, en el año 2000 recibió un premio de la NCCJ (National Conference of Community and Justice) en reconocimiento a la labor que ha hecho en su obra para promover la diversidad cultural.

Notas lingüísticas

Las siguientes palabras te servirán para comprender los diálogos de la película y podrás utilizarlas también en las actividades del capítulo.

Palabras útiles

Familia

comadre	relación que tiene la madrina de bautismo de una persona con el padre o la madre de la misma
madrina	mujer que presenta a una persona, generalmente a un niño/a, cuando se lo/la bautiza en una ceremonia religiosa

Inmigración

coyote	*(inf.)* persona que trabaja cruzando ilegalmente a personas a través de la frontera entre México y los Estados Unidos
frontera	límite entre países
la migra	*(inf.)* agentes de inmigración

Otras palabras

collar	adorno que se usa alrededor del cuello
drenaje	tubo de metal por el que se traslada agua o gas de un lugar a otro
gatear	andar en cuatro patas como los gatos
gabacho/a	*(des.)* persona estadounidense
pocho/a	*(des.)* chicano/a, ciudadano/a o residente de los Estados Unidos de ascendencia mexicana

Palabras regionales

pisto	*(inf.)* dinero

Nota: La lengua quiché

Guatemala es uno de los países lingüísticamente más variados del hemisferio occidental ya que la gente de Guatemala habla muchas lenguas y dialectos diferentes. De todas estas lenguas, el quiché es la lengua maya más hablada, con más de 500.000 hablantes. Muchas personas que hablan español y quiché tienden a transferir al español vocabulario y estructuras gramaticales del quiché como, por ejemplo, la concordancia entre artículo y sustantivo. Algunos ejemplos de este fenómeno que se ven en la película son: **el buen tierra, el vida, el misma cosa, el costumbre.**

Predicciones y reflexiones

5-1. Anticipando los temas

Contesten las siguientes preguntas antes de ver la película.

1. Miren la portada de la película y lean la sinopsis. ¿Qué se ve en la portada de la película? ¿Qué es el norte? ¿Por qué piensan que la película se llama **El Norte**?

2. ¿Qué connotaciones tienen el norte y el sur? ¿Qué países o continentes representan el norte y qué países representan el sur? ¿Qué imágenes tienen del norte? ¿Qué imágenes tienen del sur? ¿Cómo piensan que es la vida allí? ¿Han viajado a algún país del sur?

3. En su opinión, ¿qué imagen del norte tienen las personas del sur? ¿Piensan que las personas del sur desean viajar al norte? ¿Por qué sí? ¿Por qué no? ¿Es fácil para las personas del sur viajar al norte?

4. ¿Han viajado alguna vez a otro país? ¿Tuvieron dificultades? ¿Ocurrió algo especial en su viaje? ¿Era todo como esperaban? Expliquen su respuesta.

5. ¿Qué dificultades piensas que tienen los inmigrantes indocumentados para entrar a los Estados Unidos? ¿Y qué dificultades tendrán cuando están en los Estados Unidos?

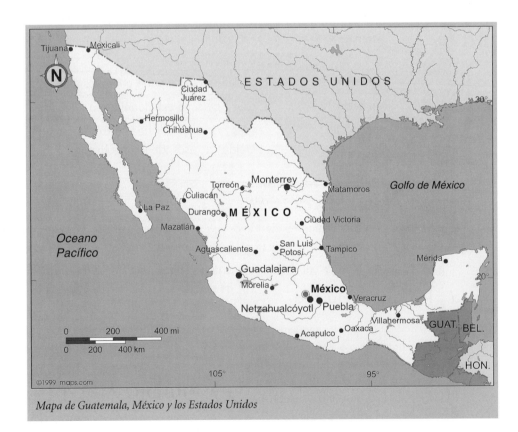

Mapa de Guatemala, México y los Estados Unidos

A simple vista

5-2. La trama

El ejercicio siguiente les servirá para analizar algunos de los eventos más importantes de la película.

La película está dividida en tres partes y se desarrolla en tres países diferentes. Completen el siguiente cuadro para identificar los hechos y personas más importantes en cada parte de la película.

	Eventos importantes	Problemas que tienen Rosa y Enrique	Personas importantes en la vida de Rosa y Enrique
Primera parte: Guatemala			
Segunda parte: México			
Tercera parte: Estados Unidos			

5-3. Los personajes

En los siguientes ejercicios vas a comentar con tus compañeros las características de los personajes de la película y las relaciones que se establecen entre ellos.

1. Completa la ficha de cada personaje y luego comparte tus respuestas con un compañero/a.

Rosa
- Edad: _____
- Nacionalidad: _____
- Ocupación: _____
  _____
- Descripción física: _____
  _____
  _____
- Personalidad: _____
  _____
  _____
  _____

Enrique
- Edad: _____
- Nacionalidad: _____
- Ocupación: _____
  _____
- Descripción física: _____
  _____
  _____
- Personalidad: _____

El padre de Rosa y Enrique
- Edad: _____
- Nacionalidad: _____
- Ocupación: _____
  _____
- Descripción física: _____
  _____
  _____
- Personalidad: _____
  _____
  _____

Monty
- Edad: _____
- Nacionalidad: _____
- Ocupación: _____
  _____
- Descripción física: _____
  _____
  _____
- Personalidad: _____
  _____
  _____

Nacha
- Edad: _____
- Nacionalidad: _____
- Ocupación: _____
  _____
- Descripción física: _____
  _____
- Personalidad: _____
  _____
  _____

Jorge
- Edad: _____
- Nacionalidad: _____
- Ocupación: _____
  _____
- Descripción física: _____
  _____
- Personalidad: _____
  _____
  _____

2. **¿Quién es el personaje más...?** Utilicen las siguientes preguntas para hablar sobre las cualidades de los personajes. Usen ejemplos de la película para explicar sus respuestas.

   a. ¿Quién es el personaje más realista?

   b. ¿Quién es el personaje más idealista?

   c. ¿Quién es el personaje más inocente?

   d. ¿Quién es el personaje más responsable?

   e. ¿Quién es el personaje más cómico?

   f. ¿Quién es el personaje más conflictivo?

   g. ¿Quién es el personaje más problemático?

   h. ¿Quién es el personaje más trágico?

5-4. Imágenes

Piensa en ciertas imágenes de la película y responde las siguientes preguntas.

1. ¿Cómo es la familia de Rosa y Enrique? ¿Qué familiares son importantes en la vida de Rosa y Enrique? ¿En qué se diferencia la relación de la familia de Rosa y Enrique con la de las familias del norte?

2. ¿Cómo es San Pedro, el pueblo guatemalteco donde viven Rosa y Enrique? ¿Cómo es la gente del pueblo? ¿Cómo se viste la gente del pueblo? ¿Cómo es la casa de la familia de Rosa y Enrique?

3. ¿Cómo es Tijuana? ¿Quiénes reciben a los viajeros? ¿Qué hace la gente que está en Tijuana? ¿Cómo vive la gente de Tijuana?

4. ¿Cómo es la frontera entre México y los Estados Unidos? ¿De qué manera cruzan la frontera Rosa y Enrique la primera vez y de qué manera la segunda?

5. ¿Cómo es Los Ángeles? ¿Cómo cambian Rosa y Enrique cuando llegan allí?

6. ¿Qué diferencias hay entre lo que imaginaban Rosa y Enrique del norte y la realidad que ven cuando llegan? ¿Cómo es el apartamento en el que viven? ¿Cómo es el complejo de apartamentos en el que viven?

5-5. Escenas y citas: ¿Quién lo dice y por qué?

Lee las siguientes citas de la película y escribe quién las dice. Luego, en parejas expliquen por qué los personajes dicen esto.

1. "Enrique se va pal' norte y yo me voy con él". _Rosa → Josefita_

2. "Y en el Norte ya no nos seguirán jodiendo [...] Y vamos a tener todo lo que deseamos". _Rosa/Enrique → Enrique/Rosa_

3. "Los collares de mamá no. No podemos venderlos". _Enrique → Rosa_

4. "Raimundo, you and me, we're public servants. The whole goddamn economy would collapse like that, if it wasn't for the cheap labor we bring in." _Monty → Raimundo_

5. "Si tú tratas de comprender a los gringos, te va a dar un dolorzazo de cabeza". _Nacha → Rosa_

6. "Así se hacen las cosas aquí en el norte. Siempre se trabaja con máquina". _Nacha → Rosa_

7. "Fue el pocho que nos denunció". _Jorge → Enrique_

8. "Nada de esto nos hubiera pasado si hubiéramos tenido esos pinches papeles". _Jorge → Enrique_

9. "Es que no puedo ir al hospital, me van a regresar". _Rosa → Nacha_

10. "Rosa se puede morir, pero tú ya estás muerto". _Nacha → Enrique_

Conexiones con el tema

 5-6. Analizando la película

Utilicen las siguientes preguntas para hablar sobre el tema de la *inmigración* y el *exilio* en la película.

1. Al comienzo de su vida en los Estados Unidos, Rosa y Enrique mantuvieron una actitud positiva y no tuvieron problemas para conseguir trabajo, aprender inglés y adaptarse a la vida de los Estados Unidos. ¿Por qué piensan entonces que fracasan en su idea de alcanzar el sueño americano? ¿Qué factores contribuyen a ese fracaso?

2. Los estadounidenses que les dan trabajo a Rosa y Enrique a lo largo de la película los ayudan y los tratan bien. ¿Piensan que la mayoría de los estadounidenses tiene una actitud positiva hacia los inmigrantes indocumentados? ¿Por qué el camarero mexicano–americano denuncia a Enrique a los servicios de inmigración? ¿Creen que los mexicano–americanos tienen más prejuicios hacia los inmigrantes que el resto de los estadounidenses?

3. ¿Por qué Rosa y Enrique son perseguidos por los servicios de inmigración si los estadounidenses quieren que trabajen para ellos? ¿Son los servicios de inmigración los únicos responsables del destino de Rosa y Enrique?

4. Uno de los momentos más dramáticos de la película es cuando Rosa está a punto de morirse y habla con Enrique sobre su situación desde que salieron de Guatemala. Lee la conversación y después contesta las preguntas que siguen.

> **Rosa:** La vida aquí es muy difícil, Enrique. No somos libres, ¿verdad? ¿Verdad que no somos libres, Enrique?
>
> **Enrique:** Sí, es difícil la vida aquí. Es cierto. Hay que trabajar muy duro.
>
> **Rosa:** En nuestra tierra no hay lugar para nosotros. Nos quieren matar. No hay lugar ahí para nosotros. En México sólo hay pobreza. Tampoco hay lugar ahí para nosotros y aquí en el norte no somos aceptados, pues. ¿Cuándo vamos a encontrar un lugar, Enrique? Tal vez sólo muertos encontremos un lugarcito.
>
> **Enrique:** No digas eso, Rosita. Es difícil, pero ya vamos a tener mucha suerte. Y ahora sí vamos a tener todo lo que queremos y vamos a ganar mucho pisto y vamos a regresar al pueblo y cuando nos paseemos por las calles la gente nos va a mirar con envidia. Las cosas se están componiendo. Ya vamos a tener mucha suerte. Yo de eso estoy seguro. No más no hay que perder la fe. Eso es, lo importante es no perder la fe.

a. ¿Por qué dice Rosa que no son libres? ¿Por qué dice ella que solamente muertos podrán tener un lugar en el mundo? ¿Piensan que todos los inmigrantes sienten que no tienen un lugar en el mundo?

b. ¿Por qué Rosa solamente reflexiona sobre cosas negativas? ¿Qué diferencias hay entre la visión de Rosa y la de Enrique? ¿Están de acuerdo con Enrique que en el norte podrán tener una vida mejor?

c. ¿Por qué Enrique tiene la fantasía de volver a Guatemala? ¿Cómo se imagina que va a ser el regreso a Guatemala? En su opinión, ¿es fácil para los inmigrantes regresar a su país de origen después de haber vivido en otro país mucho tiempo? ¿Por qué sí? ¿Por qué no?

5. Al final de la película, Enrique se pone el sombrero de su padre y va a buscar trabajo en la construcción. ¿Qué piensan que significa esto? ¿Tiene algún significado simbólico? ¿Significa esto que ir al norte no ha cambiado nada? ¿Qué otros símbolos se ven en la película? ¿Qué piensan que simbolizan la paloma, las flores, los fantasmas de los padres, etc.?

6. En el texto de Gloria Anzaldúa del comienzo de la unidad (página 62) se describe la frontera como "una zona de guerra." ¿Cómo experimentan Rosa y Enrique el cruce de la frontera? ¿Cómo cambia la frontera sus vidas? ¿Coinciden las razones para cruzar la frontera mencionadas en el texto de Anzaldúa con las de Rosa y Enrique? ¿Hay diferencias entre el cruce que tienen que hacer Rosa y Enrique y el de los mexicanos que cruzan la frontera?

7. Lean la siguiente canción de Ricardo Arjona, un cantante guatemalteco, y contesten las preguntas que siguen.

Si el norte fuera el sur
El norte: sus McDonald's, basketball y Rock'N Roll
Sus topless, sus Madonnas y el abdomen de Stallone
Intelectuales del bronceado, eruditos¹ de supermercado
Tienen todo, pero nada lo han pagado.
Con 18 eres un niño para un trago en algún bar
Pero ya eres todo un hombre pa' la guerra y pa' matar
Viva Vietnam y que viva Forrest Gump
Viva Wall Street y que viva Donald Trump
Viva el Seven Eleven.

Polvean su nariz² y usan jeringa en sus bolsillos³
Viajan con marihuana para entender la situación
De este juez del planeta que lanza una invitación
Cortáselo a tu marido y ganarás reputación.

Las barras y las estrellas se adueñan de mi bandera
Y nuestra libertad no es otra cosa que una ramera⁴
Y si la deuda externa nos robó la primavera
Al diablo la geografía se acabaron las fronteras ...

Si el norte fuera el sur serían los Sioux los marginados
Ser moreno y chaparrito sería el look más cotizado
Marcos[5] sería el Rambo mexicano
Y Cindy Crawford la Menchú[6] de mis paisanos
Reagan sería Somoza[7]

Fidel[8] sería un atleta corriendo bolsas por Wall Street
Y el Che[9] haría hamburguesas al estilo Double Meat
Los yankees[10] de mojados a Tijuana
Y las balsas de Miami a La Habana, si el norte fuera el sur.

Seríamos igual o tal vez un poco peor
Con las Malvinas[11] por Groenlandia
Y en Guatemala un Disneylandia
Y un Simón Bolívar[12] rompiendo su secreto
Ahí les va un 187[13], ¡fuera los yankees por decreto!

Las barras y las estrellas se adueñan de mi bandera
Y nuestra libertad no es otra cosa que una ramera
Y si la deuda externa nos robó la primavera
Al diablo la geografía se acabaron las fronteras... (se repite dos veces)

Si el norte fuera el sur, sería la misma porquería
Yo cantaría un rap y esta canción no existiría.

------

1. persona con amplios conocimientos de diversas materias • 2. utilizar cocaína • 3. usar drogas inyectables • 4. prostituta • 5. guerrillero mexicano • 6. Rigoberta–indígena de Guatemala ganadora del premio Nobel de la Paz en 1992 • 7. dictador nicaragüense • 8. Castro • 9. Guevara • 10. *inf.* norteamericanos • 11. Falkland Islands • 12. líder de las revoluciones de la independencia en América Latina • 13. ley del estado de California con respecto a los inmigrantes indocumentados

a. ¿Qué personas y personajes ha elegido Ricardo Arjona para representar al norte y cuáles para representar al sur? ¿Por qué piensan que los eligió? ¿Representan estas personas y personajes estereotipos de los Estados Unidos y Latinoamérica? ¿Qué estereotipos? ¿Son positivas o negativas las imágenes que usa para describir el norte y el sur?

b. Según la canción, ¿cuál es la relación entre el norte y el sur? Si el norte fuera el sur, ¿por qué "ser moreno y chaparrito sería el *look* más cotizado"? ¿Por qué "serían los Sioux los marginados"? ¿Por qué irían "los *yankees* de mojados a Tijuana"? ¿Por qué irían "las balsas de Miami a La Habana"?

c. ¿Qué quiere decir Arjona cuando dice que "las barras y las estrellas se adueñan de mi bandera" y que "la libertad no es otra cosa que una ramera"?

d. ¿Hay alguna relación entre la imagen del norte que tienen Rosa y Enrique en la película y la que tiene Arjona en su canción? ¿Cómo creen que serían las cosas diferentes para Rosa y Enrique si el norte fuera el sur?

8. ¿Por qué en la película y en la canción se asocia en general al norte con la riqueza y al sur con la pobreza? ¿Creen que el sur es pobre porque el norte es rico? ¿Creen que la situación de Rosa y Enrique se explica simplemente porque vienen del sur o hay otros factores que explican su situación? ¿Qué importancia tiene el hecho de que sean indígenas?

Más allá de la pantalla

5-7. Tú eres la estrella

Representen las siguientes situaciones. Traten de utilizar el vocabulario de la sección **Notas lingüísticas**.

1. Imaginen que Enrique decide contactarse con la mujer de Chicago para tener el trabajo que ella le había ofrecido. Representen la conversación telefónica entre ellos. Enrique debe explicar los motivos por los que no pudo ir al aeropuerto y las razones por las que quiere el trabajo.

2. Imaginen que Enrique regresa a Guatemala después de la muerte de Rosa. Representen la conversación con Josefina, la madrina de Rosa, en la que le cuenta las cosas que ocurrieron en el norte y cómo es la vida allí.

3. Representen una conversación entre Enrique y un compañero de trabajo en la que los dos hablan sobre las cosas buenas y las cosas malas que les ocurren viviendo en Los Ángeles, la nostalgia de no estar en sus países, etc.

5-8. Tú eres el escritor

Escribe sobre los siguientes temas.

1. Imagina que eres un periodista bilingüe de Los Ángeles y visitas el barrio donde viven Enrique, Don Monty y los otros inmigrantes. Escribe un artículo sobre la situación de los inmigrantes indocumentados que viven allí. Incluye testimonios de Enrique, Don Monty y las otras personas.

2. Escribe un ensayo argumentativo a favor o en contra de la inmigración ilegal en los Estados Unidos. Tu ensayo debe tener una tesis clara con argumentos que apoyen tu posición y debe incluir por lo menos un párrafo sobre la posición opuesta. Puedes utilizar ejemplos de la película para defender tus argumentos.

3. Escribe una crítica de la película. Utiliza la información sobre comentarios de películas en el **Apéndice 1** (página 239). Al escribir tu crítica considera las siguientes preguntas: ¿Hay una idealización del norte en la película? ¿Condena la película la inmigración ilegal? ¿Muestra una actitud positiva o negativa hacia la inmigración ilegal? ¿Reproduce estereotipos sobre el norte y el sur? ¿Qué piensas del uso de símbolos y elementos mágicos en la película?

5-9. Tú eres el crítico

Debate los siguientes temas con la clase.

1. Comenten las siguientes hipótesis y expliquen sus razones:

a. Si fueras el padre de Rosa y Enrique, ¿pelearías por los derechos de los campesinos?

b. Si fueras Rosa o Enrique, ¿irías al norte?

c. Si fueras Enrique, ¿aceptarías el trabajo en Chicago?

d. Si fueras Enrique, ¿regresarías a Guatemala después de la muerte de Rosa?

2. La "teoría de la dependencia" es una de las maneras más frecuentes de explicar la pobreza de los países del sur. Según esta teoría, los países del sur son pobres porque los países del norte son ricos y los explotan. Divídanse en grupos para debatir esta teoría. Un grupo debe defender la teoría y el otro, estar en contra. Consideren las siguientes preguntas: ¿Qué intereses tienen los países del norte en los países del sur? ¿Qué productos obtienen los países del norte de los países del sur? ¿Qué responsabilidad tienen los gobiernos del sur en la situación de sus países? ¿Hay gente rica en los países del sur? ¿Hay gente pobre en los países del norte? ¿Quiénes son? ¿A qué grupo social (raza, género, clase social, etc.) pertenecen estas personas en el norte y en el sur? Tomen en cuenta la información de la sección **Un poco de historia**.

3. Un tema muy importante de la película es la situación de los indígenas en Centroamérica. Los indígenas son discriminados continuamente y no tienen los mismos derechos que los mestizos. En la actualidad, mucha gente piensa que los indígenas necesitan modernizarse para tener las mismas oportunidades que las demás personas. ¿Están de acuerdo con esto? ¿Piensan que los indígenas deberían asimilarse a la cultura moderna para evitar la discriminación o piensan que deben seguir manteniendo sus costumbres? ¿Qué cosas deben cambiar para que los indígenas sean respetados?

5-10. Tú eres el investigador

Busca información sobre los siguientes temas relacionados con la película. En grupos o individualmente presenta a la clase lo que aprendiste.

1. Averigua cómo es Tijuana. ¿Cómo es la composición social de la población? ¿Cómo está organizada la ciudad? ¿Qué relación tiene con los Estados Unidos?

2. Averigua quién escribió *El sur también existe*. ¿Cómo son los poemas que aparecen en ese libro?

3. Busca más información sobre la "teoría de la dependencia". También familiarízate con el libro *Las venas abiertas de América Latina* de Eduardo Galeano y averigua por qué Galeano cree que los países del sur son pobres.

4. Lee sobre los indígenas de Guatemala. Averigua quién es Rigoberta Menchú y por qué es importante. Busca información sobre su libro *Me llamo Rigoberta Menchú y así me nació la conciencia*. ¿Por qué es importante este libro? ¿Qué polémicas ha generado? ¿Qué importancia tiene el testimonio como género en América Latina? ¿Quiénes dan testimonios y por qué?

Capítulo 6

PILAR PADILLA   ADRIEN BRODY   ELPIDIA CARRILL

BREAD & ROSES
DIRIGIDA POR KEN LOACH

Sinopsis

Maya es una inmigrante mexicana que cruza la frontera para juntarse con su hermana Rosa en Los Ángeles. Allí comienza a trabajar para la empresa de limpieza *Angel* y conoce a Sam, un sindicalista del movimiento *Justice for Janitors* que representa a trabajadores de compañías de limpieza. ***Bread and Roses*** cuenta la historia de un grupo de inmigrantes que lucha para formar un sindicato y mejorar sus condiciones de trabajo.

Prepárate para ver la película

Un poco de historia: La inmigración mexicana en los Estados Unidos

La historia de la inmigración mexicana a los Estados Unidos es larga, pero quizá se pueda resumir, como afirma Gloria Anzaldúa, en la imagen de la frontera como una herida. Algunos de los problemas a los que se enfrentan estos inmigrantes cuando cruzan la frontera son, entre muchos otros obstáculos, las altas sumas de dinero que tienen que pagar a los "coyotes", las altas temperaturas del desierto de Arizona y el asedio de las patrullas fronterizas. La situación no mejora cuando consiguen llegar a los Estados Unidos. Según un estudio reciente del *Center for Immigration Studies* los mexicano–americanos son el 4% de la población total de los Estados Unidos y, sin embargo, constituyen más del 10% de las personas que viven en condiciones de extrema pobreza. En general, la mayoría de los inmigrantes no han terminado sus estudios secundarios y son obreros "no cualificados" que se ven obligados a realizar los peores trabajos y que, además, reciben un salario más bajo que los trabajadores estadounidenses en su misma situación.

Se podría argumentar que el origen de la inmigración mexicana está en la firma del tratado de Guadalupe Hidalgo de 1848. Debido a este tratado, que puso fin a la Guerra con México, Estados Unidos se anexó los territorios hasta entonces mexicanos de California, Arizona, Nuevo México y Texas. Después de esta incorporación, entre 1850 y 1880, unos 55.000 trabajadores mexicanos emigraron para trabajar en los campos de una región que hasta hacía muy poco pertenecía a México. La mayoría de estos trabajadores se quedaron en los Estados Unidos y constituyeron la primera ola de "inmigrantes" mexicano-americanos.

Al final de la Primera Guerra Mundial, muchos inmigrantes mexicanos pasaron a ser maquinistas, mecánicos, pintores, y a encargarse de una serie de oficios que los estadounidenses no podían desempeñar porque estaban luchando en Europa. La situación volvió a repetirse durante la Segunda Guerra Mundial, pero esta vez bajo el marco del "programa braceros", que trató de regular y legalizar el tráfico de trabajadores a ambos lados de la frontera. En total, este programa impulsó la llegada de 4,6 millones de trabajadores mexicanos al sector agrícola norteamericano. El "programa braceros" fue suspendido en 1964 debido a la creciente industrialización del campo y a las denuncias por violaciones de los derechos humanos.

A partir de 1970 y sobre todo en la década de los 90 ha habido una intensificación de la llegada de inmigrantes. En 1970 había 800.000 trabajadores mexicanos, mientras que en el año 2000 había ocho millones. Las causas de esta intensificación son múltiples, pero en general tienen que ver con la dinámica de la globalización. Por ejemplo, la firma del tratado de libre comercio NAFTA destruyó muchos negocios locales e hizo imposible la supervivencia de los pequeños agricultores mexicanos que ahora tienen que competir con la potente industria agrícola estadounidense.

Sin embargo, la historia de los trabajadores mexicanos en los Estados Unidos no sólo es la historia de los trabajadores indocumentados, de sus miserias y de sus sufrimientos, sino también la historia de su dignidad para sobrevivir y organizarse colectivamente. Quizá el mejor ejemplo de esta voluntad de lucha lo represente la figura del líder sindical César Chávez. Chávez trabajó en los campos de California y fundó el sindicato UFW (*United Farm Workers*) para defender los derechos de los trabajadores inmigrantes. En la actualidad, el lema de sus campañas, *Sí se puede,* inspira a miles de trabajadores documentados e indocumentados que tratan de organizarse para mejorar sus condiciones de trabajo.

El director: Ken Loach

Ken Loach nació en Inglaterra el 17 de julio de 1936. Estudió la carrera de derecho en la Universidad de Oxford y trabajó como actor en una compañía de teatro hasta que en 1963 empezó a trabajar para la BBC dirigiendo varios documentales y series de televisión. La mayoría de estos documentales trataban temas de interés social, como por ejemplo, las luchas de la clase obrera, los conflictos laborales o la miseria que rodea a los desocupados. El estilo de filmar y el modo de mirar estos problemas ha sido frecuentemente descrito como *cinema verité* (cine de verdad), porque utiliza personajes reales, grabaciones en directo sin un guión preestablecido y trata de reflejar la realidad social de la manera más simple posible, sin recurrir a demasiados trucos técnicos.

La dureza y la desnudez con la que Ken Loach aborda estos problemas sociales ha hecho que sus películas y documentales hayan sido frecuentemente censurados o no exhibidos. Sin embargo, a partir de los años 90 Ken Loach produjo tres películas, ***Riff-Raff*** (1991), ***Raining Stones*** (1993) y ***Lady Bird, Lady Bird*** (1994), que recibieron distintos premios y lo convirtieron en el director europeo de cine social más importante del momento.

Bread and Roses está basada en las campañas sindicales del movimiento *Justice for Janitors* que representaba a los empleados de limpieza de Los Ángeles en los años 90. De hecho, en la película muchos de los actores son los mismos trabajadores que participaron en las huelgas. El título de la película, ***Bread and Roses***, proviene del lema de las primeras mujeres inmigrantes que se organizaron en un sindicato en Lawrence, Massachusetts.

The Kobal Collection/The Picture Desk

Ken Loach dirigiendo el rodaje de una de sus películas

Notas lingüísticas

Las siguientes palabras te servirán para comprender los diálogos de la película y podrás utilizarlas también en las actividades del capítulo.

Palabras útiles

Inmigración

coyote	persona que trabaja llevando inmigrantes indocumentados de México a Estados Unidos
frontera	límite entre países

Trabajo

huelga	interrupción colectiva del trabajo con el fin de conseguir ciertos cambios laborales
manifestación	acto público para llamar la atención de la sociedad a los intereses de un grupo
seguro médico	contrato entre una persona y una compañía que se necesita para recibir asistencia médica
sindicalista	persona que trabaja en la organización de un sindicato
sindicato	organización de trabajadores formada para defender intereses sociales, económicos y culturales

Otras palabras

beca	cantidad de dinero que se recibe para estudiar

Palabras regionales

cabrón/ona	*(vulgar)* persona despreciable
chingada	*(vulgar)* expresión de sorpresa negativa
güey	*(inf.)* palabra usada para referirse a un amigo o compañero
lana	*(inf.)* dinero
no mames	*(vulgar)* no molestes
pinche	*(vulgar)* despreciable, malo

Cognados

comisión	condiciones laborales
protestar/protesta	uniformes

Nota: Bilingüismo, *spanglish* y alternancia de código

1. El bilingüismo es el uso de dos idiomas por un individuo o por los habitantes de un mismo territorio. En la película **Bread and Roses** estos idiomas son el español y el inglés. Generalmente, los hablantes bilingües tienen las habilidades lingüísticas más desarrolladas en uno de los idiomas que en otro, especialmente en la escritura.

2. El *spanglish* es una variedad lingüística formada por la mezcla de inglés y español que refleja las identidades híbridas de las personas que lo hablan, generalmente inmigrantes hispanos y latinos en los Estados Unidos.

3. La alternancia de código tiene lugar cuando una persona bilingüe cambia de idioma al hablar con otra persona bilingüe. Este fenómeno ocurre generalmente cuando las personas no quieren que otros comprendan lo que dicen o cuando les resulta más fácil expresar ciertas ideas en uno de los dos idiomas. En la película hay muchas escenas donde los personajes cambian del inglés al español y viceversa de acuerdo con el contexto.

Predicciones y reflexiones

 ### 6-1. Anticipando los temas

Contesten las siguientes preguntas antes de ver la película.

1. Miren la portada y lean la sinopsis de la película. ¿Qué están haciendo los personajes de la portada? ¿Por qué piensan que lo hacen?

2. ¿Han protestado alguna vez? ¿Por qué motivos protesta la gente generalmente? ¿Es bueno que la gente proteste? ¿Por qué sí? ¿Por qué no?

3. ¿Hay latinos en su ciudad? ¿En qué barrios viven? ¿Qué trabajos hacen? ¿Cómo son sus condiciones de vida?

4. ¿Han trabajado alguna vez en el sector de servicios (empleado de limpieza, mesero, cocinero)? ¿Cómo fue su experiencia? ¿Han trabajado con inmigrantes? ¿Cómo eran?

5. ¿Qué opinan de la inmigración ilegal? ¿Hay muchos inmigrantes indocumentados en los Estados Unidos? ¿Por qué van a los Estados Unidos? ¿Piensan que tienen buenas condiciones de trabajo? ¿Por qué sí? ¿Por qué no?

A simple vista

6-2. La trama

El ejercicio siguiente les servirá para analizar algunos de los eventos más importantes de la película.

Consideren los diferentes eventos importantes de la película y reconstruyan la trama usando el siguiente cuadro. Luego, hablen con sus compañeros y aporten detalles sobre las circunstancias en las que sucede cada evento.

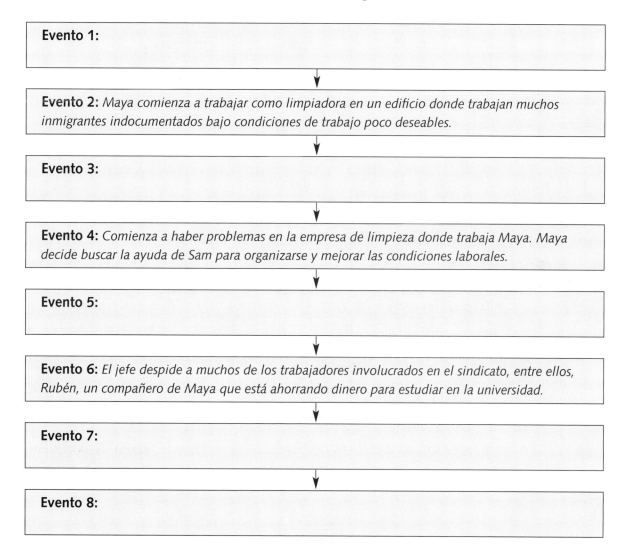

Evento 1:

↓

Evento 2: *Maya comienza a trabajar como limpiadora en un edificio donde trabajan muchos inmigrantes indocumentados bajo condiciones de trabajo poco deseables.*

↓

Evento 3:

↓

Evento 4: *Comienza a haber problemas en la empresa de limpieza donde trabaja Maya. Maya decide buscar la ayuda de Sam para organizarse y mejorar las condiciones laborales.*

↓

Evento 5:

↓

Evento 6: *El jefe despide a muchos de los trabajadores involucrados en el sindicato, entre ellos, Rubén, un compañero de Maya que está ahorrando dinero para estudiar en la universidad.*

↓

Evento 7:

↓

Evento 8:

6-3. Los personajes

En los siguientes ejercicios vas a comentar con tus compañeros las características de los personajes de la película y las relaciones que se establecen entre ellos.

1. Utilicen el siguiente diagrama para comparar a los personajes de la película. Incluyan en cada círculo características que describan a los personajes.

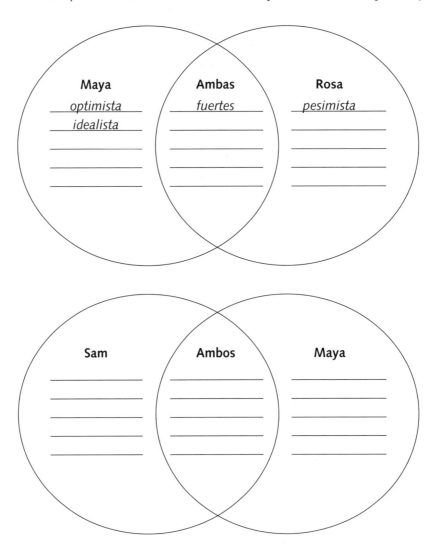

2. Todos los personajes de la película tienen conflictos familiares, laborales o emocionales de algún tipo. Comenta con un/a compañero/a qué tipo de problemas tiene cada uno de los personajes siguientes y luego juntos completen el cuadro según el modelo.

Personaje	Conflicto
Maya:	*Tiene un conflicto laboral porque es una inmigrante indocumentada. Necesita conservar su trabajo, pero se arriesga por los derechos de los trabajadores. Tiene un conflicto emocional porque ella está enamorada de Sam, pero su amigo Rubén está enamorado de ella.*
Sam:	
Rosa:	
Berta:	
Rubén:	
Esposo de Rosa:	
Pérez:	

6-4. Imágenes

Piensa en ciertas imágenes de la película y responde las siguientes preguntas.

1. ¿Qué sucede al comienzo de la película? ¿Dónde están las personas? ¿Qué están haciendo? ¿Por qué se mueve la cámara?

2. ¿Cómo es la casa de Rosa? ¿En qué barrio está ubicada la casa? ¿Cuántas personas viven en ella? ¿Piensas que es cómoda? ¿Piensas que las personas que viven en la casa tienen privacidad?

3. Compara la casa de Rosa con la casa de Sam. ¿Qué diferencias y similitudes encuentras? Piensa en la decoración. ¿Qué conclusiones puedes sacar sobre los personajes después de ver sus casas?

4. ¿Cómo es el edificio donde trabajan Maya y sus compañeros? ¿Cómo es la gente que trabaja en las compañías que están en el edificio? ¿Cómo es la relación que tienen con las personas que limpian el edificio?

5. ¿Cómo son las manifestaciones de protesta que organiza el movimiento *Justice for Janitors*? ¿Qué cosas se ven en las manifestaciones? ¿De qué manera protesta la gente?

Sam (Adrien Brody) y Maya (Pilar Padilla) en una escena de la película

6-5. Escenas y citas: ¿Quién lo dice y por qué?

Lee las siguientes citas de la película y escribe quién las dice. Luego, en parejas expliquen por qué los personajes dicen esto.

1. "¿Ya te dije mi historia acerca de estos uniformes? Nos hacen invisibles".
Rubén → Maya

2. "No me dieron la beca simplemente porque no soy ciudadano". _Rubén → Maya_

3. "Me recuerda tanto a mi madre". _Rubén → Maya_

4. "What do you risk? How much do you get paid?" _Maya → Sam_

5. "Tú sabes que me he estado matando los últimos cinco años para conseguir la beca y perderla así porque sí pues como que no". _Rubén → Maya_

6. "Yo creo que nuestras familias tampoco pueden darse el lujo de arriesgar perder el dinero que les mandamos". _Maya → Rubén_

7. "¿Por qué nos vendiste?" _Maya → Rosa_

8. "Eres una traidora, Rosa". _Maya → Rosa_

9. "We are fighting for health care, right? For respect at work. We want bread but we want roses, too." _Sam → todos_

10. "Porque estamos bien organizados no nos moverán..." _todos_

Conexiones con el tema

6-6. Analizando la película

Utilicen las siguientes preguntas para hablar sobre el tema de la *inmigración* en la película.

1. ¿Por qué Maya se va a vivir a los Estados Unidos? ¿En qué condiciones entra Maya a los Estados Unidos? ¿Qué peligros enfrenta al cruzar la frontera? Utilicen escenas de la película y la sección **Un poco de historia** para explicar su respuesta.

2. Muchos de los personajes de la película son mujeres inmigrantes. ¿Cómo está reflejada la situación de la mujer inmigrante en la película? ¿Cómo son sus condiciones de vida y de trabajo? ¿Es fácil para las mujeres cruzar la frontera y conseguir trabajo? ¿Cómo es su relación con los personajes masculinos de la película? ¿Piensan que tienen más problemas que los hombres inmigrantes? ¿Por qué? Expliquen su respuesta con ejemplos de diferentes escenas. Relacionen las condiciones de vida de las mujeres inmigrantes con el texto de Anzaldúa del principio de la unidad (página 62).

3. En la película hay muchos momentos en los que los protagonistas deciden desafiar las estructuras de poder para tratar de salir de las condiciones de opresión en las que viven. Uno de esos momentos es cuando Maya le explica a su compañero Rubén por qué ella apoya la formación del sindicato. Lean el comentario de Maya y contesten las preguntas que siguen.

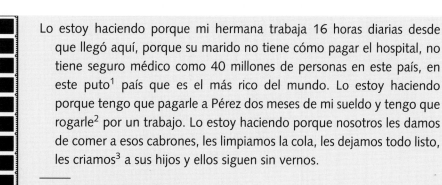

Lo estoy haciendo porque mi hermana trabaja 16 horas diarias desde que llegó aquí, porque su marido no tiene cómo pagar el hospital, no tiene seguro médico como 40 millones de personas en este país, en este puto[1] país que es el más rico del mundo. Lo estoy haciendo porque tengo que pagarle a Pérez dos meses de mi sueldo y tengo que rogarle[2] por un trabajo. Lo estoy haciendo porque nosotros les damos de comer a esos cabrones, les limpiamos la cola, les dejamos todo listo, les criamos[3] a sus hijos y ellos siguen sin vernos.

[1](*vulgar*) despreciable, malo
[2]pedir con insistencia
[3]cuidar y educar a una persona desde la infancia

a. ¿Cómo describe Maya los trabajos que hacen los inmigrantes? ¿Es su actidud positiva o negativa? ¿Por qué? ¿Concuerda la opinión de Maya con la información que han leído en la sección **Un poco de historia**?

b. ¿A quién se refiere Maya cuando dice "esos cabrones"? ¿Qué nos dice este comentario sobre su actitud con respecto a los Estados Unidos? ¿Por qué tiene Maya este tipo de reacción? ¿Están de acuerdo con ella? ¿Creen que los problemas que describe son exclusivos de los inmigrantes? ¿Hay otras personas en los Estados Unidos que enfrentan los mismos problemas? ¿Qué harían para solucionarlos?

c. ¿Por qué Maya dice que "ellos siguen sin vernos"? ¿Qué piensan de esta afirmación? ¿En qué circunstancias la gente decide ignorar a alguien? Consideren la actitud de las empresas que alquilan oficinas en el edificio. ¿Piensan que a ellos les interesan las condiciones laborales de los empleados de limpieza? Razonen su respuesta basándola en escenas de la película.

4. Una parte importante de inmigrar a otro país es aprender el idioma y adaptarse a la cultura. En la película los personajes hablan dos idiomas: español e inglés. Muchas veces cambian de un idioma a otro, incluso en una misma oración, por diferentes razones. ¿En qué momentos cambian los personajes de idioma? Consideren, por ejemplo, ¿por qué Rosa decide contarle a Maya su historia en español y no en inglés?

5. Lean las siguientes canciones del grupo Los jornaleros del Norte que fueron cantadas en la fiesta que se ve en la película. Luego, contesten las preguntas que siguen.

La frasesita
Me puse a estudiar inglés
porque me sentía obligado
pa' poderme defender
de un gabacho condenado
allá donde trabajaba
me querían mandonear[1]
nomás por el pinche inglés
que no sabía yo hablar
el gabacho me decía en inglés y enojado
"you wetbacks don't understand what you are supposed to do."
"you wetbacks don't understand what you are supposed to do."

———
1. mandar

Sí se puede
Yo le vengo aquí a cantar una triste situación
las leyes que están haciendo la Casa Blanca y la migración
y toda mi gente latina sufre discriminación,
nos quitan nuestros derechos y nos mandan la migración
pero de aquí no me iré; yo no me iré nunca me iré, yo nunca me iré de aquí
aquí lo digo cantando en esta alegre melodía
que sí hay que morir luchando, pero nunca de rodillas[1]
el ejemplo hay que seguir del legendario César Chávez
y todos juntos decir "sí se puede, sí se puede."
Sí se puede, sí se puede, sí se puede ...

––––––

1. posición del cuerpo en la cual las piernas están flexionadas y tocan el suelo

a. ¿Qué revelan estas canciones sobre la situación de los inmigrantes? ¿Por qué es necesario aprender inglés? ¿Qué trato reciben los inmigrantes de sus jefes?

b. ¿Por qué no se quieren ir de los Estados Unidos? ¿Por qué "hay que seguir el ejemplo de César Chávez"? ¿Qué quiere decir *sí se puede*?

Más allá de la pantalla

6-7. Tú eres la estrella

Representen las siguientes situaciones. Traten de utilizar el vocabulario de la sección **Notas lingüísticas.**

1. Organicen una conferencia de prensa para entrevistar a Sam y a los empleados de limpieza de la empresa *Angel* sobre sus problemas laborales y la organización del sindicato. Algunos estudiantes serán los reporteros de los distintos medios de comunicación (radio, televisión, prensa) y los otros serán Sam, Maya, Rosa, Rubén y el resto de los empleados de limpieza. Antes de la conferencia, ambos grupos deben planear preguntas y respuestas.

2. Representen un juicio a Maya por su situación ilegal en los Estados Unidos y por el robo en la estación de servicio. Los estudiantes tendrán diferentes roles: Maya, juez, abogado defensor, fiscal, jurado y testigos. El abogado defensor y el fiscal elegirán a los testigos y planearán sus argumentos. Consulten las expresiones para usar en los juicios del **Apéndice 3** (páginas 243–244).

3. Al final de la película, Maya es deportada y se marcha en un autobús. Imaginen que se filma ***Bread and Roses 2*** y representen la primera escena de la película. ¿Quiénes son los personajes? ¿Dónde tiene lugar la escena? ¿De qué hablan los personajes? ¿Cuánto tiempo ha pasado y qué ha pasado desde la primera parte de la película?

6-8. Tú eres el escritor

Escribe sobre los siguientes temas.

1. Escribe un artículo en un periódico informando sobre el conflicto entre la empresa *Angel* y el sindicato de trabajadores *Justice for Janitors*. Describe el conflicto, explica ambos lados de la situación e incluye testimonios de los trabajadores y de los miembros de la empresa Angel.

2. Al final de la película, Sam le entrega una carta a Maya cuando la deportan. Imagina que eres Sam y escribe la carta para Maya.

3. Imagina que eres Maya y que le escribes una carta a Sam o a tu amigo Rubén cuando regresas a tu casa en México. Cuéntale en tu carta cómo es tu vida en México, qué estás haciendo allí, que problemas tienes, etc.

6-9. Tú eres el crítico

Debate los siguientes temas con la clase.

1. Comenten las siguientes hipótesis y expliquen sus razones:

    a. Si fueras Maya, ¿entrarías a los Estados Unidos ilegalmente?

    b. Si fueras Maya, ¿ayudarías a Sam a salir del edificio?

c. Si fueras Sam, ¿ayudarías a los trabajadores de limpieza?

d. Si fueras Sam, ¿tendrías una relación romántica con Maya?

e. Si fueras Rosa, ¿traicionarías a tus compañeros?

f. Si fueras Maya, ¿robarías para ayudar a un amigo?

2. Divídanse en grupos para discutir sobre la inmigración ilegal en los Estados Unidos. ¿Cuáles son las ventajas y desventajas de esta situación? ¿Qué función tienen los inmigrantes indocumentados en los Estados Unidos? ¿Es necesario para la economía de los Estados Unidos que haya inmigrantes indocumentados? ¿Quitan los inmigrantes indocumentados los trabajos a los estadounidenses o hacen los trabajos que nadie más quiere hacer? ¿Tienen los indocumentados derecho a utilizar los programas sociales igual que los ciudadanos de los Estados Unidos? ¿Contribuyen al enriquecimiento de la cultura norteamericana o la ponen en peligro (consideren las políticas de educación bilingüe o *English Only*)?

3. Discutan en grupos las ventajas y deventajas de los sindicatos. ¿Es bueno organizarse colectivamente para mejorar las condiciones de trabajo? ¿Cuáles son las ventajas y desventajas para los trabajadores y para la empresa? ¿La existencia de un sindicato tiene un efecto positivo o negativo en la productividad de una empresa? ¿Qué estereotipos existen sobre los sindicatos en los Estados Unidos? ¿Coinciden estos estereotipos con el sindicato de la película? ¿Tienen derecho los trabajadores indocumentados a organizarse en un sindicato?

4. Basándose en la historia de la película, discutan el significado y las implicaciones del *sueño americano*. En tu opinión, ¿qué es, cómo se consigue y para quién es posible el *sueño americano*? ¿Qué papeles tienen la educación, la familia, el origen étnico, la ética de trabajo y la disciplina para conseguir el *sueño americano*? ¿Es posible que los inmigrantes indocumentados alcancen el *sueño americano*?

 ## 6-10. Tú eres el investigador

Busca información sobre los siguientes temas relacionados con la película. En grupos o individualmente presenta a la clase lo que aprendiste.

1. Busca información sobre César Chávez. ¿Quién es? ¿Qué hizo? ¿Por qué es famoso en los Estados Unidos? ¿Por qué lo mencionan en la película?

2. Busca información sobre el origen de la frase *Bread and Roses*. ¿Quién la usó por primera vez? ¿Cúal es el significado de esta frase y su importancia en la historia del movimiento sindical? ¿Por qué eligieron esta frase como título de la película?

3. Investiga las distintas políticas educativas relacionadas con la enseñanza de inglés a los inmigrantes en las escuelas públicas de los Estados Unidos. ¿Qué es el moviemiendo *English Only* y quiénes lo apoyan? ¿Cuáles son las ventajas y las desventajas de la educación bilingüe?

Capítulo 7

© Oliver Mallah Photography

Sinopsis

Martín (Hache) es un adolescente de 19 años que vive en Buenos Aires con su madre. No estudia, no trabaja y no sabe qué quiere hacer con su vida. En un concierto de rock, Hache es víctima de una sobredosis. Esta circunstancia obliga a su padre, Martín, un director de cine que vive en Madrid, a volver a compartir su vida con su hijo. En Madrid, Hache tendrá que relacionarse con su padre, con Alicia, la compañera de su padre, y con Dante, un amigo del mismo.

Prepárate para ver la película

Un poco de historia: Inmigración y exilio: las paradojas de la historia argentina

Argentina es un país fundado por inmigrantes, el Artículo 25 de su Constitución de 1853 se proponía como uno de sus objetivos "fomentar la inmigración europea". Ésta y otras leyes que facilitaban la llegada de inmigrantes hizo que Argentina recibiera entre 1856 y 1925 más de cinco millones de nuevos ciudadanos. Venían de todas partes de Europa (fundamentalmente de Italia y España, aunque también de países tan disímiles como Armenia, Siria o Alemania) en busca de un futuro mejor. En muchos casos lo consiguieron, pero la historia argentina del siglo XX es la historia de un país fundado por inmigrantes, que poco a poco se fue convirtiendo en un país de inmigrantes y exiliados: gente que tiene que abandonar Argentina por razones políticas—los exiliados—o por razones económicas—los inmigrantes.

La historia del exilio en Argentina es lamentablemente larga y antigua. El exilio responde generalmente a la llegada al poder de militares que impusieron distintos regímenes autoritarios y dictaduras. Los primeros exiliados políticos de Argentina se remontan a la época del gobierno del general Perón (1950), cuando algunos escritores tan conocidos como Julio Cortázar abandonaron el país descontentos con las políticas populistas que se estaban implementando. Más tarde, en 1966, el general Juan Carlos Onganía ordenó la entrada de la policía a las universidades para agredir a profesores y estudiantes. Esto es lo que se conoce en la historia de Argentina como "la noche de los bastones largos" que terminó con la expulsión de 3.000 científicos y pensadores. Finalmente, desde 1976 hasta 1983 la junta militar encabezada por el general Videla obligó a miles de

intelectuales, periodistas y activistas políticos a exiliarse si no querían poner en riesgo sus vidas.

Todos estos exiliados abandonaron el país con la esperanza de que en algún momento—cuando los regímenes dictatoriales terminaran—podrían volver al país y retomar sus actividades profesionales y, sobre todo, sus vidas. En efecto, es lo que sucedió con muchos de los exiliados que regresaron en 1983 al país tras la caída de la junta militar que gobernaba desde 1976.

En la actualidad hay miles de personas (30.000 según las cifras oficiales del Consulado Argentino en el año 2002) que han abandonado el país. Sin embargo, esta vez las razones no son políticas sino económicas. Desde la llegada de la democracia, Argentina ha sufrido diversas crisis económicas que han puesto al país al borde del colapso, haciendo la vida diaria de sus ciudadanos cada vez más difícil. Algunos de los principales problemas económicos son: la deuda externa heredada de los gobiernos militares, el problema de la hiperinflación durante la época del presidente Raúl Alfonsín (1983–1989), las privatizaciones indiscriminadas y la corrupción del gobierno de Carlos Saúl Menem (1989–1999) y más recientemente la crisis total del sistema financiero de diciembre del 2001. Estos factores han obligado a muchos argentinos a hacer colas frente a los consulados de los países de sus antepasados (Italia, España, Alemania) para conseguir un pasaporte que les permita trabajar fuera de Argentina. Sin embargo, esta vez las personas que se marchan lo hacen sabiendo que quizá no vuelvan nunca, son conscientes de que tienen que organizar su vida en otro lugar para sobrevivir y de que deben renunciar para siempre a la idea de vivir en el país que fundaron sus antepasados.

En cualquier caso, tanto el exilio como la inmigración son experiencias dolorosas, porque implican la pérdida de una comunidad, un lenguaje y una cultura. Por eso, el exilio y la inmigración son frecuentemente descritos como experiencias desgarradoras y destructivas.

El director: Adolfo Aristarain

Adolfo Aristarain nació en Buenos Aires, Argentina en 1943. Entre 1968 y 1974 trabajó como asistente de dirección en España y participó en numerosos proyectos de cine y televisión. En 1978 dirigió su primera película, *La parte del león*, basada en los códigos del cine negro y la novela policial. Durante la dictadura militar en Argentina (1976–1983) denunció la corrupción a todos los niveles en una de sus películas más conocidas de la época, *Tiempo de revancha* (1981). Esta línea de denuncia y crítica social continuó en sus proyectos siguientes, entre otros, *Últimos días de la víctima* (1982) adaptada de una novela policial. El éxito internacional le llegó en 1992 con *Un lugar en el mundo*, película con la que ganó la Concha de Oro en el prestigioso Festival Internacional de Cine de San Sebastián.

En dos de sus últimas películas más conocidas, *Martín (Hache)* (1997), ganadora de un premio Goya, y *Lugares comunes* (2002), explora los temas del exilio, los conflictos familiares, el colapso de la sociedad argentina, el dolor y la muerte. Las películas de Aristarain se concentran en la construcción de diálogos y personajes profundos. Estos personajes generalmente se enfrentan a la injusticia social, la represión de las dictaduras o las consecuencias de un mundo dominado por los valores del capitalismo. En casi todos los casos, el cine de Aristarain está escrito desde la perspectiva de aquellos que han vivido la muerte de las utopías y, sin embargo, siguen buscando su lugar en el mundo.

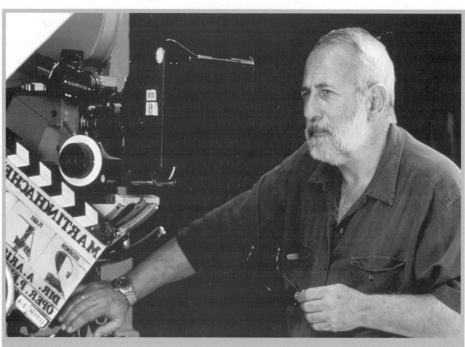

Tornasol Films/Album Archivo Fotografico, S.L.

Adolfo Aristarain dirigiendo el rodaje de la película Martín (Hache)

Notas lingüísticas

Las siguientes palabras te servirán para comprender los diálogos de la película y podrás utilizarlas en las actividades del capítulo.

Palabras útiles

Inmigración

exiliado	persona que no vive en su país de origen por razones políticas
extranjero	persona que no vive en su país de origen
extrañar	sentimiento provocado por la nostalgia de algo o de alguien
gallego/a	(*inf., des.*) persona de España
patria	país
sudaca	(*des.*) persona de Sudamérica

Otras palabras

clase media	clase social con cierto nivel de riqueza y de acceso al consumo
desubicado/a	persona que no actúa de manera apropiada en una situación
guión	texto con los diálogos de los personajes de una película
marica	(*vulgar*) homosexual

Palabras regionales

boludo	(*vulgar*) estúpido
borrarse	(*inf.*) irse
cana	(*inf.*) policía
coger	(*vulgar*) en Argentina, tener relaciones sexuales
dar bola	(*vulgar*) prestar atención
estar en pedo	(*vulgar*) estar borracho
fachos	(*inf.*) fascistas
guita	(*inf.*) dinero
merca	(*inf.*) cocaína
milicos	(*inf.*) militares
mina	(*inf.*) chica, muchacha
pelotudo	(*vulgar*) estúpido
porteños	gente de Buenos Aires
verso	(*inf.*) mentira
vos	tú

Cognados

democracia	inmigrante	macho
mediocre	nostalgia	suicidarse

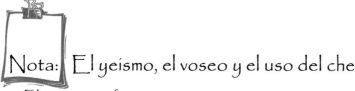

Nota: El yeísmo, el voseo y el uso del che

1. El yeísmo es un fenómeno que ocurre en Argentina y en Uruguay. Se refiere a la pronunciación de Y (por ejemplo en la palabra **ayuda**) y Ll (por ejemplo en la palabra **gallego**) con el sonido de /sh/ en la palabra *English*.

2. **Vos** se usa en varios países de Latinoamérica (Guatemala, Honduras, El Salvador, Argentina, Uruguay) en lugar del pronombre **tú**. El verbo se conjuga en forma similar a *la de* **vosotros** pero con variaciones en la acentuación y otras

características particulares que cambian de país en país. El ejemplo siguiente está sacado de la película: "Yo sé que quiero estar con **vos** y sé que **vos querés** estar conmigo".

3. **Che** es una expresión informal similar a **oye** que es muy frecuentemente utilizada en Argentina, Uruguay y partes de Bolivia para llamar la atención de alguien. El ejemplo siguiente está sacado de la película: "**Che,** Hache, cóntame ¿qué tal es eso del *dog*?"

Predicciones y reflexiones

7-1. Anticipando los temas

Contesten las siguientes preguntas antes de ver la película.

1. Presten atención al título, a la portada y a la sinopsis de la película. ¿Por qué piensan que la película se llama Martín (Hache)? ¿Quién es Martín (Hache)? ¿Es éste un nombre común en español?

2. En general, ¿qué problemas tienen los jóvenes en los Estados Unidos? ¿Cuáles creen que son los problemas de un joven en Argentina? ¿Creen que los jóvenes de Estados Unidos tienen los mismos problemas que los de Argentina?

3. Muchas veces los jóvenes tienen problemas con sus padres. ¿Por qué piensan que sucede esto? ¿Cómo piensan que deberían ser unos "buenos" padres?

4. La película está rodada en Buenos Aires y en Madrid. ¿Qué saben sobre estas ciudades: información geográfica, demográfica, política, económica, etc.? ¿Piensan que hay muchas diferencias entre estas dos ciudades?

5. Algunas personas están muy apegadas a su país y a su cultura. Este sentimiento se conoce con el nombre de patriotismo. ¿Qué es el patriotismo para ustedes? ¿Se consideran patriotas?

6. ¿Han vivido en otro país o han visitado otro país alguna vez? ¿Cómo se sintieron? ¿Qué aspectos de su vida y de su país extrañaron? ¿Qué se llevarían consigo si tuvieran que vivir en otro país?

7. ¿Qué motivos puede tener una persona para irse a vivir a otro país? ¿Qué diferencias existen entre una persona que emigra por razones políticas y una que emigra por otras razones? ¿Cómo piensan que se siente una persona obligada a vivir en otro país y otra cultura?

A simple vista

7-2. La trama

El ejercicio siguiente les servirá para analizar algunos de los eventos más importantes de la película.

Ordena cronológicamente los siguientes acontecimientos en la película y habla con tus compañeros sobre el contexto en que suceden. Aporta detalles sobre las circunstancias en las que suceden y explica también las razones de los personajes para actuar de esa manera.

a. _____ Hache y su padre regresan a Madrid.

b. _____ Alicia se suicida.

c. _____ Martín y Alicia se van al sur de España a trabajar en una película.

d. _____ Hache vuelve a Argentina.

e. _____ Hache tiene una sobredosis en Buenos Aires.

f. _____ Dante y Hache deciden irse al sur de España.

g. _____ Martín visita a Hache en Buenos Aires.

Tornasol Films/Album Archivo Fotografico, S.L.

Hache (Juan Diego Botto) en una escena de la película

7-3. Los personajes

En los ejercicios siguientes vas a comentar con tus compañeros las características de los personajes de la película y las relaciones que se establecen entre ellos.

1. Elige uno de los personajes cuyo nombre figura en los círculos. Luego recorre la clase preguntando a tus compañeros cuáles son las características que mejor lo definen y por qué. Utiliza el vocabulario a continuación y anota las respuestas de tus compañeros en el cuadro de resultados. (Diferentes estudiantes deben elegir distintos personajes.)

Ejemplo: *10 estudiantes piensan que Hache es una persona conflictiva.*

Resultado: *La mayoría de la clase piensa que Hache es conflictivo, porque ...*

divertido/a	conflictivo/a	egoísta	triste	depresivo/a	irresponsable
realista	optimista	alegre	idealista	afectuoso/a	romántico/a
tolerante	inteligente	paciente	responsable	sociable	independiente
artístico/a	talentoso/a	emprendedor/a	organizado/a	pesimista	indeciso/a

Hache
Conflictivo (x 10)
_____
_____
_____

Martín
_____
_____
_____

Alicia
_____
_____
_____

Dante
_____
_____
_____

Resultados de la encuesta

La mayoría de la clase piensa que
- Hache es _____
- Martín es _____
- Alicia es _____
- Dante es _____

2. Completa el siguiente cuadro para explicar la relación entre los personajes de la película. Ten en cuenta los aspectos de tus relaciones mencionados en el cuadro. Basa tus opiniones en diferentes escenas de la película.

	Martín y Hache	Martín y Alicia	Hache y Dante
el respeto			
el cariño			
la comunicación			
la confianza			

7-4. Imágenes

Piensa en ciertas imágenes de la película y responde las siguientes preguntas.

1. ¿Cómo es la vida y cuáles son los problemas de Hache según la primera escena de la película?

2. Piensa en las imágenes donde se ven Buenos Aires y Madrid. ¿Qué diferencias notas entre estas ciudades?

3. ¿Qué diferencias notas entre la casa del padre de Hache y la casa de su madre?

4. ¿Cómo se visten los personajes de la película? ¿Qué se puede deducir de los personajes por la ropa que llevan?

7-5. Escenas y citas: ¿Quién lo dice y por qué?

Lee las siguientes citas de la película y escribe quién las dice. Luego, en parejas expliquen por qué los personajes dicen esto.

1. "Es una tontería, pero me encanta que me regalen flores". _____

2. "¿Cómo se te puede dar por matarte?" _____

3. "Es Hache, te la hago corta, tiene 19 años y se porta como un chico de 14 ... No estudia, no trabaja, no hace nada, no le gusta nada ... Necesita un padre. Te borraste hace 5 años". _____

4. "Yo hace 5 años que vivo solo ... No sé convivir con nadie, no quiero convivir con nadie. Me gusta, me da un gran placer estar solo". _____

5. "Viviste en Madrid hasta los 14 años, es tu ciudad tanto como Buenos Aires [...] En Madrid se puede estar muy bien. ¿Qué hay allá que no tengas acá?"

_____

6. "Me seducen las mentes, me seduce la inteligencia". _____

7. "Búscate una linda mina, Hache. En cuanto aparezca una gallega que te mueva el piso ... no te vas a sentir más ni extranjero, ni exiliado, ni turista, ni nada".

_____

8. "Si encontrás algo que te gusta — un oficio, una profesión — y podés vivir de eso no vas a sentir que estás trabajando. Igual te van a explotar, pero nadie te puede quitar el placer de hacer lo que te gusta. Te van a pagar para que te diviertas". _____

9. "Lo llamás Hache ... la hache no existe, es una letra muda y encima va encerrada entre paréntesis". _____

10. "¿Sabés qué extrañaba yo de Buenos Aires? Los silbidos. Casi me vuelvo ... era absurdo ... no se puede volver a un lugar por querer oír silbar a la gente".

_____

Conexiones con el tema

7-6. Analizando la película

Utilicen las siguientes preguntas para hablar sobre el tema del *exilio* y la *inmigración* en la película.

1. Expliquen por qué se tiene que marchar Hache de Buenos Aires. Según la película, ¿cuáles son las condiciones políticas, económicas y familiares que lo obligan a abandonar el país?

2. La película describe claramente por qué se tiene que marchar Hache de Buenos Aires, pero no da información tan explícita sobre la razón por la que su padre se marchó del país. ¿Por qué creen que Martín vive en Madrid? ¿Por qué se fue de Argentina? Utilicen la información de la sección **Un poco de historia** para responder.

3. Uno de los pocos momentos en que Martín habla de su relación con su país se produce cuando Hache le pregunta si extraña Buenos Aires en la escena del restaurante. Lean la respuesta de Martín y después contesten las preguntas que siguen.

> Eso de extrañar, la nostalgia y todo eso, es un verso. No se extraña un país; se extraña el barrio en todo caso, pero también lo extrañás si te mudás a diez cuadras. El que se siente patriota, el que piensa que pertenece a un país es un tarado mental, la patria es un invento. ¿Qué tengo que ver yo con un tucumano o con un salteño?[1] Son tan ajenos a mí como un catalán o un portugués — una estadística, un número sin cara. Uno se siente parte de muy poca gente, tu país son tus amigos y eso sí se extraña, pero se pasa. Lo único que yo te digo es que cuando uno tiene la chance de irse de Argentina debe aprovechar. Es un país donde no se puede ni se debe vivir, te hace mierda. Si te lo tomás en serio, si pensás que podés hacer algo para cambiarlo, te hacés mierda. Es un país sin futuro, saqueado[2], depredado y no va a cambiar. Los que se quedan con el botín[3] no van a permitir que cambie.
>
> ---
> [1] personas de Tucumán y Salta, provincias de Argentina
> [2] al que han robado sin límites
> [3] conjunto de riquezas robadas

a. ¿Están de acuerdo con la afirmación de que "la patria es un invento"? ¿Les parece que la pertenencia a un país es una ficción sin ninguna base en la realidad? ¿Es verdad que hay muchas diferencias entre los habitantes de diferentes regiones de un mismo país?

b. ¿Qué visión tiene Martín de la Argentina y por qué? ¿Es un discurso racional o emocional? ¿Está relacionada esta visión con su condición de exiliado? Busquen ejemplos en el texto para justificar su respuesta.

c. ¿De qué manera afecta el hecho de que Martín sea exiliado a las personas que lo rodean? ¿Creen que la agresividad con la que trata a los otros personajes y su miedo al dolor están relacionados con su situación de exiliado? Expliquen su respuesta.

d. Pertenecer a un país es ser parte de una comunidad, una gran "familia" con la que se comparte una lengua, una cultura y un territorio. Por eso, muchas películas y novelas cuentan historias particulares de familias que sirven como metáfora de la historia de ese país. Teniendo en cuenta estas afirmaciones, respondan a las siguientes preguntas: ¿Cómo es la familia de Hache? ¿Qué relación tiene la estructura de su familia con su condición de exiliados? ¿Creen que Dante actúa como segundo padre para Hache? ¿Qué papel juega Alicia en la estructura de la familia? ¿Cómo están conectadas todas estas relaciones personales con las historias de España y Argentina?

4. Piensen en el video que deja Hache al final de la película. ¿Por qué graba su mensaje en video? ¿A quién va dirigido el mensaje? ¿Por qué decide marcharse a Buenos Aires? ¿Les parece que tiene razones muy convincentes para volver a Buenos Aires? ¿Cómo es la relación de Hache con Madrid y con Buenos Aires? ¿Qué efecto tiene en Martín la decisión de Hache de marcharse? ¿Después de vivir en el exilio, qué implicaciones tiene "volver" o quedarse?

5. Relacionen el texto de Benedetti del principio de la unidad (páginas 62–63) con los diferentes aspectos del exilio tratados en la película. ¿Qué aspectos del exilio mencionados por Benedetti se reflejan en la película? Consideren el tercer párrafo del texto que habla sobre las dictaduras en el Cono Sur. ¿Piensan que Martín se fue de Argentina como exiliado político durante la dictadura? ¿Cómo creen que era la vida artística de Martín en Buenos Aires durante la dictadura? Consideren el poema al final del texto de Benedetti y traten de relacionarlo con el video de Hache al final de la película. ¿Qué extraña Hache de Buenos Aires? ¿Qué extraña Martín de Buenos Aires? ¿Cómo está relacionado esto con el poema?

Más allá de la pantalla

7-7. Tú eres la estrella

Representen las siguientes situaciones. Traten de utilizar el vocabulario de la sección **Notas lingüísticas.**

1. Imaginen que Hache se queda en Madrid a vivir con su padre. Con sus compañeros, representen una conversación entre Hache, su padre y Dante en la que discuten sobre algún problema surgido de la convivencia.

2. Representen un momento de la vida de Hache en Argentina, por ejemplo un diálogo con un amigo/a sobre sus problemas, una conversación con su madre sobre su futuro, etc.

3. Imaginen que Hache y Martín van al psicólogo a hacer terapia familiar. Con sus compañeros, representen la sesión de terapia hablando de los problemas y sus posibles soluciones.

7-8. Tú eres el escritor

Escribe sobre los siguientes temas.

1. Imagina que eres Hache y le escribes una carta a tu padre. Cuéntale las novedades de tu vida, cómo te sientes, cuáles son tus problemas y qué quieres hacer en el futuro. Trata de utilizar las palabras regionales de la sección **Notas lingüísticas.**

2. Imagina que eres Martín y planeas escribir un guión para tu próxima película. Describe cómo será la película, qué temas tratará, qué personajes tendrá y dónde estará ambientada.

3. Imagina que eres un exiliado y no puedes volver a tu país. Escribe una entrada en tu diario personal contando cómo te sientes, cuáles son tus problemas, cómo es tu nueva vida, etc.

7-9. Tú eres el crítico

Debate los siguientes temas con la clase.

1. En dos grupos discutan si dejarían a su hijo adolescente un fin de semana con una persona como Dante. ¿Cuáles son las ventajas y desventajas de esta decisión? ¿Qué valores puede enseñarle Dante a un adolescente? ¿Qué consecuencias puede tener esta relación en la vida del adolescente?

2. Divídanse en dos grupos y discutan si la película está a favor o en contra del uso de las drogas. Un grupo debe sostener que la película apoya el uso de las drogas y el otro que está en contra.

3. La decisión de vivir en otro país por el resto de la vida es muy difícil. En dos grupos debatan sobre los beneficios y los inconvenientes de vivir en otro país. Un grupo debe estar a favor de vivir en otro país y explicar los beneficios. El otro grupo debe estar en contra y hablar de los inconvenientes.

7-10. Tú eres el investigador

Busca información sobre los siguientes temas relacionados con la película. En grupos o individualmente presenta a la clase lo que aprendiste.

1. Investiga la situación económica actual en Argentina. ¿Cuáles son los problemas fundamentales que tiene que enfrentar la gente de este país?

2. Busca información sobre un exiliado argentino y reconstruye su historia. ¿Cómo, cuándo y por qué se marchó del país? ¿A qué lugar fue? ¿Regresó a Argentina? Algunos exiliados argentinos famosos son: Julio Cortázar, Tununa Mercado, Tomas Eloy Martínez, Cecilia Roth, David Viñas, etc.

3. Muchas otras personas de varios países de Latinoamérica (Chile, Uruguay, Nicaragua, Guatemala, etc.) también tuvieron que exiliarse. Compara la historia del exilio de uno de estos países con el caso de Argentina.

Capítulo 8

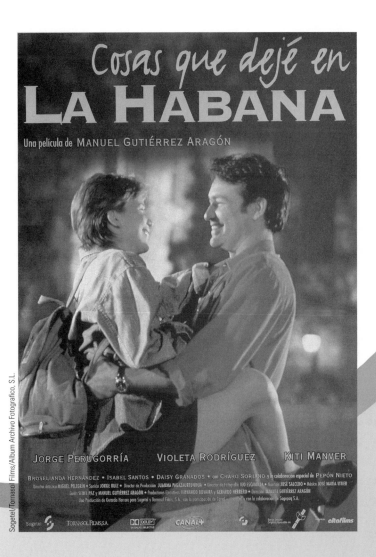

Sinopsis

Nena, Rosa y Ludmila son tres hermanas que llegan a Madrid desde Cuba y se quedan a vivir con su tía María, cubana también, pero con muchos años de residencia en España. En Madrid, las tres hermanas conocen entre otros a Azucena, una española fascinada con la cultura cubana y a Igor, otro inmigrante cubano que utiliza diferentes recursos para sobrevivir en España. La película cuenta las dificultades de las hermanas y los demás inmigrantes para adaptarse a un nuevo país.

Prepárate para ver la película

Un poco de historia: La inmigración cubana en España

El año 1992 tiene una importancia crucial en la historia de España más reciente. Durante este año se celebraron en Barcelona los Juegos Olímpicos, Madrid fue designada capital europea de la cultura y Sevilla fue la sede de una exposición universal para conmemorar los 500 años del "Descubrimiento de América". Después de la Guerra Civil (1936–1939) y una dictadura de casi cuarenta años (1939–1975), todos estos eventos trataban de mostrar que España era finalmente una nación moderna, "normal" y segura para los inversores extranjeros. De hecho, durante los primeros quince años de la democracia, España experimentó un crecimiento económico sin precedentes en la historia del país. Las inversiones en infraestructura (carreteras, aeropuertos, telecomunicaciones, etc.) transformaron el paisaje del país. Los españoles de los años 80 y 90 tuvieron por primera vez acceso masivo al consumo y pudieron disfrutar de estilos de vida que hasta entonces eran sólo privilegio de los otros países europeos.

Sin embargo, la celebración de este proceso de rápida modernización y éxito económico tiene su cara oscura. El crecimiento espectacular de la economía española en los años 80 y 90 dio lugar a la emergencia de dos fenómenos hasta entonces inexistentes en la sociedad española: la llegada de inmigrantes y el surgimiento de actitudes racistas en su contra. Estos episodios de racismo a veces terminan trágicamente como, por ejemplo, en el caso de Lucrecia, una inmigrante dominicana, que murió asesinada por un grupo de neo–nazis en 1992.

En Cuba, a diferencia de lo que sucedió en España en los años 90, la economía experimentó una recesión sin precedentes. En 1959, con el triunfo de la Revolución, Cuba se alineó con los denominados países comunistas. En términos prácticos esto significó que toda su economía pasó a depender del bloque soviético, es decir, Cuba les vendía a esos países materias primas, tales como el azúcar, a cambio de petróleo, tecnología y protección militar de los Estados Unidos. Con el final de la Guerra Fría y la caída del muro de Berlín (1989), la Unión Soviética le retiró su apoyo a Cuba y canceló las exportaciones de petróleo.

Esta crisis, que se inició en 1989 y alcanzó su peor momento en 1993, recibe el nombre de "período especial". El "período especial" hizo que se cerraran muchas fábricas por falta de petróleo y materias primas. Durante esta época los cubanos fueron sometidos a un régimen de racionamiento (faltaban productos básicos como la carne y los huevos), había frecuentes cortes de electricidad y el uso de bicicletas y otros medios de transporte alternativos se hizo necesario para poder desplazarse en un país que sufría el retroceso económico más grande de su historia.

Estas duras condiciones de vida, derivadas del bloqueo y de la persistencia del régimen de Fidel Castro, forzaron a muchos cubanos a buscar una salida de la isla. Algunos trataron y todavía tratan de abandonar Cuba en balsas para cruzar las noventa millas que separan la isla caribeña de Miami, pero muchos otros hombres y mujeres también ven en los matrimonios de conveniencia con europeos una opción para abandonar Cuba. De una manera u otra, la inmigración cubana es un fenómeno que está transformando las culturas a las que estos inmigrantes se integran.

El director: Manuel Gutiérrez Aragón

Joan Vidal/Album Archivo Fotográfico, S.L.

Manuel Gutiérrez Aragón (1942-), director español

Manuel Gutiérrez Aragón nació en 1942 en Torrelavega (España) y estudió en la Escuela Nacional de cine de Madrid hasta 1973. Gutiérrez Aragón debutó como director cinematográfico en 1976 con **Habla, mudita**, que usa el personaje de una muda como metáfora de la falta de libertad de expresión durante la dictadura española del general Francisco Franco (1939–1975). Pero su primera gran contribución cinematográfica es una trilogía de películas de 1978: **Camada negra, El corazón del bosque y Sonámbulos**. En estas tres películas Gutiérrez Aragón describe la realidad de la transición a la democracia en España (Franco murió en 1975) desde una perspectiva profundamente simbólica.

A pesar de que en la actualidad esta trilogía está considerada uno de los aportes más importantes del cine español contemporáneo, en su momento no tuvo gran éxito de crítica. Por eso, a partir de la realización de **Demonios en el jardín** (1982), Gutiérrez Aragón decidió simplificar su lenguaje cinematográfico, abandonó las estructuras alegóricas y el ambiente fantasmal de sus películas anteriores para adoptar una estética más "realista". Esta nueva estética lo convirtió rápidamente en un director de éxito.

Cosas que dejé en La Habana (1997) es su primera exploración del tema de la inmigración en España. Para realizar esta película Gutiérrez Aragón desarrolló un intenso trabajo de investigación sobre los modos de vida y los problemas de la comunidad cubana en Madrid. De alguna manera, la película — como sus anteriores trabajos — se centra en el problema de la memoria, específicamente, la de los inmigrantes cubanos atrapados en la dialéctica del recuerdo y el olvido del país que dejaron. La película recibió un premio Goya y fue un éxito de público.

Notas lingüísticas

Las siguientes palabras te servirán para comprender los diálogos de la película y podrás utilizarlas también en las actividades del capítulo.

Palabras útiles

Inmigración

papeles	(*inf.*) documentos legales para residir en un país

Cuba

balsa	pequeño barco construído con materiales viejos
balsero/a	persona que abandona Cuba en balsa
racionamiento	asignación limitada de los productos de consumo básico en caso de escasez

Otras palabras

banda	grupo de personas que organizan actividades criminales
estafar	engañar a una persona, generalmente para sacarle dinero
pretendiente	persona que está interesada en establecer una relación amorosa con alguien

Palabras regionales

compañero/a	(*inf.*) expresión que se usa en Cuba para dirigirse a un amigo/a
joder	(*vulgar*) expresión que se usa en España para mostrar asombro, irritación o enojo
pelas	(*inf.*) en España, dinero

Cognados

actriz	pasaporte	revolución
sacrificio		

Nota: Características de pronunciación

1. **Aspiración de /s/** En Cuba, como en muchos otros países, el sonido /s/ es aspirado. Por ejemplo, la palabra *lunes* se pronuncia *lune*. Se dice *vamo* por *vamos* o *eto* por *esto*.

2. **Asimilación de /r/ y /l/** Los sonidos /r/ y /l/ muchas veces se asimilan con la consonante que les sigue. Por ejemplo, la palabra *hermano* se

pronuncia *hemmano* y *Carlos* se pronuncia *callos*.

3. **Cambio de /r/ a /l/** En muchos casos, tanto en Cuba, como en Puerto Rico y la República Dominicana, se reemplaza el sonido /r/ por /l/. Por ejemplo, la palabra *puerta* se pronuncia *puelta*.

Predicciones y reflexiones

 ### 8-1. Anticipando los temas

Contesten las siguientes preguntas antes de ver la película.

1. Miren la portada y lean la sinopsis de la película. ¿Quiénes están en la portada? ¿Cómo pueden describir a esas personas? ¿Por qué piensan que la película se llama *Cosas que dejé en La Habana*?

2. ¿Qué saben de la emigración cubana? ¿Por qué la gente decide irse de Cuba? ¿Cómo es el nivel de vida en Cuba? ¿A qué países van las personas que emigran de Cuba?

3. ¿Qué cosas piensan que los cubanos extrañan cuando emigran? ¿Qué cosas "dejan en Cuba"?

4. ¿Qué estereotipos de cubanos (o caribeños en general) y españoles conocen? Consideren estereotipos relacionados con su cultura, costumbres, música, comida, sexualidad, etc.

5. ¿Qué significa sacrificarse por la familia? Piensen en diferentes ejemplos de personas que se sacrifican por su familia. ¿Qué tipos de sacrificios creen que tiene que hacer un inmigrante? ¿Alguna vez se han sacrificado por su familia? ¿Cómo se sintieron?

6. ¿Qué buscan en una pareja? ¿Se casarían por dinero o por los papeles para ser residente legal en otro país?

A simple vista

 8-2. La trama

El ejercicio siguiente les servirá para analizar algunos de los eventos más importantes de la película.

Completa el siguiente cuadro con cinco de los eventos que consideres importantes en la película. Luego compara tu cuadro con el de tus compañeros y explica tus elecciones.

1er evento	2ndo evento	3er evento	4to evento	5to evento

 8-3. Los personajes

En los ejercicios siguientes vas a comentar con tus compañeros las características de los personajes de la película y las relaciones que se establecen entre ellos.

1. Las tres hermanas, Rosa, Ludmila y Nena, tienen semejanzas y diferencias en su personalidad y carácter. Utiliza el siguiente cuadro para compararlas.

	Nena	Ludmila	Rosa
Semejanzas	*cubanas, fuertes, hermanas,...*		
Diferencias	• *hermana menor* • *idealista*	• *hermana del medio*	• *hermana mayor*

2. Se podría decir que una de las hermanas representa el romanticismo, la otra el sacrificio y la otra el pragmatismo. ¿Cuál de las hermanas representa cada característica? ¿Cómo lo demuestra cada una en la película? Completa el siguiente cuadro con ejemplos de escenas o eventos en la película que apoyen tu opinión.

	El romanticismo	El sacrificio	El pragmatismo
Personaje:	_____	_____	_____
Escenas o eventos:	_____ _____ _____ _____ _____	_____ _____ _____ _____ _____	_____ _____ _____ _____ _____

3. Otros personajes: ¿Quiénes son, cómo es su personalidad y carácter, cuáles son sus conflictos? Escribe tus repuestas a continuación.

a. Igor: _____   **b.** La tía María: _____

_____   _____

_____   _____

c. Bárbaro: _____   **d.** Javier: _____

_____   _____

_____   _____

e. Azucena: _____

_____

_____

8-4. Imágenes

Piensa en ciertas imágenes de la película y responde las siguientes preguntas.

1. Piensa en las imágenes que se ven de La Habana y de Madrid. ¿Qué diferencias notas entre estas ciudades?

2. ¿Cómo es el apartamento de Igor? ¿Es cómodo? ¿Cuánta gente puede vivir allí?

3. Piensa en la obra de teatro en la que actúa Nena. ¿Qué imágenes usa el director de la obra para representar la vida en La Habana? ¿Qué visión de La Habana quiere proyectar el director en la obra?

4. Igor muestra a Azucena diferentes fotografías de su vida en Cuba. ¿Qué se ve en las fotos? ¿Por qué Igor le muestra estas fotos a Azucena? ¿Cómo percibe Azucena estas imágenes?

8-5. Escenas y citas: ¿Quién lo dice y por qué?

Lee las siguientes citas de la película y escribe quién las dice. Luego, en parejas expliquen por qué los personajes dicen esto.

1. "Esto no es un país extraño, esto es la madre patria". _____

2. "Lo primero que hay que educar cuando uno llega a otro país es el paladar. Aquí no se come todo junto como allá". _____

3. "El porvenir no existe, siempre es ahora. Y ahora que yo sepa, ella [Nena] no tiene papeles ni para trabajar de fregona". _____

4. "Pensé que éste era un país libre y que cada cual podía elegir según sus preferencias". _____

5. "Esto es la felicidad. Pides una cerveza, hay cerveza, pides un plato de jamón y hay jamón. ¡La felicidad!" _____

6. "Pues sí, le he hecho algún cambio a la obra. Mira, es que aquí lo que la gente quiere son mulatos bailando, balseros y canciones caribeñas y yo todo eso se lo he puesto a la obra". _____

7. "Me gustas mucho, mucho, muchísimo, pero por eso mismo, cuando uno deja un país lo mejor es no cultivar el recuerdo". _____

8. "Lo último que le puede pasar a un emigrante es enamorarse de una mujer de su país... Acuérdate de eso, que eso es ley". _____

9. "Estoy aburrido de mi papel de cubano, alegre siempre aunque me esté muriendo, bailando salsa o a mano para cuando las chicas quieran..."

_____

10. "Pronto vas a tener los papeles, no van a ser muy legales, pero van a ser muy bonitos. Con cuño, con sellito, con firma, con todo..." _____

Conexiones con el tema

 ## 8-6. Analizando la película

Utilicen las siguientes preguntas para discutir el tema de la **inmigración** en la película.

1. Expliquen el motivo por el cual las tres hermanas se van a vivir a España. Según la película, ¿qué hacían las hermanas en Cuba? ¿Estaban conformes con la vida que llevaban en Cuba? ¿Qué esperan conseguir en España? ¿Alguna vez piensan en volver a Cuba?

2. ¿Cómo perciben los inmigrantes cubanos la vida en España? ¿Qué cosas les llaman la atención? ¿Qué cosas les parecen difíciles y qué aspectos de la sociedad española desean?

3. ¿Cuál es la actitud de los españoles hacia los cubanos? ¿Qué aspectos de los cubanos les llaman la atención a los españoles? ¿Cómo perciben los españoles la sexualidad de los caribeños?

4. En los últimos años en España, han proliferado muchos bares como el *Aché Pa Ti*, donde se baila salsa. ¿Cómo es el bar *Aché Pa Ti*? ¿Qué personas frecuentan el bar? ¿Por qué piensan que este tipo de bar está de moda? ¿Qué aspectos de la cultura caribeña representan estos bares?

5. Una escena importante de la película es el primer encuentro de Igor y Nena. En esta escena Igor explica claramente qué está buscando en el bar *Aché Pa Ti*. Lean el diálogo entre Igor y Nena y luego contesten las preguntas.

> **Nena:** ¿Buscas a alguien?
>
> **Igor:** Sí, pero no a ti. ¡Cubana! Yo veo una cubana como tú y salgo corriendo. ¿Tienes algo que ofrecer? [...] Estás acabadita de llegar, se te nota el racionamiento en la cara. Sí que estoy buscando... estoy buscando una española bien vitaminada, con casa, coche y una bodega llena de jamón de Jabugo.
>
> **Nena:** ¿Y si yo te dijera que estoy buscando lo mismo?
>
> **Igor:** Muy bien, nos despedimos y te deseo suerte como hermanitos.

a. ¿Por qué Igor no muestra interés en estar con Nena esa noche? ¿Por qué quiere "salir corriendo" cuando ve a una cubana como Nena? ¿Qué nos dice esta actitud de Igor sobre su condición de inmigrante? ¿Piensan que esta reacción se relaciona con la nostalgia?

b. ¿Cuál es la actitud de Nena hacia Igor? ¿Muestra interés en estar con él? ¿Qué tipo de relación está buscando Nena?

c. ¿Qué les parece la manera en que Igor consigue "sobrevivir" en Madrid? ¿Piensan que él está conforme con la vida que lleva? ¿Tiene otras opciones? ¿Qué tipo de mujer busca Igor? ¿Qué busca en las españolas?

6. Relacionen los textos de Anzaldúa y Benedetti del principio de la unidad (páginas 62–63) con los diferentes aspectos de la inmigración y el exilio tratados en la película. Consideren la situación y el estatus legal de las tres hermanas en Madrid en relación con la experiencia de la mujeres en la frontera descrita por Anzaldúa. ¿Cómo son tratadas las hermanas al entrar a España? ¿Qué sacrificios deben hacer en España? Piensen en Nena y en su carrera como actriz. ¿Cómo piensan que era su vida como actriz en Cuba? ¿Será mejor para su carrera estar en España?

Más allá de la pantalla

 ## 8-7. Tú eres la estrella

Representen las siguientes situaciones. Traten de utilizar el vocabulario de la sección **Notas lingüísticas.**

1. Después de vivir varios meses con su tía María, Nena y Rosa tienen muchos conflictos con ella. Representen una conversación entre estos personajes en la cual las mujeres están muy enojadas por algún problema surgido de la convivencia.

2. Representen una conversación entre Nena, Rosa y Ludmila después de la luna de miel de Ludmila y Javier. Las hermanas se reencuentran y hablan de distintos asuntos: cómo se sienten en Madrid; cómo es ahora la relación con su tía María, Igor y Azucena; qué han hecho durante la ausencia de Ludmila y Javier, sus planes para el futuro, etc.

3. Imagina que eres Nena y que actúas en la obra de teatro sobre Cuba. Escribe y representa un monólogo sobre los sentimientos de Nena sobre La Habana, la nostalgia que siente al estar lejos de Cuba, las cosas que extraña de Cuba, etc.

 ## 8-8. Tú eres el escritor

Escribe sobre los siguientes temas.

1. Escribe un final diferente para la película. Considera lo siguiente al escribir tu final imaginario. ¿Qué sucede entre Igor y Nena? ¿Se casan Javier y Ludmila? ¿Se quedan las tres hermanas en Madrid o regresan a Cuba?

2. Imagina que eres el director de teatro de Nena y estás pensando en escribir una nueva obra de teatro sobre la vida de los exiliados cubanos en España. Describe cómo será la obra, qué temas tratará, qué personajes tendrá y dónde estará ambientada. Puedes también incluir una escena de la obra con el diálogo entre los personajes.

3. Escribe una crítica de la película. Ten en cuenta el tema de la inmigración y el exilio, el uso de estereotipos y la controvertida "conversión" de Javier de homosexual a heterosexual. Puedes escribir una crítica positiva o negativa de la película pero debes defender tus argumentos. Utiliza la información de comentarios de películas en el **Apéndice 1** (páginas 239–240).

8-9. Tú eres el crítico

Debate los siguientes temas con la clase.

1. En dos grupos debatan si los gobiernos deberían legalizar a los inmigrantes indocumentados para que se conviertan en residentes legales del país. Un grupo debe sostener que legalizar a los inmigrantes beneficiaría a los países y a los inmigrantes. El otro grupo debe sostener el argumento contrario.

2. Un tema muy controvertido en la película es la "conversión" de Javier de homosexual a heterosexual. ¿Es la identidad sexual algo con lo que se nace o es una elección deliberada? ¿De qué factores depende la identidad sexual de una persona? ¿Se puede cambiar de orientación sexual tan fácilmente como en el caso de Javier?

3. La película incluye muchos estereotipos tanto de cubanos como de españoles. Consideren los estereotipos de la película y comenten cuál es su función. ¿Quién crea los estereotipos y por qué razón? ¿Piensan que los estereotipos contienen algún tipo de verdad sobre las culturas a las que se refieren? ¿Ayudan o dificultan los estereotipos a comprender mejor una cultura?

 ### 8-10. Tú eres el investigador

Busca información sobre los siguientes temas relacionados con la película. En grupos o individualmente presenta a la clase lo que aprendiste.

1. Investiga sobre la Revolución cubana y Fidel Castro.

2. Busca información sobre el exilio cubano. ¿Dónde emigra la gente? ¿Cómo lo hace? ¿Cuáles son sus dificultades para emigrar?

3. Busca información sobre un exiliado cubano y reconstruye su historia. ¿Cómo, cuándo y por qué se marchó de Cuba? ¿Dónde fue? ¿Regresó a Cuba? Algunos exiliados cubanos famosos son Celia Cruz, Gloria Estefan, Reinaldo Arenas, etc.

Otras películas

Flores de otro mundo. Icíar Bollaín (España, 1999)

A través de la historia de dos inmigrantes caribeñas (Patricia y Milady) en un pueblo remoto en España, esta película trata de la integración social de los inmigrantes en España y de los sacrificios que deben hacer para legalizar su situación como inmigrantes.

My Family, Mi familia. Gregory Nava (Estados Unidos, 1995)

Esta película cuenta la historia de tres generaciones de la familia Sánchez, una familia mexicano-americana que vive en el este de la ciudad de Los Ángeles. A lo largo de la película se ven las dificultades que experimentan los diferentes miembros de la familia desde su llegada a los Estados Unidos en los años 20, pasando por los turbulentos años 50, hasta llegar a la realidad actual, en la que continúan luchando por alcanzar el *sueño americano*.

María llena eres de gracia. Joshua Marston (Colombia, Estados Unidos, 2004)

María es una joven de 17 años que vive en un pequeño pueblo al norte de Bogotá junto con su madre, su abuela, su hermana y el bebé de ésta. María trabaja en una plantación de rosas, donde ella y su amiga Blanca recogen flores. El trabajo es duro y requiere muchas horas. Un día, María discute con su jefe y deja su puesto de trabajo. Su familia se disgusta mucho por su comportamiento, pero lo que desconocen es que María está embarazada. Agobiada por su situación, María decide abandonar su pueblo y buscar fortuna en Bogotá. Franklin, un conocido, le ofrece la posibilidad de ganar mucho dinero como mula de drogas. El trabajo consiste en pasar heroína a los Estados Unidos. Las ganancias son muy tentadoras por lo que María acepta la oferta. Luego, su amiga Blanca también acepta el trabajo y al poco tiempo las dos amigas se encuentran en un avión hacia los Estados Unidos con pequeños paquetes de heroína en el estómago.

Unidad 3

Las identidades marginalizadas en la historia

Contextos

Las películas de esta unidad tratan el tema de la marginación social a través de la historia. Antes de ver estas películas, lee el texto siguiente sobre el concepto de la marginalidad y contesta las preguntas a continuación. Este texto te ayudará a comprender algunos de los temas de las películas.

Los nadies. Eduardo Galeano (1989)

Sueñan las pulgas con comprarse un perro y sueñan los nadies con salir de pobres, que algún mágico día llueva de pronto la buena suerte, que llueva a cántaros la buena suerte; pero la buena suerte no llueve ayer, ni hoy, ni mañana, ni nunca, ni en lloviznita cae del cielo la buena suerte, por mucho que los nadies la llamen y aunque les pique la mano izquierda, o se levanten con el pie derecho, o empiecen el año cambiando de escoba.

Los nadies: los hijos de nadie, los dueños de nada.

Los nadies: los ningunos, los ninguneados, corriendo la liebre, muriendo la vida, jodidos, rejodidos:

Que no son, aunque sean.

Que no hablan idiomas, sino dialectos.

Que no profesan religiones, sino supersticiones.

Que no hacen arte, sino artesanía.

Que no practican cultura, sino folklore.

Que no son seres humanos, sino recursos humanos.

Que no tienen cara, sino brazos.

Que no tienen nombre, sino número.

Que no figuran en la historia universal, sino en la crónica roja de la prensa local.

Los nadies, que cuestan menos que la bala que los mata.

(Poema de *El libro de los abrazos*)

1. ¿Quiénes son "los nadies"? ¿Qué grupos sociales y qué tipo de identidades piensas que pueden ser considerados parte de "los nadies"? ¿Por qué dice el texto que "los nadies" "no tienen idiomas, sino dialectos"? ¿Por qué dice que "no tienen cultura, sino folklore"? ¿Quién establece lo que es idioma y lo que es cultura?

2. ¿Por qué "los nadies" no tienen lugar en la historia universal? ¿Dónde se cuenta la historia de "los nadies" según el texto? ¿Por qué dice el texto que "los nadies" "no tienen cara, sino brazos"? ¿Qué relación hay entre "los nadies" y la noción de minorías y marginalidad?

Courtesy of Juana O'Gorman

Camila O'Gorman (Veáse página 123 para más información.)

Capítulo 9

Sinopsis

Camila cuenta la historia de una joven aristócrata argentina de origen irlandés, Camila O´Gorman, durante la dictadura de Juan Manuel de Rosas a mediados del siglo XIX. La película narra el romance de Camila con un joven sacerdote, Ladislao Gutiérrez, en el contexto de una sociedad autoritaria y conservadora.

Prepárate para ver la película

Un poco de historia: La política del terror bajo el gobierno de Juan Manuel de Rosas

Cuando el 9 de julio de 1816 las Provincias Unidas del Sur declararon formalmente la independencia de la corona española, Argentina estaba lejos de constituir un país cohesionado política y socialmente. Por eso, en sus orígenes, las élites criollas quedaron divididas en dos grupos políticos. Por un lado estaban los Unitarios que apoyaban la idea de un país organizado en torno al predominio y la centralidad de Buenos Aires y por otro los Federales que proponían un modelo más descentralizado que diera más participación a las provincias.

Esta división de ideas políticas dio lugar a una sucesión de luchas internas por el poder del Estado y a la redacción de múltiples constituciones. Como resultado de estas luchas internas, en 1829 Juan Manuel de Rosas fue elegido gobernador de Buenos Aires. En principio, Rosas se consideraba Federal y se oponía a la constitución promulgada por los Unitarios. Sin embargo, en muchos sentidos su gobierno reforzó el centralismo de Buenos Aires porque, en el fondo, el verdadero objetivo de Rosas era la restauración del orden colonial. Este orden implicaba la defensa de los intereses adquiridos por los estancieros durante el período colonial. De hecho, él mismo se consideraba el "restaurador de las leyes" y, además, provenía de una poderosa familia colonial que había hecho su fortuna en el negocio de los saladeros y, por lo tanto, le interesaba el control del puerto de Buenos Aires para garantizar los beneficios de los hacendados.

En 1835, Rosas fue elegido por segunda vez gobernador de la provincia de Buenos Aires con más poder incluso que la vez anterior. Rosas utilizó este poder para establecer un régimen de terror que se prolongó hasta 1852, año en el que fue derrotado en la Batalla de Caseros. Bajo la dictadura de Rosas, cualquier disidente político era clasificado de "salvaje unitario", encarcelado, torturado y asesinado. El aparato represivo de Rosas se basaba en dos instituciones: La Sociedad Popular Restauradora (una asociación de estancieros ricos) y La Mazorca (un tipo de policía constituida por gente de la clase más humilde). Bajo el gobierno de Rosas, todos los ciudadanos eran obligados a llevar una divisa roja; si no lo hacían o se sospechaba que eran Unitarios, la Sociedad Popular Restauradora les asignaba un castigo y la Mazorca los ajusticiaba cortándoles la cabeza.

A pesar de sus diferencias, tanto Federales como Unitarios utilizaron la historia real de Camila O'Gorman para defender sus intereses políticos. Camila O'Gorman pertenecía a una familia de hacendados y se enamoró de Ladislao Gutiérrez, el sacerdote de su pueblo. Este hecho convulsionó a la sociedad de la época y, por eso, el 18 de agosto de 1848 los dos amantes fueron ejecutados en la prisión de Santos Lugares. Rosas ratificó la condena, a pesar de saber que probablemente Camila estaba embarazada. Por su parte, la oposición utilizó el escándalo para atacar la inmoralidad del régimen Rosista. El delito de Camila fue haberse enamorado y tratar de ser una mujer independiente en una época en la que la política y el amor parecían ser sólo cosa de hombres. La historia de Camila ejemplifica muchas de las tensiones entre Unitarios y Federales, además de ser un documento histórico de mucho valor sobre la situación de la mujer durante la dictadura de Rosas.

La directora: María Luisa Bemberg

María Luisa Bemberg (1922–1995) nació en una de las familias más ricas de Buenos Aires. Su condición social le permitió dedicarse por completo al cine, además de evitar la censura durante la dictadura militar (1976–1983). En sus dos primeras películas, **Momentos** (1981) y **Señora de nadie** (1982), Bemberg aborda el tema de la mujer en el matrimonio; ambas películas cuentan historias de mujeres que abandonan a sus maridos para tener una vida independiente. Estos temas eran especialmente delicados en una sociedad dominada por una dictadura militar y en la que el divorcio seguía siendo ilegal.

A partir de **Camila** (1985) las películas de Bemberg exploran la condición femenina desde una perspectiva histórica. **Camila** fue nominada al Oscar a la mejor película en lengua extranjera y está basada en una crónica histórica real. El papel de las mujeres en la historia, junto con la represión patriarcal de la mujer con inquietudes intelectuales, vuelve a ser el tema de **Yo, la peor de todas** (1990). Esta película es una adaptación de *Sor Juana Inés de la Cruz o las trampas de la fe*, la biografía crítica de la poeta mexicana Sor Juana Inés de la Cruz realizada por el escritor mexicano Octavio Paz.

Finalmente, su última película, **De eso no se habla** (1993) es la historia de una viuda que tiene una hija enana y no quiere que la gente hable de esta situación. La ficción creada por la madre se derrumba cuando llega un circo con enanos al pueblo. La película es una defensa del valor de ser diferente. Además de su gran carrera cinematográfica, María Luisa Bemberg fue fundadora y directora del Teatro del Globo de Buenos Aires.

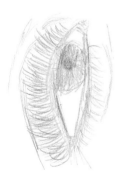

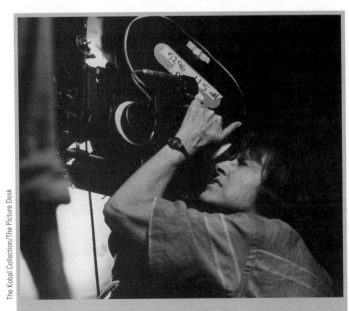

The Kobal Collection/The Picture Desk

María Luisa Bemberg, directora argentina

Notas lingüísticas

Las siguientes palabras te servirán para comprender los diálogos de la película y podrás utilizarlas también en las actividades del capítulo.

Palabras útiles

Religión

celibato	condición en la cual se mantienen, entre otros, sacerdotes y monjas, para cumplir con sus votos de castidad
confesión	práctica de la Iglesia Católica en la que una persona declara sus pecados a un sacerdote
cura	(*inf.*) en la Iglesia Católica, hombre encargado de las ceremonias religiosas, de la instrucción y de la doctrina espiritual. Padre o sacerdote.
diablo	en el cristianismo y judaísmo, espíritu que representa el mal
misa	en el cristianismo, celebración en la que la gente se reúne, generalmente los domingos, para escuchar un sermón y conmemorar la última cena de Jesús
pecado	acción de una persona que transgrede sus creencias religiosas
sermón	discurso del sacerdote de una iglesia durante la misa

Vocativos

amo	hombre que tiene esclavos o sirvientes
su merced	manera antigua para referirse a una persona formalmente, Ud.
niña	señorita
tatita	(*inf.*) padre

Castigo

arrepentirse	sentirse mal por haber hecho o no haber hecho algo
pena de muerte	castigo por un delito o crimen en el que se mata a la persona considerada culpable

Otras palabras

criollo	persona de origen español nacida en Latinoamérica
divisa punzó	lazo de color rojo que usaban las personas que apoyaban al gobernador Rosas durante el siglo XIX en Argentina
esclavo	persona que no tiene libertad y que trabaja para otra persona que es su dueño
estanciero	dueño de una gran extensión de tierra donde se cría ganado y se practica la agricultura
siesta	tiempo destinado para dormir generalmente después del almuerzo
tertulia	reunión de personas que se juntan para conversar y recrearse

Nota: el español colonial del siglo XIX

Como la acción de la película se ubica en el siglo XIX, el español usado por los personajes es diferente al español contemporáneo de Argentina. El español del siglo XIX era más formal y el uso de *usted, su merced* y otros modos formales de dirigirse a los demás era muy común. Los siguientes ejemplos están tomados de la película: "***Niño*** Eduardo, ¿no vio a la ***niña*** Camila? ***Su merced*** me anda preguntando". "¿Y eso es bueno, ***amo***?"

Predicciones y reflexiones

9-1. Anticipando los temas

Contesten las siguientes preguntas antes de ver la película.

1. Miren la portada y lean la sinopsis de la película. ¿Qué están haciendo los personajes? ¿Quiénes piensan que son estas personas?

2. ¿Alguna vez se han enamorado de una persona a quien sus padres se oponían? ¿Por qué se oponían? ¿Cómo reaccionaron ante la opinión de sus padres?

3. ¿Creen que las personas cambian cuando se enamoran? ¿Qué cosas dejan de lado las personas cuando están en una relación de pareja? ¿Podrían dejar todo por amor?

4. En la actualidad, ¿pueden todas las mujeres elegir con quien casarse? ¿Tienen los padres o la sociedad alguna influencia en las parejas que eligen las mujeres?

5. ¿Cómo describen las películas y las novelas románticas el amor? ¿Qué influencia tiene esta descripción del amor en las personas?

6. ¿Cómo piensan que era la situación de la mujer en el siglo XIX? ¿Tenían las mujeres los mismos derechos que los hombres? ¿Cómo es la situación de la mujer actualmente? ¿Por qué cosas luchan las mujeres en el presente?

A simple vista

 ## 9-2. La trama

El ejercicio siguiente les servirá para analizar algunos de los eventos más importantes de la película.

A continuación se listan algunos de los eventos más importantes de la película. Contesten las preguntas acerca de cada evento.

1. La abuela de Camila llega al pueblo.

   a. ¿Cómo trata el padre de Camila a la abuela de Camila?

   b. ¿Por qué la trata de esa manera?

   c. ¿Piensas que las personalidades de la abuela de Camila y Camila son similares? ¿Por qué?

2. El padre Ladislao llega al pueblo.

   a. ¿De dónde viene Ladislao?

   b. ¿Cómo se conocen Camila y Ladislao?

   c. ¿Cuál parece ser la ideología política de Ladislao?

3. El librero Don Marino es asesinato.

   a. ¿Por qué fue asesinado?

   b. ¿Quién lo asesinó?

   c. ¿Qué simboliza su decapitación?

   d. ¿Cuál fue la reacción de la gente de la ciudad ante el asesinato? ¿Cuál fue la reacción de Camila? ¿Cuál fue la reacción de Ladislao?

4. Camila se enamora del padre Ladislao.

   a. ¿Por qué piensas que Camila se enamora de Ladislao?

   b. ¿Cómo reacciona Ladislao ante la declaración de amor de Camila?

5. Camila y Ladislao huyen.

   a. ¿Dónde van Camila y Ladislao?

   b. ¿Cómo es su vida en el nuevo lugar?

   c. ¿Cómo los tratan las personas del pueblo?

   d. ¿Piensas que están felices con su nueva vida? ¿Por qué?

6. Camila y Ladislao son descubiertos y asesinados.

   a. ¿Cómo descubren la identidad secreta de Camila y Ladislao en su nuevo hogar?

   b. ¿Por qué los matan? ¿Por qué matan a Camila a pesar de que está embarazada?

   c. ¿Por qué mucha gente apoya a Camila y Ladislao?

   d. ¿Piensas que Camila está arrepentida? ¿Piensas que Ladislao está arrepentido?

9-3. Los personajes

En el ejercicio siguiente vas a comentar con tus compañeros las características de los personajes de la película.

1. Describe a los hombres y a las mujeres importantes de la película.

¿Cómo son las mujeres de la película?

Camila: _____

_____

Madre de Camila: _____

_____

Abuela de Camila: _____

_____

Hermanas de Camila: _____

_____

¿Cómo son los hombres de la película?

Ladislao Gutiérrez: _____

_____

Adolfo O´Gorman: _____

_____

Hermano de Camila: _____

_____

Ignacio: _____

_____

---

2. Camila es el personaje central de la película. Contesta las siguientes preguntas sobre su personalidad como heroína romántica.

  a. Muchas novelas románticas llevan el título de los dos amantes, por ejemplo, Romeo y Julieta, Tristán e Isolda, etc. ¿Por qué piensas que María Luisa Bemberg decidió que la película se titulara simplemente **Camila** y no "Camila y Ladislao"?

  b. ¿Qué características tiene una heroína romántica? ¿Piensas que Camila es una heroína romántica? ¿Por qué? ¿Piensas que las heroínas son modelos para las demás mujeres? ¿Por qué? ¿Podría Camila ser una heroína en el siglo XXI?

  c. ¿Es Camila una mujer liberada para su época? ¿Qué elementos piensas que tuvieron influencia en la personalidad de Camila?

9-4. Imágenes

Piensa en ciertas imágenes de la película y responde las siguientes preguntas.

1. ¿Cómo es el pueblo donde vive la familia O'Gorman? ¿Cómo es la arquitectura del pueblo? ¿Cómo es la casa donde vive Camila? ¿Cuál es la ocupación del padre de Camila? ¿Cómo se viste la familia de Camila?

2. ¿Qué simboliza el lazo rojo que llevan las personas en la ropa? ¿Por qué lo llevan? ¿Qué pasaría si no lo llevaran? ¿Por qué el padre Ladislao no lleva el lazo rojo al principio de la película? ¿Piensas que olvidó ponérselo o que fue una decisión consciente?

3. En la película se ven muchos esclavos que trabajan en la casa de la familia O'Gorman. ¿Cómo viven los esclavos en la casa? ¿Tienen las mismas condiciones de vida que la familia O'Gorman? ¿Cómo los trata la familia? ¿Cómo es la relación de Camila con sus sirvientes esclavos?

4. ¿Qué imágenes se observan en la película sobre la cultura argentina del campo? ¿Piensas que todavía se siguen practicando estas costumbres en la Argentina de hoy?

9-5. Escenas y citas: ¿Quién lo dice y por qué?

Lee las siguientes citas de la película y escribe quién las dice. Luego, en parejas expliquen por qué los personajes dicen esto.

1. "No es pólvora, es un libro". _Camila → Ignacio_

2. "No olvide que la mujer puede ser un instrumento del demonio". _~~obispo~~ sacerdote → Ladislao_

3. "¿Cómo vas a comprender la palabra amor si nunca estuviste enamorado?" _abuela → Camila_

4. "Yo no soy su hija". _Camila → Ladislao_

5. "Camila, ésta es la casa de Dios". _Ladislao → Camila_

6. "Es su hija, padre, tenga un poco de misericordia". _hermano → Adolfo_

7. "Tú no has nacido para esconderte, tú has nacido para amar". _Ladislao → Camila_

8. "¿Te parece poco lo que hice para estar contigo?" _Ladislao → Camila_

9. "No está arrepentida, lo sé". _Adolfo → familia_

10. "¿Alguien levanta la voz para salvar a mi hija? Nadie, nadie piensa en ella". _madre → adolfo_

Conexiones con el tema

 ## 9-6. Analizando la película

Utilicen las siguientes preguntas para hablar sobre el tema de las **identidades marginalizadas** en la película.

1. Según lo que han visto en la película, ¿qué características se asocian con las mujeres y cuáles con los hombres? ¿Cómo eran las mujeres de la película? ¿Qué actividades hacían? ¿Qué esperaba la sociedad de ellas? ¿Qué diferencias había entre los papeles de los hombres y los de las mujeres en la sociedad?

2. ¿Cómo es Camila? ¿Cuáles son sus actividades favoritas? ¿Es una mujer tradicional para la época? ¿En qué se diferencia de sus hermanas? ¿Cómo negocia su posición como mujer ante la autoridad de su padre? ¿Cómo se relaciona Camila con los otros hombres de la película? ¿Qué posición adopta ante los eventos que suceden en el país?

3. ¿Qué piensa Camila del amor? ¿De dónde saca sus ideas sobre el amor? ¿Qué papel juega la abuela de Camila en su concepción del amor y de la vida? ¿Cómo se relacionan sus ideas sobre el amor con su visión del matrimonio? ¿Por qué no se quiere casar con Ignacio? ¿Por qué creen que los padres de Camila querían que Camila se casara con Ignacio?

4. Una parte muy importante de la película es el momento en que el padre de Camila discute con ella sus opciones como mujer en la sociedad argentina del siglo XIX. Lean la siguiente conversación y contesten las preguntas.

Padre: La mujer soltera es un caos, Camila, un desorden de la naturaleza. Para someter esa anarquia sólo hay dos caminos: el convento o el matrimonio. Y Ud. no tiene, que yo sepa, la vocación de los hábitos. El matrimonio es el orden y ni la gente ni un país puede vivir sin orden.

Camila: Es que yo no estoy enamorada de Ignacio.

Padre: Pero, ¿qué es eso de enamorada? El amor viene con los años, de estar todo el tiempo juntos y nada de miradita entre jazmines. Se le ha llenado la cabeza de esos libros extranjeros y la realidad, Camila, no es una novela francesa.

[...]

Padre: ¿En qué estábamos?

Madre: En que el matrimonio es como el país y que la mejor cárcel es la que no se ve.

Padre: Yo no dije eso. Dije que la mujer tiene que casarse, eso es todo.

Madre: Es lo mismo.

a. ¿Cuál es la actitud del padre con respecto a la mujer? ¿Por qué los únicos papeles que concibe el padre para la mujer son el de esposa o religiosa? ¿Qué otros papeles no considera el padre para las mujeres? ¿Hay alguna relación entre estas opciones y su posición de poder como hombre?

b. ¿Qué papel desempeña el matrimonio en una sociedad patriarcal? ¿Cómo relaciona el padre la nación con el matrimonio? ¿Por qué piensa que son iguales? ¿Cómo los relaciona la madre? ¿Por qué ella piensa que el matrimonio y el país son una cárcel invisible? ¿Qué implicaciones tiene esta afirmación en la vida de Camila y en la historia de Argentina?

5. A pesar de que los padres querían que Camila se casara con Ignacio, Camila se enamora del padre Ladislao y decide actuar según sus sentimientos. ¿Qué cualidades descubre Camila en Ladislao? ¿Le importa a Camila que Ladislao sea sacerdote y que sus sentimientos transgredan las normas de la sociedad de la época? ¿Piensan que hay alguna relación entre la atracción que siente Camila por Ladislao y el hecho de que la relación sea prohibida? ¿Es éste un modo de rebelarse contra la sociedad de la época y la autoridad de su padre?

6. En la película se reconstruye el ambiente de la sociedad argentina de la época de Rosas. ¿Cómo era esta sociedad? ¿Había igualdad de oportunidades para todos? ¿A qué clase social pertenece Camila? ¿Cómo es la relación de Camila con los esclavos de su casa? ¿Podrían las esclavas rebelarse de la misma manera que Camila?

7. Al final de la película, Camila y Ladislao son condenados a muerte por Rosas con el apoyo del padre de Camila, de la Iglesia Católica y de los políticos del exilio. ¿Por qué el romance de Camila y Ladislao representa una amenaza para Rosas? ¿Por qué el padre de Camila se niega a defenderla? ¿Por qué la Iglesia apoya la ejecución? ¿Qué importancia tiene para los políticos tanto a favor como en contra de Rosas la condena de Camila y Ladislao? ¿Por qué Rosas decide ejecutar a Camila a pesar de saber que está embarazada? ¿Qué representaría para la sociedad argentina de la época el nacimiento de este niño? ¿Por qué le hacen beber a Camila agua bendita antes de la ejecución?

8. Lean el texto de Galeano del principio de la unidad (página 120) y contesten las siguientes preguntan. ¿Piensan que Camila podría ser parte de "los nadies" a pesar de pertenecer a la clase alta? ¿Por qué? Según el texto de Galeano, "los nadies" no tienen historia. ¿Creen que Camila tuvo un lugar en la historia de la época?

Más allá de la pantalla

9-7. Tú eres la estrella

Representen las siguientes situaciones. Traten de utilizar el vocabulario de la sección **Notas lingüísticas**.

1. Imaginen que el padre de Camila visita a Camila y Ladislao en la cárcel y habla con ellos antes de que sean fusilados. Representen la conversación en grupos de tres estudiantes. ¿Cómo piensan que reaccionó el padre de Camila? ¿Qué les dijo a Camila y Ladislao? ¿Cómo reaccionaron ellos? ¿Están arrepentidos por lo que han hecho? ¿Le piden perdón al padre de Camila? ¿Ruegan por sus vidas o por la vida de Camila y su hijo?

2. En grupos de cuatro representen una conversación entre las hermanas de Camila, su hermano y un amigo sobre lo que ocurrió entre Camila y Ladislao y sobre su situación antes de morir. Hablen sobre los eventos ocurridos y ofrezcan su opinión acerca de la mejor solución para esta situación.

3. Imaginen que Camila y Ladislao tienen la oportunidad de ser sometidos a juicio antes de ser fusilados. En grupos, representen el juicio a Camila y Ladislao. Cada estudiante tendrá un papel diferente: Camila, Ladislao, juez, abogado defensor, fiscal, jurado y testigos. El abogado defensor y el fiscal elegirán a los testigos y planearán sus argumentos. Consulten las expresiones para usar en los juicios del **Apéndice 3** (páginas 243–244).

9-8. Tú eres el escritor

Escribe sobre los siguientes temas.

1. Imagina que eres Camila y le escribes una carta a tu padre desde la cárcel pidiéndole que te ayude. Incluye en tu carta la noticia de que estás embarazada.

2. Imagina que eres Ladislao y escribes un artículo para un periódico de Argentina en el que explicas por qué has decidido dejar de ser sacerdote y estar con Camila. En el artículo explica que no quieres esconderte, sino que quieres que la Iglesia acepte tu decisión de estar con Camila.

3. Escribe un final diferente para la película. ¿Cuál piensas que será el futuro de los personajes? ¿Qué personajes sobrevivirán y cuáles no? ¿Qué reacción tendrá la sociedad ante el nuevo final?

9-9. Tú eres el crítico

Debate los siguientes temas con la clase.

1. Comenten las siguientes hipótesis y expliquen sus razones:

   a. Si fueras Camila, ¿te irías con Ladislao?

   b. Si fueras Ladislao, ¿dejarías de ser sacerdote por Camila?

   c. Si fueras el padre de Camila, ¿permitirías que mataran a tu hija?

   d. Si fueras la madre de Camila, ¿qué harías para tratar de salvar a tu hija?

2. Divídanse en grupos y debatan si el matrimonio es opresivo para la mujer. Tengan en cuenta lo siguiente: ¿Cuáles eran las ventajas y las desventajas del matrimonio para la mujer y para el hombre en el siglo XIX y cuáles son en la actualidad? ¿En el siglo XXI, es necesario que una mujer se case para tener un compañero y una familia? ¿Qué otras opciones aparte del matrimonio tienen las mujeres hoy en día? ¿Existían esas opciones antes? ¿Qué papeles tienen el hombre y la mujer en el matrimonio en la actualidad?

3. Divídanse en dos grupos y debatan si los sacerdotes tienen derecho a casarse. Un grupo debe sostener que los sacedotes deben tener ese derecho y el otro debe argumentar que no se les debe permitir a los sacerdotes que se casen. Ambos grupos deben desarrollar sus argumentos y explicar sus razones.

9-10. Tú eres el investigador

Busca información sobre los siguientes temas relacionados con la película. En grupos o individualmente presenta a la clase lo que aprendiste.

1. Investiga sobre la historia real de Camila O'Gorman y Ladislao Gutiérrez. Compara los hechos de la historia real con la versión que ofrece María Luisa Bemberg en su película.

2. ¿Quiénes eran Domingo Faustino Sarmiento y Esteban Echeverría? ¿Por qué eran importantes? ¿Por qué estuvieron exiliados durante la dictadura de Rosas?

3. Busca información sobre la cultura gauchesca en Argentina. ¿Quiénes son los gauchos? ¿Qué costumbres tenían y continúan teniendo?

4. Busca información sobre los esclavos que había en el siglo XIX en Argentina. ¿Qué papel tenían en la sociedad? ¿Qué ocurrió con esos esclavos? ¿Se practican tradiciones afroargentinas en la actualidad?

Sinopsis

Jaibo, un adolescente mexicano, escapa de un correccional de menores y se reúne con Pedro y otros jóvenes y niños de uno de los barrios más pobres de la Ciudad de México a finales de los años 40. El destino de los personajes se ve marcado por las circunstancias sociales y económicas en las que viven. La película muestra la trágica vida y los problemas de estos adolescentes y niños que viven en un ambiente de pobreza y marginalidad en las calles de la capital mexicana.

Prepárate para ver la película

Un poco de historia: Pobreza y marginación social en el México post-revolucionario

La Revolución mexicana (1910–1917) surgió en buena medida como resultado de la oposición de las clases populares y el campesinado al régimen del general Porfirio Díaz. El régimen dictatorial de Porfirio Díaz se extendió casi sin interrupción durante más de treinta años (1876–1910). Díaz era un firme defensor de los valores del positivismo, la ciencia y el progreso. Por eso, durante su mandato se construyeron más de 14.000 kilómetros de vías férreas, se atrajo la inversión extranjera y se inició la modernización del país. Sin embargo, este proceso modernizador estaba marcado por fuertes desigualdades: el 96% de la tierra estaba en manos de unos pocos propietarios y el 80% de la población de México era iletrada.

Los líderes de la Revolución mexicana —Francisco Madero, Venustiano Carranza, Pancho Villa y Emiliano Zapata— trataron de revertir esta situación de injusticia social desde distintas posiciones políticas y desde distintas regiones del país. Entre las intenciones de estos líderes estaban el reparto de la tierra, el reconocimiento de los derechos de los indígenas, el acceso a la educación, la democratización del gobierno y, en general, un proceso modernizador más equitativo. Finalmente, tras varios años de luchas internas y muchos asesinatos políticos, en 1917 se promulgó la Constitución en la ciudad de Querétaro y Venustiano Carranza se convirtió en el primer presidente que gobernó en democracia.

Entre todos los presidentes que sucedieron a Carranza, probablemente Lázaro Cárdenas (presidente de 1934 a 1940) fue el que más contribuyó a desarrollar el programa social de la Revolución. Cárdenas desarrolló una política a favor de las clases trabajadoras, nacionalizó las compañías petroleras estadounidenses, repartió 15 millones de hectáreas de tierra entre 80.000 campesinos hasta entonces desposeídos, construyó escuelas públicas y desarrolló el sistema de comunicaciones. Además, después de la Guerra Civil española (1936–1939), abrió las puertas de México a 40.000 exiliados españoles.

Entre estos exiliados estaba el director de cine Luis Buñuel, que llegó a México en 1946 durante la presidencia de Miguel Alemán (1946–1952). En esa época tenía lugar la llamada Edad de Oro del cine mexicano y se producía en el país un gran número de películas. Este florecimiento de la industria cinematográfica respondía al desarrollo económico sin precedentes que tenía lugar bajo el gobierno de Alemán. Sin embargo, avances tales como la expansión de la red de ferrocarriles o la fundación de la Universidad de México no afectaron de manera sustancial a las clases menos privilegiadas.

La Revolución había fracasado y prueba de ello era la existencia de una gran cantidad de jóvenes que vivían en la más absoluta pobreza en los márgenes de la deslumbrante modernidad de México. Luis Buñuel se basó en esta situación para la realización de **Los olvidados.** Para hacer la película, Buñuel vivió cuatro meses en uno de los barrios más pobres de la ciudad de México, consultó con psiquiatras juveniles el problema de la delincuencia, examinó crónicas de los periódicos sobre delincuencia juvenil y utilizó a actores no profesionales provenientes de estos barrios marginalizados.

El director: Luis Buñuel

Luis Buñuel, director español

Everett Collection

Luis Buñuel nació en Calandas, España en 1900. En 1917 se trasladó a Madrid para estudiar y allí vivió en la Residencia de Estudiantes, uno de los centros culturales más importantes del momento. Allí fue que entró en contacto con la vanguardia española y se hizo amigo de Salvador Dalí y Federico García Lorca, entre otras futuras personalidades de la cultura.

En 1925 viajó a París en plena efervescencia del surrealismo y comenzó a interesarse por el cine como medio de expresión artística. En la capital francesa rodó su primera película, *Un perro andaluz* (1929), con la colaboración de Dalí. La película, en muchos sentidos un manifiesto surrealista, sienta las bases del cine de Buñuel, un cine basado en el espíritu de provocación, la exploración del deseo y una fascinación con la dimensión onírica de la experiencia humana.

En 1931 Buñuel regresó a España tras el triunfo de la democracia y dirigió el documental *Las Hurdes* (1933) sobre la extrema pobreza de las zonas rurales españolas. El apoyo de Buñuel al gobierno de la República hizo forzoso su exilio tras la victoria del general Franco en la Guerra Civil (1936–1939). En 1946 se unió a los exiliados españoles en México y allí filmó entre otras películas, *Los olvidados* (1950), *El ángel exterminador* (1962) y *Simón del desierto* (1965).

Luis Buñuel murió en 1983. A lo largo de su vida, dirigió treinta y dos películas y participó en muchas otras. Muchas de ellas, como *Viridiana* (1961) o *La edad de oro* (1930), fueron prohibidas por las autoridades. En todas ellas, mantuvo su espíritu provocador y su esfuerzo por explorar el lado más oscuro del deseo y la imaginación humana.

Notas lingüísticas

Las siguientes palabras te servirán para comprender los diálogos de la película y podrás utilizarlas también en las actividades del capítulo.

Palabras útiles

Marginación juvenil

correccional de menores	lugar donde residen jóvenes que han sido culpados de cometer actos delictivos
encajonar	(*inf.*) encarcelar
escuela granja	escuela que se concentra en la enseñanza del cultivo de las plantas y del cuidado de los animales. En algunos casos, también tiene como objetivo reintegrar socialmente a jóvenes
pandillero/a	joven que pertenece a un grupo que comete actos delictivos
reformatorio	establecimiento donde se trata de corregir la conducta delictiva de los menores que allí ingresan

Otras palabras

caballitos	carrusel
ciego/a	persona que no puede ver
suburbio	barrio de las afueras de una ciudad, especialmente una zona pobre
vago/a	perezoso/a

Palabras regionales

chamaco/a	muchacho/a, niño/a
chamba	trabajo transitorio, generalmente en tareas de poca importancia
chambear	tener una chamba, trabajar
escuincle	(*inf., des.*) niño, persona físicamente débil
flojo/a	perezoso/a
fuereño/a	forastero/a, persona que viene de otro lugar
jefe	(*inf.*) padre
lana	(*inf.*) dinero
menso/a	(*inf.*) tonto/a

Nota: variación lingüística social

En la película se puede distinguir una variación lingüística que está relacionada con el entorno social en el que viven los personajes. Una de las características de esta variación es el uso de un español no estándar que tiene variaciones gramaticales no normativas, pero que no afecta la comunicación con personas que usan español estándar. Ejemplos de este fenómeno lingüístico en la película se ven en la conjugación de los verbos en el modo subjuntivo y en la abreviación de palabras como *para* a *pa'*. El ejemplo siguiente está sacado de la película: "...harto tengo de andar todo el día lavando ajeno ***pa'*** que ***puedamos*** comer".

Predicciones y reflexiones

10-1. Anticipando los temas

Contesten las siguientes preguntas antes de ver la película.

1. ¿En qué partes del mundo piensan que hay más pobreza? ¿Han estado alguna vez en algún lugar con mucha pobreza? ¿Cómo era ese lugar? ¿Qué fue lo que más les llamó la atención del lugar?

2. ¿En qué países piensan que hay grandes problemas con la población infantil y juvenil? ¿Qué problemas consideran que enfrenta la población infantil y juvenil de los países con un alto nivel de pobreza? ¿Por qué creen que hay tantos niños en las calles en esos países? ¿Qué peligros tienen los niños que están en las calles? ¿Por qué piensan que el gobierno y las familias permiten que haya niños viviendo en las calles?

3. ¿Qué opinan de los niños que trabajan? En su país, ¿hay niños que trabajan? ¿Por qué piensan que trabajan? ¿Qué trabajos hacen? ¿Por qué creen que sus padres lo permiten? ¿Quién se beneficia de ese trabajo?

4. Muchas veces los jóvenes forman grupos o pandillas y comienzan a cometer delitos. ¿Por qué creen que estos jóvenes se involucran en actos delictivos? ¿Piensan que tienen alguna otra opción?

A simple vista

10-2. La trama

El ejercicio siguiente les servirá para analizar algunos de los hechos más importantes de la película.

1. Considera los diferentes eventos de la película, selecciona los cinco eventos que te parecen los más importantes y explica tu elección. Compara tus respuestas con las de tus compañeros.

Evento 1: _____   Evento 2: _____

_____   _____

Evento 3: _____   Evento 4: _____

_____   _____

Evento 5: _____

_____

10-3. Los personajes

En el ejercicio siguiente vas a comentar con tus compañeros las características de los personajes de la película.

1. Jaibo:

a. ¿Cómo es la personalidad de Jaibo? ¿En tu opinión, por qué es de esa manera?

b. ¿Tiene familia? ¿Dónde piensas que está su familia? ¿Cómo crees que es la relación con su familia?

c. ¿Por qué Jaibo mata a Julián?

d. ¿Qué le sucede a Jaibo al final de la película? ¿Qué eventos de la película piensas que marcan su destino?

2. Pedro:

a. ¿Cómo es la personalidad de Pedro? ¿En tu opinión, por qué es de esa manera?

b. ¿Cómo es la relación que tiene con su madre?

c. ¿Cómo se siente después de que Jaibo mata a Julián?

d. ¿Cuáles son los intentos que hace para comportarse bien?

e. ¿Cómo es su comportamiento en la escuela granja?

f. ¿Qué le sucede al final de la película? ¿Qué eventos de la película piensas que marcaron su destino?

3. Marta, la madre de Pedro:

   a. ¿Cómo es la personalidad de Marta?

   b. ¿En qué trabaja? ¿Cómo vive?

   c. ¿Cuál es la actitud que tiene hacia sus hijos?

   d. ¿Qué actitud tiene Marta hacia Pedro?

4. Don Carmelo:

   a. ¿Cuál es el trabajo de Don Carmelo?

   b. ¿Por qué Jaibo y los otros niños atacan a Don Carmelo?

   c. ¿Cuál es la actitud de Don Carmelo hacia los niños del barrio?

   d. ¿Cómo es la relación de Don Carmelo con Ojitos?

   e. ¿Cómo se relaciona Don Carmelo con Meche?

5. Ojitos:

   a. ¿De dónde es Ojitos?

   b. ¿Piensas que es diferente de los otros niños de la película? ¿Por qué?

   c. ¿Qué sucedió con el padre de Ojitos?

Los niños atacan a Don Carmelo en una escena de la película

Everett Collection

10-4. Imágenes

Piensa en ciertas imágenes de la película y responde las siguientes preguntas.

1. ¿Cuáles son las imágenes del comienzo de la película? ¿Qué diferencia hay entre esas imágenes y las del resto de la película? ¿Cómo son las calles de la Ciudad de México? ¿Hay diferencias entre los diferentes barrios de la capital de México que se muestran en la película? ¿Cómo son los barrios de los suburbios de la Ciudad de México? ¿Cómo son las casas en donde viven los personajes principales de la película?

2. ¿Cómo son las familias que se ven en la película? ¿Son familias funcionales? ¿Por qué sí? ¿Por qué no?

3. Los niños de la película están continuamente en la calle. ¿Qué hacen en la calle? ¿Con qué se entretienen? ¿Cuáles son sus juegos? ¿Qué se ve en las calles de la ciudad de México?

4. A lo largo de la película se ven muchos animales. ¿Qué animales se ven? ¿Piensas que tienen algún significado simbólico? ¿En qué momentos aparece un gallo negro en la película? ¿Qué simbolizan el gallo negro y las gallinas blancas?

 ## 10-5. Escenas y citas: ¿Quién lo dice y por qué?

Lee las siguientes citas de la película y escribe quién las dice. Luego, en parejas expliquen por qué los personajes dicen esto.

1. "No regresará. Esas cosas pasan todos los días. Hay mucha miseria y las bocas estorban". _____

2. "Lo mataste". _____

3. "Mamá, ya trabajo. El sábado le traeré siete pesos [...] ¿Por qué es así conmigo? Ahora sí voy a portarme bien". _____

4. "Ahora que la veo a Ud. le tengo una envidia a Pedro". _____

5. "Mi mamá creo que se murió cuando era yo un escuincle". _____

6. "Mamá, no sea mala. Yo quisiera portarme bien, pero no sé cómo". _____

7. "Y hasta ahora se acuerda de que soy su hijo". _____

8. "Pensaba que si en lugar de a estos [chicos] pudiéramos encerrar para siempre a la miseria". _____

9. "Con mi mamá no te metas". _____

10. "Ojalá los mataran a todos antes de nacer". _____

Conexiones con el tema

 ## 10-6. Analizando la película

Utilicen las siguientes preguntas para hablar sobre el tema de las *identidades marginalizadas* en la película.

1. ¿Qué relación hay entre la pobreza y la marginación social? ¿Es la pobreza una forma de marginación social? ¿Por qué sí? ¿Por qué no? ¿Qué factores contribuyen a que las personas sean pobres? ¿Qué formas tienen para salir de la pobreza? ¿De quién es el deber de ayudarlos? ¿Por qué piensan que los avances tecnológicos y el desarrollo económico no han logrado terminar con la pobreza en el mundo?

2. La delincuencia juvenil es uno de los temas centrales de la película. ¿Qué relación hay entre pobreza y delincuencia? ¿Qué factores contribuyen a que Pedro y Jaibo cometan actos delictivos? ¿Qué importancia tiene el entorno social? ¿Qué papel tiene la familia o la carencia de familiares? ¿Qué relevancia tiene la educación o la falta de educación en las vidas de Pedro y Jaibo?

3. ¿Qué opciones de vida tienen los jóvenes de la película? ¿Piensan que pueden salir del mundo en el que están? ¿Piensan que los reformatorios para menores o las escuelas granja son instituciones efectivas para solucionar el problema de la delincuencia juvenil? ¿Qué otras formas existen para ayudar a los niños de la calle? ¿Por qué piensan que Jaibo vuelve a cometer actos de violencia después de salir del reformatorio? ¿Piensan que Pedro quería estar en la escuela granja? ¿Qué le impidió volver a la escuela granja? ¿Por qué el director de la escuela granja fracasó en su intento de darle libertad a Pedro?

4. ¿Qué representa Don Carmelo en la película? ¿Qué significado simbólico tiene el hecho de que sea ciego? ¿Es el ciego una persona marginal? ¿Representan sus opiniones algún sector de la sociedad mexicana del momento? Lean la sección **Un poco de historia** y piensen por qué el ciego hace referencia varias veces a Porfirio Díaz. ¿En qué tipo de educación cree Don Carmelo? ¿Cómo trata de educar a Ojitos? ¿Funcionan sus métodos de enseñanza y disciplina? ¿Por qué denuncia a Jaibo a la policía? ¿Por qué dice que la solución a la delincuencia es que mueran todos los delincuentes?

5. Una escena muy importante en la película tiene lugar cuando la madre de Pedro decide entregar a su hijo a las autoridades para tratar de solucionar los problemas que tiene su hijo. Lean la conversación que sigue y contesten las preguntas a continuación.

Juez: Teniendo en cuenta que Ud. no puede proporcionarle la educación que necesita, hemos decidido internarlo en la escuela granja. Para ello hace falta su consentimiento.

Madre: Será como Ud. dice.

Juez: Firme Ud. aquí.

Madre: Pero no sé escribir Sr. Juez.

Juez: Ponga una cruz. Supongo que ahora querrá verle.

Madre: No, ¿yo pa' que?

Juez: A veces deberíamos castigarlos a Uds. por lo que hacen con sus hijos. No les dan cariño ni calor y ellos lo buscan donde pueden.

Madre: Será como Ud. dice, pero harto tengo de andar todo el día lavando ajeno pa' que puedamos comer.

Juez: Parece que Ud. no quiere a su hijo.

Madre: ¿Por qué lo voy a querer? No conocí a su padre. Yo era una escuincle y ni pude defenderme.

Juez: Bueno, bueno está bien, pero ahora tiene que verle. Mendoza, llévela a ver a su hijo.

a. ¿Por qué la madre de Pedro entrega a su hijo a las autoridades? ¿Por qué no tiene interés en verlo? ¿Cómo explica ella su falta de afecto hacia él? ¿Bajo qué circunstancias quedó embarazada de Pedro? ¿Piensan que esto justifica su relación con él?

b. ¿Están de acuerdo con el juez en que la culpa de lo que le ocurre a Pedro es de la madre? ¿Cómo se refleja eso en la película? ¿Cómo es la relación entre Pedro y su madre a lo largo de la película? ¿Cómo explica la madre su falta de atención hacia Pedro? ¿Creen que el juez entiende la situación en la que ella está?

c. ¿Por qué la madre de Pedro no puede firmar el documento que le entrega el juez? ¿Qué implica que una persona no pueda firmar? ¿Qué representa legal y simbólicamente una firma? ¿Qué relación hay entre la falta de educación y la pobreza? ¿Creen que las personas pobres pueden acceder a una educación básica? ¿Por qué sí? ¿Por qué no? ¿Piensan que si la madre de Pedro hubiera tenido acceso a una educación su historia y la de Pedro serían diferentes?

6. ¿Qué sucede entre Jaibo y Marta, la madre de Pedro? ¿Hay alguna relación entre el hecho de que Jaibo no tenga madre y que se sienta atraído por la madre de Pedro? ¿Por qué piensan que Marta se siente atraída por Jaibo? ¿Por qué Marta cambia de actitud hacia Jaibo al final de la película? ¿Piensan que la relación de Marta con Jaibo es una forma de agresión hacia Pedro? ¿Qué importancia tiene esta relación en el desarrollo de la historia? ¿Piensan que Pedro, su madre y Jaibo forman un triángulo edípico? ¿Cómo reacciona Pedro ante esta situación?

7. ¿Por qué cuando Pedro está en la escuela granja tira un huevo hacia la cámara? ¿Qué quiere mostrar el director de la película con esto?

8. ¿Por qué la película se llama ***Los olvidados***? ¿Quiénes son los olvidados? ¿Quién los olvidó? ¿Quién no los olvidó? ¿Quién los tiene que recordar? Al final de la película los personajes principales mueren, ¿es la muerte una forma de olvido? Consideren el texto de Galeano del comienzo de la unidad (página 120), ¿qué diferencias y qué semejanzas hay entre "los nadies" y "los olvidados"? ¿Tienen "los olvidados" un lugar en la historia de los países? ¿Tiene la pobreza visibilidad en las ciudades modernas?

Más allá de la pantalla

10-7. Tú eres la estrella

Representen las siguientes situaciones. Traten de utilizar el vocabulario de la sección **Notas lingüísticas.**

1. Imaginen que el juez que decidió enviar a Pedro a una escuela granja, decide también enviar a un/a asistente social para aconsejar a la madre de Pedro sobre la crianza de Pedro y sus otros hijos. Representen la conversación entre la madre de Pedro y el/la asistente social. Incluyan consejos que ayuden a la madre de Pedro a mejorar su relación con sus hijos y las respuestas de la madre de Pedro a los consejos.

2. Organicen una conferencia de prensa para entrevistar a los diferentes personajes de la película sobre la muerte de Pedro. Unos representarán a los periodistas de la radio y los otros serán los personajes: la madre de Pedro, Don Carmelo, Meche, el abuelo de Meche y otras personas del barrio. Antes de la conferencia, ambos grupos deben planear sus preguntas y sus respuestas.

3. Imaginen que la policía no mató a Jaibo y que éste es sometido a juicio. Representen el juicio a Jaibo por la muerte de Julián y por los demás delitos que cometió. Cada estudiante tendrá un papel diferente: Jaibo, el juez, el abogado defensor, el fiscal, el jurado y testigos. El abogado defensor y el fiscal elegirán a los testigos y planearán sus argumentos. Consulten las expresiones para usar en los juicios del **Apéndice 3** (páginas 243–244).

10-8. Tú eres el escritor

Escribe sobre los siguientes temas.

1. Imagina que eres el director de la escuela granja donde estuvo Pedro y escribe un informe al juez de la ciudad acerca del comportamiento de Pedro y su fuga. En el informe incluye tu opinión sobre el estado psicológico de Pedro, las posibles razones de su comportamiento y las posibles soluciones a su problema.

2. Imagina que eres periodista en México en los años 50 y has vivido tres meses en el barrio donde vivían Pedro y Jaibo. Escribe un artículo acerca de la situación de la población infantil y juvenil basándote en tu experiencia. En el artículo comenta la grave situación de los niños de la calle, su falta de educación y el papel que tiene la familia. Puedes incluir también la historia de Pedro y Jaibo y testimonios de la gente del barrio.

3. Después de haber tenido la oportunidad de estudiar y de convertirse en una trabajadora social, Meche regresa a su barrio. Imagina que eres Meche y escribe una propuesta para recibir dinero con el fin de mejorar las condiciones de vida de la población infantil y juvenil en el barrio. En la propuesta explica por qué este problema es grave, cuál es la situación de los jóvenes y cómo se utilizará el dinero para mejorar las condiciones de los niños de la calle.

10-9. Tú eres el crítico

Debate los siguientes temas con la clase.

1. Discute con tus compañeros sobre las diferentes alternativas para ayudar a los niños de la calle. ¿Cuáles son? ¿Por qué algunas alternativas son más viables que otras? ¿Quién tiene la mayor responsabilidad de ayudar a estos niños?

2. Los niños de la película no van a la escuela, están la mayoría del tiempo en la calle y trabajan para poder vivir. Debate con tus compañeros la relación que existe entre la falta de educación y la pobreza. Un grupo debe argumentar que la educación, aunque sea básica, es la mejor manera de salir de la pobreza y el otro grupo debe sostener que, aunque las personas reciban una educación, no podrán salir del círculo de la pobreza ni avanzar a otras clases sociales. Ambos grupos deben desarrollar sus argumentos y explicar sus razones.

3. Discute con tus compañeros sobre el problema de la pobreza en el mundo. ¿Es la pobreza un problema específico del tercer mundo? ¿Hay pobreza en los países más desarrollados? ¿Qué diferencias hay entre la pobreza de los países del tercer mundo y de los países más avanzados? ¿Qué grupos de personas son más susceptibles a vivir en la pobreza? ¿Afecta la pobreza de igual manera a los hombres y a las mujeres?

4. Debate con la clase sobre los factores que influyen en la delincuencia juvenil. Un grupo debe sostener que la delincuencia es un problema causado por problemas sociales como el entorno en el que las personas viven. El otro grupo debe argumentar que la delincuencia es un problema individual motivado por razones biológicas o psicológicas de la persona. Ambos grupos deben desarrollar sus argumentos y explicar sus razones.

10-10. Tú eres el investigador

Busca información sobre los siguientes temas relacionados con la película. En grupos o individualmente presenta a la clase lo que aprendiste.

1. Averigua qué problemas enfrentan los niños que viven en países con un alto nivel de pobreza. Puedes visitar la página de Internet en español del Fondo de las Naciones Unidas para la Infancia, UNICEF, para obtener información sobre este tema: www.unicef.org/spanish. Considera las siguientes preguntas para realizar tu investigación. ¿Cuáles son los países cuya población infantil enfrenta grandes problemas? ¿Cuáles son los problemas que tienen estos niños? ¿Qué se está haciendo para ayudarlos? ¿Qué iniciativas o proyectos realiza UNICEF para ayudar a estos niños?

2. Investiga la situación actual de México respecto a los niños y la pobreza. Luego compárala con la situación de México que se muestra en la película. Puedes utilizar la información en la página de Internet en español de UNICEF ya citada (www.unicef.org/spanish), la página de la organización en México (www. unicef.org/mexico) y la información en la sección **Un poco de historia.**

3. Busca información sobre la relación del director Luis Buñuel con el surrealismo. ¿Quiénes eran Salvador Dalí y Federico García Lorca? ¿Qué relación tenían estos tres artistas con el surrealismo? ¿Cómo se refleja el surrealismo en la película que has visto y en otras películas de Buñuel?

4. Mira una de las siguientes películas: *Rodrigo D* (1990), *La virgen de los sicarios* (2000) o *Ciudad de Dios* (2002) y compárala con *Los olvidados*. ¿Qué similitudes y diferencias encuentras entre las películas? ¿Qué película te pareció más efectiva en su descripción de la vida y los problemas de los niños de la calle? Según lo que viste en la película que elegiste, ¿piensas que ha cambiado la situación de estos niños desde 1950?

Capítulo 11

Sinopsis

A finales de los años 70, David, un joven estudiante comunista, se hace amigo de Diego, un intelectual gay con ideas contrarias a las de la Revolución cubana. Situada en La Habana, la película cuenta la historia de la amistad de estos hombres y, a través de ella, la superación de los prejuicios que ambos tienen.

Prepárate para ver la película

Un poco de historia: El lado más oscuro de la Revolución cubana

El 10 de marzo de 1952 Fulgencio Batista tomó el poder en Cuba mediante un golpe de estado apoyado por el gobierno de los Estados Unidos. Durante el gobierno dictatorial de Batista, el 47% de las tierras cultivables estaba en manos de las grandes compañías estadounidenses, el 23% de la población era analfabeta y la tasa de desempleo crecía alarmantemente. Las fuertes desigualdades entre los campesinos y la burguesía enriquecida por el tabaco y el azúcar, junto con las políticas neoimperialistas de los Estados Unidos (explotación del turismo, los casinos y la prostitución entre otras actividades) contribuyeron sin duda al triunfo de la Revolución encabezada por Fidel Castro en 1959.

Con el triunfo de la Revolución cubana, se iniciaron campañas de alfabetización que consiguieron que el nivel de analfabetismo disminuyera hasta el 1,5% en 1988. Se crearon instituciones culturales como Casa de las Américas, el Instituto Cubano de Arte e Industria Cinematográficos (ICAIC), la Escuela Nacional de Arte y un sistema de salud público y gratuito. En el ámbito económico, se expropiaron las tierras de los grandes propietarios del azúcar y el tabaco. A su vez, el país dejó de depender económicamente de los Estados Unidos y pasó a depender de los países del bloque soviético.

A pesar de los avances, la Revolución empezó a dar señales de autoritarismo e intolerancia casi desde el comienzo. En junio de 1961, Fidel Castro pronunció un discurso en la Biblioteca Nacional de La Habana titulado "Palabras a los intelectuales". En este discurso, dirigido a los principales artistas y escritores cubanos del momento, quedaron establecidas las bases de la política cultural cubana: "¿Cuáles son los derechos de los escritores y de los artistas revolucionarios o no revolucionarios?" —dijo Castro— "Dentro de la Revolución: todo; contra la Revolución: ningún derecho". Este principio dogmático no tardó en ser aplicado al poeta cubano Heberto Padilla. En 1968, Padilla ganó, con muchos problemas, el premio de poesía de la UNEAC (Unión de Escritores y Artistas de Cuba) con un libro titulado *Fuera de juego*. El libro se consideró contrarrevolucionario, y se encarceló a Padilla, quien fue obligado a pedir disculpas públicamente. El incidente hizo que muchos intelectuales como Mario Vargas Llosa y Octavio Paz, que hasta entonces apoyaban la Revolución, le retiraran su apoyo.

A partir de ese momento, muchos escritores e intelectuales cubanos que no estaban de acuerdo con la política oficial del gobierno castrista fueron perseguidos o marginalizados por su condición de artistas independientes y, en muchos casos, también por su identidad sexual. Escritores tan importantes como Lezama Lima, Virgilio Piñera o Reinaldo Arenas fueron marginados o perseguidos tanto por sus opciones estéticas como por su condición de homosexuales. Quizás los dos testimonios más elocuentes de esta persecución y de la homofobia del gobierno revolucionario sean el documental de Néstor Almendros, **Conducta impropia** (1984), y la autobiografía de Reinaldo Arenas, *Antes que anochezca*. En estos dos trabajos, se relatan desde el exilio las dificultades de la comunidad gay para sobrevivir en la Cuba de Castro. Entre otras cosas, tanto la película como el libro cuentan la historia de la UMAP (Unidades Militares de Ayuda a la Producción), campos de concentración fundados en 1965 para la reeducación comunista de homosexuales, delincuentes y, en general, jóvenes que estaban en contra del régimen castrista. Si las revoluciones se hacen en nombre de la justicia y de la igualdad, estos hechos son, sin duda, pruebas de la traición que la Revolución cubana ha perpetrado contra sus propios ideales y su propia razón de ser.

El director: Tomás Gutiérrez Alea

Tomás Gutiérrez Alea (1928–1996) nació en La Habana y estudió cine en Italia en los años 40. Fue miembro del ICAIC (Instituto Cubano de Arte e Industria Cinematográficos) desde sus inicios, aunque al mismo tiempo fue uno de los artistas más críticos de la Revolución. En muchas de sus entrevistas, Gutiérrez Alea manifestó que su deseo era hacer películas que presentaran la realidad cubana en toda su complejidad, sin caer en visiones estereotípicas que presentaran al país como un paraíso comunista o como lo contrario, un infierno totalitario.

En 1966 Gutiérrez Alea dirigió **La muerte de un burócrata,** una sátira de la burocratización del entonces joven régimen comunista. El tema de la burocratización de la Revolución reapareció en su última película, **Guantanamera** (1995), esta vez bajo el trasfondo de la profunda crisis económica que atravesaba Cuba. En 1968 dirigió **Memorias del subdesarrollo,** la historia de un personaje de la clase alta cubana que decide quedarse en La Habana tras el triunfo de la Revolución. La película juega con las contradicciones del personaje a la vez que señala las propias contradicciones de la Revolución.

De todas sus películas, **Fresa y chocolate** (1993), codirigida con Juan Carlos Tabío, es probablemente la de mayor renombre internacional. La película fue producida por Robert Redford y está basada en el relato *El lobo, el bosque y el hombre nuevo* del escritor Senel Paz. La película es una crítica a la intolerancia de la sociedad cubana y del régimen castrista hacia los homosexuales. **Fresa y chocolate** fue la primera película cubana nominada al Oscar como mejor película de lengua extranjera.

Tomás Gutiérrez Alea, director cubano (1928–1996)

Everett Collection

Notas lingüísticas

Las siguientes palabras te servirán para comprender los diálogos de la película y podrás utilizarlas también en las actividades del capítulo.

Palabras útiles

Revolución cubana

contrarrevolucionario/a	persona que se opone a la Revolución cubana
hacer cola	(*inf.*) formar fila para esperar un servicio. En Cuba, la gente espera en fila el reparto de productos de consumo básico
hacer guardia	controlar, vigilar
La Juventud	la Liga de la Juventud (revolucionaria): grupo de jóvenes, generalmente universitarios, que apoya la Revolución cubana
militante	persona que está involucrada activamente en un grupo por alguna causa ideológica, política o social
propaganda	acción de promover algo con el fin de atraer simpatizantes o compradores
vigilante	en Cuba, persona que controla que se cumplan las reglas y los principios impuestos por la Revolución

Homosexualidad

afeminado	hombre que se parece a una mujer en su forma de hablar y actuar
loca	(*vulg., des.*) hombre gay
maricón	(*vulg., des.*) hombre gay

Palabras regionales

chico/a	(*inf.*) forma de referirse a una persona, generalmente de la misma edad o más joven, con la que se tiene confianza
guagua	autobús
guajiro/a	persona que viene del o vive en el campo
orishas	figuras africanas, dioses de la religión afrocubana llamada santería

Otras palabras

almuerzo lezamiano	almuerzo muy lujoso. El adjetivo *lezamiano* hace referencia a la descripción de un almuerzo en la novela *Paradiso* de José Lezama Lima
carnet de identidad	documento pequeño usado por una persona como forma de identificación. Generalmente tiene una foto de la persona con su nombre y otros datos personales
compadre	amigo, compañero
coño	(*vulg.*) palabra usada para expresar sorpresa, enojo o extrañeza
creyente	persona que tiene fe en ciertos principios religiosos
descarado/a	persona que no tiene vergüenza
embajada	delegación diplomática que representa a un país en otro país
expediente	conjunto de papeles referidos a un asunto o negocio
extranjero/a	relacionado con otro país
guarida	lugar escondido
informe	descripción oral o escrita sobre un asunto

Cognados

exposición	escultura	galería
(trabajo) voluntario		

Nota: El uso de la palabra *chico* en Cuba y algunas características de pronunciación

1. En Cuba, la palabra **chico** se usa mucho para referirse informalmente a una persona, generalmente de la misma edad o más joven, con la que se tiene confianza. El siguiente ejemplo está sacado de la película: *¿Y qué defiendes tú, chico?*

2. Características de pronunciación

   Aspiración de /s/ En Cuba, como en muchos otros países, el sonido /s/ es aspirado. Por ejemplo, la palabra *lunes* se pronuncia *lune* y se dice *vamo* por *vamos* o *eto* por *esto*.

   Asimilación de /r/ y /l/ Los sonidos /r/ y /l/ muchas veces se asimilan con la consonante que les sigue. Por ejemplo, la palabra *hermano* se pronuncia *hemmano*, *Carlos* se pronuncia *callos*.

   Cambio de /r/ a /l/ En muchos casos, tanto en Cuba como en Puerto Rico y la República Dominicana, se reemplaza el sonido /r/ por /l/. Por ejemplo, la palabra *aeropuerto* se pronuncia *aeropuelto*.

Predicciones y reflexiones

11-1. Anticipando los temas

Contesten las siguientes preguntas antes de ver la película.

1. Miren la portada y lean el título y la sinopsis de la película. ¿De qué creen que trata la película? ¿Qué están haciendo los personajes en la portada? ¿Quiénes piensan que son esas personas? ¿Por qué piensan que la película se llama ***Fresa y chocolate***? ¿Qué cualidades asocian con la fresa y cuáles con el chocolate?

2. En su opinión, ¿qué cualidades debe tener un buen amigo? ¿Por qué? ¿Qué harían si algún amigo suyo es rechazado socialmente por su forma de pensar o actuar?

3. ¿Piensan que en los países de Latinoamérica está aceptado ser gay? ¿Y en los Estados Unidos? ¿Por qué?

4. ¿Qué saben sobre Cuba? ¿Qué personas cubanas importantes conocen? ¿Cómo es la relación entre Cuba y los Estados Unidos?

Cartel de propaganda de la Revolución cubana

Hulton Archive/Getty Images

A simple vista

 11-2. La trama

El ejercicio siguiente les servirá para analizar algunos de los eventos más importantes de la película.

Contesten las preguntas que siguen sobre lo que ocurrió entre los siguientes personajes de la película.

1. David y Vivian

    a. ¿Dónde están David y Vivian al principio de la película?

    b. ¿Cómo se siente Vivian en esta situación?

    c. ¿Cómo reacciona David ante la actitud de Vivian?

    d. ¿Por qué Vivian se casa con otro hombre?

    e. ¿Qué le propone Vivian a David antes de irse para Italia? ¿Cómo reacciona David ante esta propuesta?

2. David y Diego

    a. ¿Cómo se conocen David y Diego?

    b. ¿Qué excusa usa Diego para llevar a David a su casa?

    c. ¿Cómo es la actitud de David hacia Diego al principio de la película?

    d. ¿Por qué piensas que David continúa visitando a Diego a pesar de no tener nada en común?

    e. ¿De qué hablan David y Diego en sus encuentros?

    f. ¿Qué piensa Diego del cuento que escribió David?

    g. ¿Qué hacen David y Diego el último día que Diego está en Cuba? ¿Dónde van? ¿De qué hablan?

3. David y Miguel

    a. ¿Cómo reacciona Miguel cuando David le cuenta sobre Diego?

    b. ¿Por qué le propone Miguel a David que siga visitando a Diego?

    c. ¿Por qué va Miguel a la casa de Diego?

    d. ¿Cuál es la actitud de Miguel ante la relación de David con Diego al final de la película?

4. Diego y Nancy

    a. ¿Cómo es la relación entre Diego y Nancy? ¿Son buenos amigos? ¿Se respetan?

    b. ¿En qué trabaja Nancy y cómo lo ayuda a Diego?

    c. ¿Por qué piensas que Nancy intenta suicidarse?

    d. ¿Piensas que Nancy está celosa de la relación de Diego con David? ¿Por qué?

    e. ¿Qué favor le pide Diego a Nancy? ¿Cómo reacciona Nancy ante esta situación?

5. David y Nancy

    a. ¿Cómo se conocen David y Nancy?

    b. ¿Por qué piensas que Nancy y David se sienten atraídos?

    c. ¿Qué tienen en común David y Nancy? ¿En qué se diferencian? ¿Cómo eran sus vidas sentimentales antes de conocerse?

 ## 11-3. Los personajes

En los ejercicios siguientes vas a comentar con tus compañeros las características de los personajes de la película.

1. Completa el siguiente cuadro sobre los personajes principales de la película, Diego y David.

	Diego	**David**
Personalidad:		
Intereses personales:		
Intereses políticos:		

2. Completa el siguiente cuadro con las ideas que expresan los diferentes personajes de la película sobre Cuba y la Revolución.

Ideas sobre Cuba y la Revolución
Diego:
David:
Miguel:
Nancy:

11-4. Imágenes

Piensa en ciertas imágenes de la película y responde las siguientes preguntas.

1. ¿Cómo es La Habana? ¿Cómo son las casas y los edificios? ¿Cómo son los coches? ¿Qué se puede inferir al ver los coches y las casas?

2. ¿Cómo es el apartamento de Diego? ¿Qué objetos hay en el apartamento? ¿Qué tipos de libros tiene Diego allí? ¿Qué fotos hay? ¿Qué se puede inferir de su personalidad por el lugar donde vive?

3. ¿Cómo son las estatuas que hizo Germán, el artista amigo de Diego? ¿Qué imágenes representan las estatuas? ¿Por qué piensas que su exposición es censurada?

4. ¿A qué figuras les hablan David y Nancy en su apartamento? ¿Por qué piensas que David y Nancy tienen estas figuras y por qué les hablan?

 ### 11-5. Escenas y citas: ¿Quién lo dice y por qué?

Lee las siguientes citas de la película y escribe quién las dice. Luego, en parejas expliquen por qué los personajes dicen esto.

1. "Había chocolate y pidió fresa". _____

2. "Yo quiero vivir bien, tener una familia, vestirme". _____

3. "¿Tú crees que se puede confiar en un tipo que no defiende a su propio sexo?"

_____

4. "¿Me aceptas un brindis con la bebida del enemigo?" _____

5. "¡Niño, qué obsesión con las nacionalidades!" _____

6. "A mí me parece que ese muchacho no debería venir tanto. Acuérdate que es militante y todo eso". _____

7. "Formo parte de este país aunque no les guste y tengo derecho a hacer cosas por él". _____

8. "Los errores son la parte de la Revolución que no es la Revolución, ¿entiendes?"

_____

9. "Nunca debiste mandar esas cartas". _____

10. "¿Tú piensas que yo me voy porque yo quiero? ¿No te das cuenta que no tengo otra cosa que hacer, que no puedo hacer otra cosa?" _____

Conexiones con el tema

 11-6. Analizando la película

Utilicen las siguientes preguntas para hablar sobre el tema de las ***identidades marginalizadas*** en la película.

1. Basándose en lo que saben de Diego y David, ¿con qué parte de la cultura y de la historia de Cuba se identifica David? ¿Con qué parte de la cultura y de la historia se identifica Diego? ¿Qué personajes históricos son importantes para David y cuáles para Diego? ¿Qué diferencias hay entre la visión de Cuba que tienen David y Diego? ¿Se aceptan ambas visiones en el proyecto de la Revolución cubana? ¿Quién creen que es el más revolucionario de los dos? ¿Quién piensan que es el más patriota de los dos?

2. ¿Cómo era la actitud de David hacia Diego cuando se conocieron? ¿Por qué al principio de la película David le pide a Diego que no lo salude en público? ¿Por qué David y Miguel, su compañero de cuarto, están interesados en investigar la vida de Diego? ¿Creen que Diego se siente discriminado por su identidad sexual? Según la película, ¿es posible ser gay y revolucionario? ¿Por qué piensan que a los gobiernos les puede interesar tener información sobre la identidad sexual de los habitantes del país?

3. Una de las conversaciones más interesantes de la película es cuando David cuestiona a Diego sobre su identidad sexual y su afiliación con la Revolución cubana. Lean la conversación y respondan a las preguntas a continuación.

David: Entonces, ¿qué fue lo que te pasó? ¿Por qué tú eres...?

Diego: Maricón. Porque sí. Mi familia lo sabe.

David: Ellos tienen la culpa.

Diego: No, ¿quién dijo?

David: ¡Sí! Te hubieran llevado al médico cuando chiquito. Eso es un problema endocrino.

Diego: Por favor, David. ¿Qué teoría es esa? Parece mentira en un muchacho universitario. A ti te gustan las mujeres, a mí me gustan los hombres. Eso es perfectamente normal. Además ocurre desde que el mundo es mundo. Eso no impide que yo sea una persona decente y tan patriota como tú.

David: Sí, pero tú no eres revolucionario.

Diego: ¿Quién te dijo a ti que yo no soy revolucionario? Yo también tuve ilusiones, David. A los 14 años me fui a alfabetizar porque yo quise. Fui pa' las lomas a recoger café, quise estudiar para maestro. ¿Y qué, pasó? Que esto es una cabeza pensante. Y Uds., al que no dice que sí a todo o tiene ideas diferentes enseguida lo miran mal y enseguida lo quieren apartar.

David: ¿Pero qué ideas diferentes son las que tú tienes? Eso es lo que yo quiero saber. ¿Cuáles son? ¿Montar las exposiciones esas con esas cosas horribles?

Diego: ¿Y qué defiendes tú, chico?

David: Yo defiendo este país.

Diego: Yo también. Que la gente sepa qué es lo que tiene de bueno. Yo no quiero que vengan los americanos ni nadie a decirnos qué es lo que tenemos que hacer.

David: Está bien, pero, ¿tú no te das cuenta que con todas esas monerías que tú haces nadie te puede tener en cuenta? Tú te has leído todos esos libros, ¿verdad?, pero nada más que piensas en machos.

Diego: Yo pienso en machos cuando hay que pensar en machos, como tú en mujeres. Yo no hago ninguna monería ni soy ningún payaso.

a. ¿Por qué piensa David que la homosexualidad es un problema médico? ¿Qué tipo de educación tiene él sobre este tema? ¿Cómo responde Diego a su comentario? La película está situada a fines de los años 70, ¿era ésta una creencia extendida en muchas partes del mundo en esa época?

b. Considerando la información que leyeron en la sección **Un poco de historia**, ¿por qué se discrimina en Cuba contra determinados tipos de identidades sexuales, cuando las revoluciones se hacen generalmente en nombre de la igualdad y la justicia? ¿De qué manera quiso participar Diego en la Revolución? ¿Cuál fue el resultado de sus intentos? ¿Por qué la identidad sexual de Diego puede ser considerada una amenaza para el estado revolucionario cubano?

c. ¿Por qué otras razones lo discriminan a Diego? ¿Qué otras personas piensan que son discriminadas? ¿Qué posiciones intelectuales no son aceptadas por la Revolución? ¿Qué tipos de libros lee Diego que pueden representar una amenaza para la Revolución?

4. ¿Qué exposición quiere organizar Diego? ¿Por qué las autoridades cubanas se niegan a darle el permiso para hacer la exposición? ¿Por qué Diego no acepta la propuesta de la galería de arte? ¿Qué piensan que Diego escribe en las cartas al director de la galería de arte y a las autoridades culturales? ¿Por qué está él en contra de la decisión de Germán, su artista amigo, de exponer las esculturas con las restricciones impuestas por la galería de arte?

5. ¿Cuál es la función del arte en una sociedad? ¿Puede el arte no tener sentido político en Cuba? ¿Qué visión del arte tiene Diego? ¿Creen que Diego piensa que el arte tiene una función política? ¿Puede una sociedad ser realmente libre si existe censura en el campo creativo?

6. ¿Piensan que existe una relación entre la afición por el arte que tiene Diego y su identidad sexual? ¿Son la literatura, el arte y la música cosas que se relacionan principalmente con las mujeres y con los gays? ¿Es la sensibilidad un estereotipo que se asocia con la homosexualidad? ¿Creen que Diego es un personaje que refleja un estereotipo gay?

7. Al final de la película Diego decide marcharse de Cuba y David se despide de él con un abrazo. ¿Qué simboliza este abrazo en lo personal y con respecto a la historia y a la situación política de Cuba? ¿Por qué se va Diego de Cuba? ¿Tenía otra opción? ¿Por qué lo ayuda una embajada? ¿Implica esta decisión que las personas como Diego no tienen lugar en Cuba?

8. Consideren el texto de Galeano del comienzo de la unidad (página 120) y contesten las siguientes preguntas. ¿Creen que la historia de Diego es similar a la historia de "los nadies"? ¿Por qué? Eduardo Galeano, el autor del texto, es uno de los intelectuales que apoyan abiertamente al gobierno de Fidel Castro. ¿Piensan que es una contradicción que Galeano escriba sobre "los nadies" y apoye al gobierno de Castro? ¿Piensan que Galeano consideraría que Diego no es parte de "los nadies"? ¿Por qué?

Más allá de la pantalla

11-7. Tú eres la estrella

Representen las siguientes situaciones. Traten de utilizar el vocabulario de la sección **Notas lingüísticas.**

1. Imaginen que Diego llama por teléfono a David para contarle sobre su nueva vida fuera de Cuba. Representen la conversación entre Diego y David. Tengan en cuenta las siguientes preguntas al preparar la conversación: ¿Dónde vive Diego ahora y cómo se siente? ¿Está contento con su nueva vida? ¿Extraña a Cuba y a sus amigos? ¿Qué está haciendo en su nuevo hogar? ¿Cuál es la reacción de David al recibir la llamada de Diego? ¿Cómo está David en Cuba? ¿Cómo van sus estudios y su relación con Nancy?

2. Imaginen que Diego está en España y es invitado a dar una presentación sobre Cuba. Preparen una presentación oral enfocándote en la situación política, económica y cultural del país. Pueden incluir los siguientes temas: famosos escritores cubanos y sus obras, artistas que se fueron de Cuba durante la Revolución y por qué, cómo son tratados los gays en Cuba, etc. El resto del grupo representará al público y hará preguntas a Diego sobre su presentación.

3. Imaginen que David es invitado por el centro de estudiantes de su universidad a participar en un debate sobre la homosexualidad en Cuba. Representen el debate en grupos de cuatro estudiantes. Un estudiante será David, otro Miguel, el compañero de cuarto de David y los otros dos representarán a estudiantes de la universidad que defenderán o condenarán la homosexualidad en Cuba. Recuerden que esta discusión tiene lugar a fines de los años 70, cuando no se sabía mucho sobre la homosexualidad.

11-8. Tú eres el escritor

Escribe sobre los siguientes temas.

1. Imagina que eres Diego y no estás de acuerdo con la manera en que el director de la galería de arte está tratando de organizar la exposición de tu amigo Germán, el escultor. Escríbele una carta formal diciéndole lo que piensas sobre el arte, la libertad de expresión y la censura del gobierno.

2. Imagina que eres Diego y escribe una carta a David o a Nancy desde el exterior. Incluye en tu carta dónde estás, cómo te sientes fuera de Cuba, las cosas que extrañas de tu país, lo que te gusta y lo que no te gusta del país en el que vives, las cosas que son diferentes en el nuevo país, etc.

3. Escribe una crítica de la película para expresar tus ideas, evaluaciones y juicios sobre *Fresa y chocolate.* Utiliza la información sobre comentarios de películas en el **Apéndice 1** (páginas 239–240). Al escribir tu crítica considera las siguientes preguntas: ¿Refleja la película estereotipos sobre la homosexualidad? ¿Es una película a favor o en contra de la Revolución? ¿Cuál es el mensaje sobre Cuba que quieren dar los directores de la película? ¿Qué te parece la interpretación de los actores, especialmente la interpretación de un hombre gay que hace Jorge Perugorría?

11-9. Tú eres el crítico

Debate los siguientes temas con la clase.

1. En dos grupos debatan las causas de la homosexualidad. Un grupo debe sostener que la homosexualidad es causada por razones biológicas y debe presentar sus argumentos; el otro debe sostener que la homosexualidad es una opción de vida y que no tiene ninguna base biológica. Ambos grupos deben presentar sus argumentos y tratar de refutar los argumentos del otro grupo.

2. En dos grupos debatan sobre el embargo de Cuba por parte de los Estados Unidos. Un grupo debe sostener que debe ponerse fin al embargo porque la guerra fría ha terminado y el comunismo ya no representa una amenaza para los Estados Unidos. El otro grupo debe sostener que el embargo debe continuar porque Castro aún representa una amenaza. Ambos grupos deben presentar sus argumentos y tratar de refutar los argumentos del otro grupo.

3. Al final de la película Diego se marcha de Cuba como muchos otros cubanos que han dejado la isla para irse al exilio. Muchas de estas personas son criticadas por su decisión de salir de Cuba y no apoyar la Revolución. En grupos de cuatro estudiantes, comenten las razones que llevan a muchos cubanos a partir al exilio y las razones por las que son criticados. Tengan en cuenta las siguientes preguntas: ¿Por qué se marchan estas personas de Cuba? ¿Tienen alguna otra opción? ¿Se marchan de Cuba por razones ideológicas, políticas o económicas?

4. En grupos debatan sobre el futuro de la Revolución cubana. Un grupo debe estar a favor de continuar con el proyecto de la Revolución y seguir logrando avances en cuestiones relacionadas con la salud pública, la educación y la justicia social. El otro grupo debe estar en contra de la Revolución y argumentar que la falta de libertades, la represión a los intelectuales y a los homosexuales y la crisis económica muestran el fracaso de la Revolución.

11-10. Tú eres el investigador

Busca información sobre los siguientes temas relacionados con la película. En grupos o individualmente presenta a la clase lo que aprendiste.

1. Busca más información sobre el caso Padilla. Explica la posición que tomaron ciertos intelectuales latinoamericanos como Mario Vargas Llosa y Gabriel García Márquez después del caso Padilla.

2. Busca información sobre Reinaldo Arenas y sobre su autobiografía *Antes que anochezca*. ¿Qué pasó con Reinaldo Arenas? ¿Cómo salió de Cuba? ¿Por qué no quería estar en Cuba? ¿Dónde se exilió? ¿Qué libros escribió? ¿Cómo murió?

3. Mira el documental de Néstor Almendros ***Conducta impropia*** y compáralo con la película ***Fresa y chocolate***. ¿Qué diferencias y que similitudes hay en su representación de la marginalización de la homosexualidad en Cuba? ¿Qué visión de la Revolución presentan ambas películas?

4. Busca información y testimonios sobre la UMAP (Unidades Militares de Ayuda a la Producción) en Cuba. ¿Qué función tenían estos campos de trabajo? ¿Quiénes eran enviados allí? ¿Por qué? ¿Cuándo se clausuraron y por qué? ¿Cómo se justificó su existencia?

Sinopsis

Manuela es una madre soltera que acaba de perder a su hijo de 18 años, Esteban, en un accidente. El gran deseo de Esteban era saber quién era su padre, algo que Manuela siempre le escondió. Después del accidente, Manuela decide enfrentarse con su pasado y viajar a Barcelona. Allí, se reencuentra con el padre de su hijo, un travesti llamado Lola, con una antigua amiga, Amparo, y también conocerá a Rosa y a Huma, personajes que la ayudarán a seguir adelante y a quien Manuela también ayudará mucho.

Prepárate para ver la película

Un poco de historia: La movida madrileña. De la explosión de la libertad al desencanto

El general Francisco Franco murió el 20 de noviembre de 1975 y a partir de ese momento se inició en España un proceso de transición a la democracia que duró aproximadamente hasta 1982. Después de casi cuarenta años de dictadura franquista (1939–1975) y de represión de la sexualidad y de todas aquellas identidades que se apartaran de las normas de la moral nacional–católica, los españoles deseaban sobre todas las cosas hacer uso de una libertad que hasta entonces les estaba prohibida.

La "movida madrileña" es, entre todas las expresiones culturales de libertad de los años 80, el fenómeno que mejor resume el espíritu de estos primeros años de democracia en España. La palabra "movida" proviene de las palabras "moverse" o "movimiento" y se refiere simplemente a la intensa actividad *underground* desplegada durante estos años en los bares, discotecas y clubes de Madrid y otras grandes ciudades españolas. De manera totalmente espontánea, artistas, músicos, escritores, diseñadores y, en general, todo aquel que fuera joven y tuviera deseos de divertirse se juntaban en bares de Madrid para compartir sus proyectos culturales y expresar sus identidades en un clima, por primera vez en muchos años, de libertad.

La "movida" fue un fenómeno cultural del que surgieron emblemáticos grupos de rock como Radio Futura, Glutamato Ye-Yé y Aviador Dro, diseñadores de moda como Ágata Ruiz de la Prada, estrellas *punk* como Alaska, directores de cine como Pedro Almodóvar, fotógrafos como Ouka

Lele y muchos otros creadores y artistas. Los años de la "movida" fueron años de intensa creatividad y también de experimentación y exceso. Sabino Méndez, el guitarrista de uno de los grupos de rock más famosos de este período, describe la "movida" como una época en la que "dos hombres podían besarse sin sentir vergüenza". De repente, los bares y los clubes de Madrid vieron cómo un buen número de jóvenes se atrevían a expresar identidades sexuales y estilos de vida que hasta ese momento no sólo eran marginales, sino incluso ilegales. Junto con la libre expresión de la sexualidad, la "movida" también supuso el inicio de un proceso de experimentación con las drogas —especialmente la heroína; se trataba de vivir el momento de la manera más intensa posible, de buscar el placer sin miedo a la represión.

En este clima de permisividad, puede decirse que los transexuales se convirtieron en uno de los emblemas de la "movida". La transexualidad —como identidad en transición— apareció como metáfora de la transición política y muchos travestis como Bibí Andersen u Ocaña llevaron sus actuaciones a la calle para llamar la atención sobre identidades y modos de vida reprimidos por la dictadura.

Sin embargo, todas estas expresiones de libertad terminaron en muchos casos de manera trágica o en el desencanto más absoluto. Por un lado, las instituciones culturales del Estado utilizaron la "movida" para promocionar la democracia a nivel internacional, destruyendo parte de la espontaneidad y la creatividad del movimiento. Por otro lado, el SIDA y las adicciones empezaron a dejar su huella mortal en muchos de los participantes en esta fiesta de la libertad. A pesar de estos sucesos trágicos, puede decirse que la "movida" fue una de las épocas más creativas y de mayor libertad de la reciente historia española.

El director: Pedro Almodóvar

*Pedro Almodóvar recibiendo el premio Oscar a la mejor película de lengua extranjera por **Todo sobre mi madre***

AFP/Getty Images

Pedro Almodóvar nació en 1951 en Calzada de Calatrava (España). A los 16 años se trasladó a Madrid, donde realizó trabajos administrativos durante la década de los 70. Con el dinero que consiguió en estos trabajos compró una cámara súper ocho y con ella realizó sus primeros cortos.

En los años 80, fue uno de los miembros más emblemáticos de la "movida madrileña": escribió guiones de cómics, participó en obras de teatro, escribió artículos en revistas y publicaciones *underground* y dirigió su primera película, ***Pepi, Luci, Bom y otras chicas del montón*** (1980). A pesar de que la película se realizó con un presupuesto muy bajo, muy pronto se convirtió en una película de culto.

En 1982 Almodóvar dirigió ***Laberinto de pasiones***, una farsa protagonizada por Antonio Banderas, Imanol Arias y Cecilia Roth. Tanto en esta película como en la anterior, ya se perfilaban los elementos del cine de Almodóvar: el gusto por lo kitsch, el uso de personajes extravagantes, la exploración del melodrama en un contexto moderno y la revalorización de las identidades sexuales marginadas.

El éxito del cine de Almodóvar llegó con la realización de ***Mujeres al borde de un ataque de nervios*** (1987), que batió récords de taquilla y fue nominada al Oscar como mejor película de lengua extranjera. A partir de ese momento, todas sus películas recibieron la aprobación del público y de la crítica. Dos de ellas, ***Todo sobre mi madre*** (1999) y ***Hable con ella*** (2002) ganaron el Oscar a la mejor película de lengua extranjera y al mejor guión original respectivamente. Su última película, ***La mala educación*** (2004), trata, entre otros temas, sobre la represión de la sexualidad en las escuelas durante la dictadura del general Franco.

Notas lingüísticas

Las siguientes palabras te servirán para comprender los diálogos de la película y podrás utilizarlas también en las actividades del capítulo.

Palabras útiles

Identidad sexual

drag	(*inf.*) hombre gay que usa ropa de mujer
travesti	persona que se viste como una persona del sexo contrario por inclinación natural o como parte de un espectáculo

Términos médicos

HIV positivo/a	persona que ha sido diagnosticada con el virus del SIDA
donante	persona que voluntariamente da un órgano a otra persona
encefalograma	gráfico que se obtiene haciendo estudios a las descargas eléctricas de la corteza del cerebro

Otras palabras

coño	(*vulg.*) expresión que se usa, generalmente en España, para mostrar asombro o enfado
monja	(*inf.*) religiosa de una congregación
tetas	(*inf., vulg.*) senos

Palabras regionales

bollera	(*inf., vulg.*) lesbiana
caballo	(*inf.*) heroína
hacer la carrera	(*inf.*) ser prostituta
pincharse	(*inf.*) inyectarse droga

Cognados

homosexual	órgano	prostituta
transplante	SIDA	

Nota: El uso de vosotros

Vosotros es la segunda persona del plural y se utiliza para dirigirse informalmente a un grupo de personas. Es una de las marcas lingüísticas más reconocibles del español hablado en la mayor parte de España. En los demás países hispanohablantes se utiliza la forma **ustedes** en lugar de **vosotros**. El español peninsular utiliza la forma **ustedes** para dirigirse formalmente a un grupo de personas. Los siguientes ejemplos están sacados de la película: "Seguro que **tendréis** mucho éxito con el homenaje a Lorca" "¿Dónde **vais** a vivir en Barcelona?"

Predicciones y reflexiones

12-1. Anticipando los temas

Contesten las siguientes preguntas antes de ver la película.

1. Miren la portada de la película y lean la sinopsis. ¿Qué se ve en la portada? ¿Por qué piensan que la película se llama ***Todo sobre mi madre***?

2. ¿Cómo se llevan con sus padres? ¿Tienen una buena relación o pelean mucho con ellos? ¿Cambió la relación con sus padres durante alguna etapa específica de su vida? ¿Cómo se llevaban con sus padres cuando eran niños y cómo se llevan ahora?

3. ¿Les han ocultado alguna vez algo importante sobre su vida? ¿Cómo se sintieron cuando se enteraron?

4. ¿Qué opinan sobre las operaciones de cambio de sexo? ¿Piensan que estas operaciones son una necesidad o se deben sólo a una razón de estética?

5. ¿Qué saben sobre el virus del SIDA? ¿Cómo se transmite? ¿Piensan que el SIDA es solamente un problema de la población homosexual o transexual? ¿Cómo reaccionarían si alguien cercano a ustedes tuviera SIDA?

A simple vista

 ## 12-2. La trama

El siguiente ejercicio les servirá para analizar algunos de los eventos más importantes de la película.

Completa el cuadro siguiente con cinco de los elementos que consideres importantes en la película. Luego compara tu cuadro con el de tus compañeros y explica tus elecciones.

1er evento	2° evento	3er evento	4° evento	5° evento
_____	_____	_____	_____	_____
_____	_____	_____	_____	_____
_____	_____	_____	_____	_____

12-3. Los personajes

En los siguientes ejercicios vas a comentar con tus compañeros las características de los personajes de la película y las relaciones que se establecen entre ellos.

1. Habla de la historia de los personajes de la película. Ten en cuenta lo siguiente. ¿Cómo son ahora y cómo eran antes? ¿Qué tipos de cambios físicos y psicológicos les han ocurrido? ¿De dónde vienen? ¿Cuál es su trabajo? ¿Qué conflictos/problemas tienen? ¿Qué historias hay en su pasado que hayan afectado su vida profundamente?

Personaje	Historia
Manuela:	
Esteban:	
La Agrado:	
Lola:	
Rosa:	
La madre de Rosa:	
Huma Rojo:	
Nina:	

2. Completa el cuadro explicando la relación entre los siguientes personajes. Ten en cuenta los aspectos de tus relaciones mencionados en el cuadro. Basa tus opiniones en diferentes escenas de la película.

	Manuela y Esteban	Manuela y Lola	Rosa y su madre	Huma y Nina
el respeto:				
el cariño:				
la comunicación:				
la confianza:				

12-4. Imágenes

Piensa en ciertas imágenes de la película y responde las siguientes preguntas.

1. ¿Qué imágenes se ven al comienzo de la película? ¿Cómo se relaciona la primera escena con el resto de la película?

2. ¿Cómo se visten los diferentes personajes? ¿Qué ropa usan Manuela, la Agrado, Huma, Lola y Rosa? ¿Qué nos indica la ropa acerca de su personalidad?

3. ¿Qué importancia tienen los colores en la película? ¿Por qué todo lo que rodea a Huma es de color rojo? ¿Por qué el teatro es de color rojo? ¿Cómo piensas que se relaciona este color con el contenido de la obra de teatro?

4. ¿Qué imágenes se muestran de Barcelona? ¿Cómo es la ciudad? ¿Dónde están las prostitutas en la ciudad? ¿Qué diferencias hay entre el lugar donde están las prostitutas y el resto de los lugares de la ciudad?

12-5. Escenas y citas: ¿Quién lo dice y por qué?

Lee las siguientes citas de la película y escribe quién las dice. Luego, en parejas expliquen por qué los personajes dicen esto.

1. "¿Tu serías capaz de prostituirte por mí?" _Esteban → Manuela (son)_

2. "Yo ya he sido capaz de hacer cualquier cosa por ti". _Manuela → Esteban (son)_

3. "Algún día tendrás que contarme todo sobre mi padre". _Esteban (son) → Manuela_

4. "Hace 17 años hice este mismo trayecto pero al revés, de Barcelona a Madrid, también venía huyendo pero no estaba sola, traía a Esteban dentro de mí. Entonces huía de su padre y ahora voy en su busca". _Manuela_

5. "Aquí la calle está cada día peor, hermana. Y si tuviéramos poca competencia con las putas, las drags nos están matando". _Agrado → Manuela_

6. "Mi trabajo es ayudar a la gente aunque acabe de conocerla". _Rosa → su madre_

7. "Cualquier puta, cualquier salvadoreño son más importantes que tu padre y que tu madre". _Rosa madre → Rosa hija_

8. "Humo es lo único que ha habido en mi vida". _Huma → Manuela_

9. "Lola tiene lo peor de un hombre y lo peor de la mujer". _Manuela → Rosa_

10. "Una es más auténtica cuanto más se parece a lo que ha soñado de sí misma".
    Agrado → espectadores

    Caballo → heroine npwivy

Conexiones con el tema

 12-6. Analizando la película

Utilicen las siguientes preguntas para hablar sobre el tema de las *identidades marginalizadas* en la película.

1. ¿Qué tienen en común Manuela, la Agrado, Rosa, Huma y Nina? ¿Qué tipo de feminidad representan? ¿Qué tipo de comunidad de mujeres forman? ¿Piensan que la comunidad que representan es aceptada por la sociedad española del momento? ¿De qué manera cada una de estas mujeres transgrede las normas de la sociedad? ¿Quién establece esas normas y los criterios de normalidad?

2. Según las normas sociales, ¿cuál es el concepto de familia nuclear tradicional? ¿Cuál es el papel del padre? ¿Cuál es el papel de la madre? ¿Cómo son los papeles de maternidad y paternidad en la película? ¿Por qué piensan que Manuela nunca le dijo a su hijo Esteban quién era su padre? ¿En qué sentido transgrede el concepto tradicional de paternidad el hecho de que Lola sea el padre de los hijos de Manuela y Rosa?

3. ¿Cómo es la familia de Rosa? ¿Cómo es la relación de Rosa con su madre? ¿Cuál es la actitud de la madre de Rosa hacia Manuela al principio de la película? ¿Por qué Rosa no le pide ayuda a su madre cuando está enferma? ¿En qué se diferencia la madre de Rosa de las demás mujeres de la película? ¿Cómo trata la madre de Rosa a su nieto? ¿Por qué a la madre de Rosa no le gusta que Lola le dé un beso a su nieto? ¿Qué piensan que simboliza que el padre tenga la enfermedad de Alzheimer?

4. Lola es una presencia ausente que no aparece hasta el final de la película, pero que ha afectado enormemente la vida de muchos de los personajes. Lean la siguiente conversación entre Lola y Manuela y contesten las preguntas a continuación.

> **Lola:** Manuela, ¡cuánto me alegra verte! Lástima que sea aquí.
>
> **Manuela:** No podía ser en otro sitio. No eres un ser humano, Lola, eres una epidemia.
>
> **Lola:** Siempre fui excesiva y estoy muy cansada. Manuela, me estoy muriendo. Ven, estoy despidiéndome de todo, le robé a la Agrado para pagarme el viaje a Argentina. Quería ver por última vez el pueblo, el río, nuestra calle. Me alegra poder despedirme también de ti. Sólo me queda conocer al hijo de la hermana Rosa, a mi hijo. Siempre soñé tener un hijo, tú lo sabes.
>
> **Manuela:** Cuando me fui de Barcelona, iba embarazada de ti.
>
> **Lola:** ¿Qué? ¿Quiere decir que tú también...? ¿Lo tuviste?
>
> **Manuela:** Un niño precioso.
>
> **Lola:** Quiero verle. ¿Lo has traído contigo?

Manuela: Está en Madrid, pero no puedes verle.

Lola: Aunque sea de lejos, Manuela, te prometo que él ni siquiera me verá. Es lo último que te pido.

Manuela: No puedes verle.

Lola: Manuela, por favor ...

Manuela: Hace seis meses lo atropelló un coche y lo mató. Vine a Barcelona sólo para decírtelo. Lo siento, lo siento ...

Manuela (Cecilia Roth) y la hermana Rosa (Penélope Cruz) en una escena de la película

a. ¿Qué simboliza que la conversación transcurra en un cementerio? ¿Por qué Manuela le dice a Lola que es una epidemia y que no es un ser humano? ¿De qué se está muriendo Lola? ¿Cómo ha afectado la enfermedad de Lola a la gente que tiene alrededor?

b. ¿Por qué Lola dice que siempre fue excesiva? ¿En qué sentido piensan que Lola ha sido excesiva en su vida? ¿Por qué mucha gente piensa que el SIDA es una enfermedad relacionada con los excesos? ¿Piensan que Lola dice que es excesiva en ese sentido? ¿Piensan que el director trata de sugerir que hay una relación entre el exceso y la enfermedad?

c. ¿Por qué piensan que Lola siempre quiso tener un hijo a pesar de ser transexual? ¿Por qué piensan que quiere conocer a su hijo antes de morirse? ¿Cómo se siente al enterarse de que Manuela también tuvo un hijo de él? ¿Por qué Manuela vino desde Madrid a Barcelona a contarle a Lola que tuvo un hijo suyo y que el hijo murió?

5. En nuestras sociedades contemporáneas, la noción de lo anormal o lo diferente es una forma de marginalizar determinadas identidades y formas de vida. ¿Piensan que la película cuestiona la noción de normalidad? ¿Qué relación establece el director entre normalidad, marginalidad y autenticidad a través del personaje de la Agrado? ¿Por qué la Agrado dice que es una mujer auténtica? ¿Qué significa ser una mujer auténtica? ¿Qué relación hay entre las características biológicas de la Agrado y su autenticidad? ¿Es la Agrado un personaje marginal?

6. La madre de Rosa es probablemente el personaje que representa la noción de "normalidad" de acuerdo con los valores tradicionales de la sociedad. ¿En qué sentido es ella una mujer "normal"? ¿Piensan que es una mujer auténtica? ¿Qué simboliza que falsifique cuadros de Chagall? ¿Qué diferencias hay entre la Agrado como representación de lo "anormal" y la madre de Rosa como representación de lo "normal"? ¿Qué tipo de feminidad representan ella y la Agrado? ¿Quién es más auténtica?

7. ¿Qué visión de la marginalidad muestra Almodóvar en la película? ¿Piensan que es una representación positiva o negativa de las identidades marginales (las prostitutas, los transexuales, los enfermos de SIDA, etc.)? Lean el texto de Galeano del comienzo de esta unidad, ¿creen que Almodóvar podría considerar a los personajes de la película parte de "los nadies"? ¿Piensan que ser considerado "anormal" es de alguna manera ser parte de "los nadies"?

8. ¿Qué valores éticos y humanos tienen los personajes marginales de la película? ¿Por qué piensan que cuando Rosa está enferma pide ayuda a Manuela y no a su madre, que representa los valores de la mujer tradicional? ¿Qué significado tiene que Manuela se quede con el hijo de Rosa? ¿Por qué su abuela biológica no se hace cargo de su nieto? ¿Qué simboliza este niño en la película? ¿Qué implica que el niño sea capaz de sobreponerse al virus del SIDA en un tiempo récord? ¿Qué mensaje quiere dar Almodóvar con este final?

Más allá de la pantalla

12-7. Tú eres la estrella

Representen las siguientes situaciones. Traten de utilizar el vocabulario de la sección **Notas lingüísticas.**

1. Antes de tener el accidente, Esteban había expresado su deseo de saber quién era su padre. Imaginen que es el día del cumpleaños de Esteban y que Manuela acepta contarle a su hijo la historia de su padre. Representen la conversación entre Manuela y Esteban.

2. Imaginen que cuando el hijo de Rosa, Esteban, crece, escribe una obra de teatro que se llama *Todo sobre mi padre.* En grupos, escriban la primera escena de la obra. ¿Qué piensan que Esteban querrá contar sobre su padre? ¿Quiénes son los personajes? ¿Dónde tiene lugar la escena? ¿De qué hablan los personajes? Representen lo que han escrito.

3. Al final de la película Manuela está en Barcelona invitada a participar en una conferencia sobre el SIDA. Imagina que eres Manuela y haz la presentación sobre el SIDA. Incluye información sobre la enfermedad, así como también el caso específico de Esteban y su notable mejoría. El resto del grupo representará al público y hará preguntas a Manuela sobre su presentación.

12-8. Tú eres el escritor

Escribe sobre los siguientes temas.

1. Imagina que eres Lola y escribe tu autobiografía antes de morirte para que la puedan leer tus parientes y amigos. Parte de la autobiografía puede enfocarse en tu relación con Manuela: cómo la conociste, por qué te hiciste transexual, cómo te sentiste cuando Manuela huyó de Barcelona, cómo reaccionaste al saber que Manuela tuvo un hijo tuyo y cómo te afecta el no haber conocido a tu hijo nunca.

2. Un evento controvertido de la película es el hecho de que la hermana Rosa quedó embarazada de un transexual y murió de SIDA. Escribe un artículo sobre este hecho para una revista española incluyendo testimonios de Manuela, la madre de Rosa y las compañeras de Rosa del convento.

3. Lee el siguiente comentario de Pedro Almódovar acerca de la película y escribe un ensayo dando tu opinión sobre este comentario. Puedes guiarte por las preguntas que siguen.

"Mi idea al principio fue hacer una película sobre la capacidad de actuar de determinadas personas que no son actores. De niño yo recuerdo haber visto esta cualidad en las mujeres de mi familia. Fingían más y mejor que los hombres. Y a base de mentiras conseguían evitar más de una tragedia. [...] Las mujeres fingían, mentían, ocultaban y de ese modo permitían que la vida fluyera y se desarrollara sin que los hombres se enteraran y la obstruyeran. No lo sabía, pero este iba a ser uno de los temas de mi película 13, la capacidad de la mujer para fingir. Y la maternidad herida. Y la solidaridad espontánea entre las mujeres. 'Siempre he confiado en la bondad de los desconocidos', decía Williams por boca de Blanche Dubois. En **Todo sobre mi madre,** la bondad es de las desconocidas".

http://www.clubcultura.com/clubcine/clubcineastas/almodovar/esp/peli_madre5.htm

¿Estás de acuerdo con Almódovar? ¿Crees que las mujeres pueden fingir mejor que los hombres? ¿Piensas que éstos son los temas principales de la película? ¿Crees en la bondad entre los desconocidos? ¿Crees que hay una solidaridad espontánea entre las mujeres?

 ## 12-9. Tú eres el crítico

Debate los siguientes temas con la clase.

1. Comenta las siguientes hipótesis y explica tus razones:

a. Si fueras Manuela, ¿le habrías contado a Esteban la historia de su padre?

b. Si fueras Esteban, ¿querrías saber la historia de tu padre aunque tu madre no quisiera contártela?

c. Si fueras la Agrado, ¿invertirías tanto dinero en cirugía estética?

d. Si fueras Rosa, ¿decidirías tener a tu hijo aunque supieras que tienes SIDA?

e. Si fueras la madre de Rosa, ¿dejarías que tu nieto fuera a vivir con Manuela?

f. Si fueras Lola, ¿querrías conocer a tus hijos?

2. En dos grupos debatan el tema del matrimonio de las parejas gay. Un grupo debe argumentar a favor del matrimonio entre personas del mismo sexo y explicar que es un derecho que estas parejas deben tener. El otro grupo debe hablar en contra del matrimonio de las parejas gay y defender la idea de que el matrimonio debe ser entre un hombre y una mujer.

3. En dos grupos debatan el tema de la adopción de las parejas gay y transexuales. Un grupo debe argumentar que las parejas gay y transexuales tienen derecho a adoptar hijos y el otro debe sostener lo opuesto. Los dos grupos deben dar razones que justifiquen sus puntos de vista.

4. Discute con la clase el derecho de los transexuales a tener operaciones de cambio de sexo. ¿Piensas que estas operaciones son similares a las operaciones de cirugía por razones estéticas? ¿Crees que se trata de operaciones necesarias para una persona que experimenta conflictos de identidad? ¿Piensas que estas operaciones deberían ser cubiertas por los seguros médicos? ¿Por qué?

 ## 12-10. Tú eres el investigador

Busca información sobre los siguientes temas relacionados con la película. En grupos o individualmente presenta a la clase lo que aprendiste.

1. Busca información sobre el SIDA. ¿Cuál es el origen de la enfermedad? ¿Cómo se transmite? ¿Cómo nos podemos proteger contra ella? ¿Cuáles son los síntomas y las consecuencias del SIDA? ¿Hay algún tipo de cura para esta enfermedad?

2. Investiga sobre la "movida" en España en los años 80. ¿Cuáles fueron los principales grupos de rock? ¿Qué tipo de música hacían? ¿Cómo se relacionaban con el *punk* y otros movimientos musicales anglosajones? Para tu investigación puedes leer el libro sobre la "movida" de José Luis Gallero, *Sólo se vive una vez*. Puedes también utilizar la autobiografía del guitarrista Sabino Méndez, *Corre, Rocker: Crónica personal de los ochenta*.

3. Lee la obra de teatro (o mira la película basada en la obra) *Un tranvía llamado deseo (A Streetcar Named Desire)* de Tennessee Williams o mira la película **Eva al desnudo** (*All about Eve*, 1950). ¿De qué tratan estas obras? ¿Cómo están relacionadas con la película **Todo Sobre mi madre**?

4. Mira la primera película de Pedro Almodóvar, **Pepi, Luci, Bom y otras chicas del montón**, y compárala con **Todo sobre mi madre**. ¿Cómo ha evolucionado el cine de Almodóvar? ¿En qué se parecen y en qué se diferencian estas dos películas? ¿Cómo refleja la primera película el ambiente de la "movida"? ¿Cómo es el tono de la primera película y el de **Todo sobre mi madre**?

Otras películas sobre el tema de
las identidades marginalizadas

Barrio. Fernando León de Aranoa (España, 1998)

Javi, Manu y Rai son tres jóvenes de un barrio marginal de Madrid que ven lo monótono y aburrido que será el verano en el suburbio. La falta de dinero, las chicas y sus sueños serán los temas de las conversaciones de estos amigos. Con mucho tiempo libre por delante, empiezan a involucrarse en actividades delictivas para intentar conseguir su gran sueño: salir del barrio y ver el mar.

Ciudad de Dios. Fernando Meirelles (Brasil, 2002)

Esta película relata el crecimiento del crimen organizado en Cidade de Deus, un barrio muy pobre y violento de Río de Janeiro. El narrador de esta historia es Buscapé, un joven tímido que, a diferencia de sus amigos, no se involucra en actividades ilícitas y utiliza su experiencia de vida en el barrio para documentar con fotografías la delincuencia juvenil en Río de Janeiro. A través de los ojos del joven narrador, la película cuenta el desarrollo de la vida, las peleas, el amor y la muerte de varios jóvenes brasileros cuyos destinos se cruzan y entrecruzan con el paso del tiempo.

La virgen de los sicarios. Barbet Schroeder (Francia-Colombia, 2000)

La película cuenta la historia de un escritor homosexual, Fernando Vallejo, que regresa a Medellín después de treinta años de no estar allí y se enamora de un sicario de 16 años, Alexis. Este controvertido filme es una historia que muestra el ambiente de violencia de los barrios marginales de Medellín, los narcotraficantes, las pandillas de sicarios y la contradictoria religiosidad de los asesinos a sueldo.

Rodrigo D: No futuro. Víctor Gaviria (Colombia, 1990)

Una película que muestra, a través de Rodrigo y sus amigos, adolescentes atrapados por las drogas y la violencia, la difícil realidad de crecer en las calles de Medellín, Colombia. Los actores son adolescentes locales que se representan a sí mismos. Lamentablemente muchos de ellos murieron o fueron encarcelados después de que terminara la filmación, hecho que contribuye al realismo trágico que se ve en la película.

Unidad
4

El mundo
hispano en la
globalización

Contextos

Las películas de esta unidad tratan sobre la globalización en el mundo hispano. Antes de ver estas películas, lee los siguientes textos y contesta las preguntas a continuación. Estos textos te ayudarán a comprender algunos de los temas de las películas.

Escenas de la vida posmoderna. Intelectuales, arte y videocultura en la Argentina.
Beatriz Sarlo (1994)

Luces y sombras definen un paisaje conocido en Occidente, pero los contrastes se exageran, aquí [en Argentina], por dos razones: nuestra marginalidad respecto del "primer mundo" [...]; y la encallecida indiferencia con que el Estado entrega al mercado la gestión cultural sin plantearse una política de contrapeso. Como otras naciones de América, la Argentina vive el clima de lo que se llama "posmodernidad" en el marco paradójico de una nación fracturada y empobrecida. Veinte horas de televisión diaria, por cincuenta canales, y una escuela desarmada, sin prestigio simbólico ni recursos materiales; paisajes urbanos trazados según el último *design* del mercado internacional y servicios urbanos en estado crítico. El mercado audiovisual distribuye sus baratijas y quienes pueden consumirlas se entregan a esta actividad como si fueran habitantes de los barrios ricos de Miami. Los más pobres sólo pueden conseguir *fast-food* televisivo; mientras recuerdan las buenas épocas de la escuela pública adonde ya no pueden ir sus hijos o donde sus hijos ya no reciben lo que sus padres recibieron [...]

———

(Fragmento de *Escenas de la vida posmoderna*. Intelectuales, arte y videocultura en la Argentina)

El estilo del mundo. La vida en el capitalismo de ficción.
Vicente Verdú (2003)

La circulación veloz, la sustitución súbita, la pantalla instantánea fotografían la nueva escena de espasmos. El mundo aparece y desaparece en las pantallas, desfila en las *newsbars* de la CNN, sobre los neones de las fachadas urbanas, en las pasarelas como un filme circular. El presente se ha precipitado en "actualidad" y la actualidad se reproduce en una sucesión de disparos. [...] Los relojes digitales nos dicen la hora que es, pero no nos dicen la hora que no es: son la expresión del tiempo instantáneo, la pérdida de la historia. Sólo se da por cierto lo que ocurre de inmediato, en directo; mientras que adquiere una apariencia de manipulado lo que es lento. Se llega así a la paradoja de que se toma como más verdadero lo que más ciega con su impacto [...]

(Fragmento de *El estilo del mundo*. La vida en el capitalismo de ficción, Capítulo 6: La muerte. El presente discontinuo)

1. ¿Cómo describe Beatriz Sarlo el proceso de la globalización en Argentina? ¿Qué diferencias hay entre la experiencia de la globalización que describe Sarlo y la de los países del llamado "primer mundo"?

2. ¿Qué efecto tienen las imágenes en la cultura de la globalización según Verdú? ¿Por qué dice Verdú que la actualidad ha terminado con la historia? ¿Estás de acuerdo con esta afirmación? De acuerdo con el texto de Verdú, ¿está el mundo mejor o peor informado en la globalización? ¿Por qué?

3. ¿Qué visión de la globalización ofrecen Beatriz Sarlo y Vicente Verdú? ¿En qué se diferencia esta visión de otras perspectivas de la globalización que conoces?

Capítulo 13

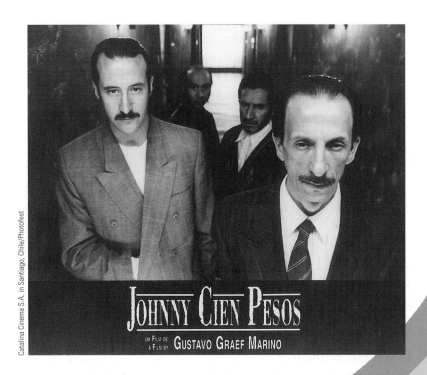

Catalina Cinema S.A. in Santiago, Chile/Photofest

Sinopsis

En esta película basada en hechos verdaderos, Johnny es un joven estudiante chileno que decide, junto con otras personas, robar una tienda de video. El plan se complica cuando el personal de la tienda se resiste a entregarles el dinero, que está guardado en una caja de seguridad. Muy pronto, los ladrones se ven cercados por la policía y por los medios de comunicación, que cuando se enteran de la situación, convierten el secuestro del personal de la tienda en un asunto de interés nacional en el que incluso se involucra el gobierno de Chile.

Prepárate para ver la película

Un poco de historia: Chile: El problema de la justicia en la democracia

En 1970 Salvador Allende se convirtió en el primer socialista latinoamericano que llegó a la presidencia de su país por medios pacíficos. El gobierno de la Unidad Popular que él encabezaba trató de instaurar un gobierno socialista que, entre otras medidas, incluía la nacionalización de la producción y el reparto de la riqueza. Sin embargo, las reformas económicas y sociales que trató de implementar Allende chocaron con la oposición de los empresarios, los sectores más tradicionales de la sociedad y los Estados Unidos.

Para los sectores más desfavorecidos, Allende representaba la posibilidad de un reparto más equitativo de la riqueza, mientras que para los sectores tradicionales y los empresarios, Allende ponía en peligro un orden social que se había mantenido intacto desde el siglo XIX. Estas tensiones culminaron el 11 de septiembre de 1973 cuando el general Augusto Pinochet encabezó un golpe de estado con el apoyo de los Estados Unidos. Allende se encontraba en el Palacio de la Moneda (la sede del gobierno chileno), que en ese momento, estaba siendo sometido a intensos bombardeos aéreos. Ante la imposibilidad de negociar con los militares sublevados, Allende decidió suicidarse, con lo que abrió paso a la dictadura del general Augusto Pinochet (1973–1990).

Desde 1973 hasta 1980 el gobierno de Pinochet suspendió la legalidad de la democracia e inició un intenso proceso de represión política contra todos aquellos que eran considerados subversivos. Durante este período muchas personas tuvieron que exiliarse, miles fueron torturadas y unas tres mil desaparecieron. Paralelamente a la represión política, la dictadura de Pinochet inició un ambicioso proyecto de liberalización de la economía, cuyo objetivo fue insertar la economía chilena en los mercados internacionales.

La integración de Chile en el mercado global mediante estas medidas liberalizadoras hizo que la economía chilena creciera un 7% de 1976 a 1983, mientras que la inflación descendió de un 53% a un 19,8% en 1989. Tras una pequeña caída entre 1982 y 1983 que hizo subir las cifras de desempleo hasta un crítico 20%, la economía chilena creció de manera regular hasta 1995. Todos estos factores hicieron que se empezara a hablar de un "milagro económico chileno", especialmente si se comparaban las cifras macroeconómicas de Chile con las de otros países similares como México y Argentina. Sin embargo, estas cifras macroeconómicas estaban ensombrecidas por las violaciones de los derechos humanos que tuvieron lugar durante la dictadura y también por el aumento general de las desigualdades sociales que experimentó el país.

En 1980, una vez cumplido el proceso de liberalización económica, Pinochet inició un proceso de reformas políticas que culminó en un plebiscito para aprobar una constitución que restituía algunos de los derechos y garantías legales que habían sido suprimidos por la dictadura. A pesar de que la constitución fue aprobada en el plebiscito, muchos sectores sociales no quedaron satisfechos con la reforma e iniciaron una campaña de protesta. Finalmente, ante la presión interna y externa, el general Pinochet decidió convocar un plebiscito en 1988 para votar a favor o en contra de su gobierno. La Concertación —una coalición de partidos democráticos de centro–izquierda— encabezó la campaña a favor del No a la dictadura que finalmente triunfó. En 1989 Patricio Aylwin se convirtió en el presidente electo de Chile, pero Pinochet seguía siendo senador vitalicio y jefe de las fuerzas armadas. Chile, ya en democracia, se había convertido en un país modernizado e integrado en la economía global en el que la justicia, sin embargo, seguía siendo un problema sin resolver para la mayoría de los ciudadanos.

El director: Gustavo Graef-Marino

Gustavo Graef-Marino nació en Santiago de Chile en 1955. A mediados de la década del 80 se trasladó a Alemania, donde estudió y trabajó como director de cine y guionista durante más de seis años. En 1989 escribió y dirigió su primera película en Alemania, **Die stimme** (**La voz**), una película que pasó prácticamente desapercibida.

Graef-Marino se dio a conocer con **Johnny cien pesos**, película que filmó en Chile en 1993. **Johnny cien pesos** es uno de los pocos *thrillers* que ha dado el cine chileno. La película está basada en un suceso real, el atraco a una tienda de videos, que fue transmitido por la televisión chilena. Este episodio aparentemente trivial le sirvió a Gustavo Graef-Marino para reflexionar sobre la situación de Chile después de la dictadura de Augusto Pinochet. La crítica cinematográfica ha comparado **Johnny cien pesos** con películas estadounidenses como **Dog Day Afternoon** y **Reservoir Dogs** de Quentin Tarantino por la forma de recrear atmósferas dominadas por la tensión y el encierro.

El éxito obtenido por **Johnny cien pesos** le sirvió a Gustavo Graef-Marino para dirigir su primera película en Hollywood, **Diplomatic Siege** (1999) con la participación de Daryl Hannah y Peter Weller. La película es otro *thriller* que cuenta la historia de un grupo de terroristas de Serbia que ocupan la embajada norteamericana. Finalmente, en el año 2002 Graef-Marino dirigió **Instinct to Kill** que no tuvo mucho éxito de público, aunque también fue producida en Hollywood.

Notas lingüísticas

Las siguientes palabras te servirán para comprender los diálogos de la película y podrás utilizarlas también en las actividades del capítulo.

Palabras útiles

Delincuencia

asaltante	persona que roba
atraco	asalto con propósito de robo, generalmente en un lugar con muchas personas
comisaría	oficina de la policía donde se centralizan las actividades policiales de un barrio o distrito y se hacen además tareas administrativas
ladrón/ona	persona que roba
rehén	persona que es secuestrada para obligar a otras personas a cumplir ciertas condiciones
secuestrar	detener a una persona con el fin de pedir que se cumplan ciertas condiciones para su rescate

Otras palabras

conserje	persona encargada de las llaves, el cuidado y la limpieza de un edificio

Palabras regionales

carabinero	oficial de policía, soldado
harto	bastante
liceo	escuela secundaria
paco	(*inf.*) oficial de policía
pendejo/a	(*vulg.*) persona jóven
población	barrio
pololo/a	novio/a

Cognados

	video club

Nota: El uso de poh

Poh es una expresión muy frecuentemente usada en Chile al final de una frase para apoyar una opinión o información. *Poh* es una derivación de *pues,* usada generalmente para enfatizar algo que una persona está diciendo. Los siguientes ejemplos están sacados de la película: "No sé, *poh*". "Ya *poh*, te fuiste, ya *poh*".

Predicciones y reflexiones

13-1. Anticipando los temas

Contesten las siguientes preguntas antes de ver la película.

1. Miren la portada de la película y lean la sinopsis. ¿Qué se ve en la portada de la película? ¿Quién piensan que son los personajes de la portada? ¿Por qué piensan que la película se llama ***Johnny cien pesos***?

2. ¿Cómo se imaginan que es la vida de un/a adolescente de una familia con pocos recursos económicos en Latinoamérica? ¿Qué problemas creen que enfrenta este/a adolescente? ¿Piensan que es fácil para esta persona estudiar?

3. ¿Miran la televisión frecuentemente? ¿Qué programas miran? ¿Miran las noticias? ¿Cuál es su programa de noticias favorito? ¿Creen que la televisión transmite las noticias de manera objetiva? ¿Existen ciertos canales o programas de televisión en su país que son más objetivos que otros? ¿Piensan que los medios de comunicación tienen una influencia significativa en la sociedad? ¿Por qué?

4. ¿Saben si existen negocios donde se lava dinero en su país? En general, ¿dónde están estos negocios y qué estrategias usan para esconder el verdadero propósito del establecimiento? ¿Por qué piensan que estos lugares existen?

A simple vista

13-2. La trama

El ejercicio siguiente les servirá para analizar algunos de los eventos más importantes de la película.

Lean las siguientes afirmaciones. Marquen con una V si son verdaderas y con una F si son falsas. En los casos en que sean falsas, corríjanlas y expliquen a sus compañeros por qué no son correctas.

a. _____ Johnny no había cometido otros actos delictivos antes del atraco a la tienda de videos.

b. _____ La madre de Johnny se enteró por la televisión de que su hijo estaba asaltando la tienda de videos.

c. _____ El periodista Manuel Mena Mendoza entrega inmediatamente a la policía la información que encuentra sobre Johnny.

d. _____ Los ladrones han organizado muy bien el atraco a la tienda de videos.

e. _____ El gobierno de Chile está interesado en el caso.

f. _____ En la tienda de videos hay mucho dinero sucio.

g. _____ Los ladrones no tienen miedo de ir a la cárcel.

h. _____ Gloria está con Don Alfonso porque lo ama.

i. _____ El gobierno de Chile quiere ayudar a los ladrones.

j. _____ La televisión tuvo un papel muy importante durante todo el atraco.

13-3. Los personajes

En los siguientes ejercicios vas a comentar con tus compañeros las características de los personajes de la película.

1. Imagina que eres un periodista en Chile y debes presentar la noticia del atraco concentrándote en el perfil de algunas de las personas involucradas. Completa las siguientes fichas con la información sobre cada persona.

Johnny	Freddy
• Edad: _____	• Edad: _____
• Ocupación: _____	• Ocupación: _____
• Descripción física: _____ _____	• Descripción física: _____ _____
• Vínculo con el caso: _____ _____	• Vínculo con el caso: _____ _____

Gloria	Don Adolfo
• Edad: _____	• Edad: _____
• Ocupación: _____	• Ocupación: _____
• Descripción física: _____	• Descripción física: _____
_____	_____
• Vínculo con el caso: _____	• Vínculo con el caso: _____
_____	_____

2. ¿Qué indican las siguientes acciones sobre la personalidad y los conflictos de los personajes? ¿Cómo son estos personajes? ¿Son honestos, conflictivos, violentos, corruptos ...? Comenta tus respuestas con tus compañeros.

a. Johnny le corta la mano al padre de Patricia, su novia. → Johnny es un chico conflictivo y _____

b. Gloria está con Adolfo por conveniencia y seduce a Johnny. → Gloria es una mujer _____

c. Don Adolfo no le quiere abrir la puerta a los asaltantes a pesar de que sus empleados están en peligro. → Don Adolfo es un hombre _____
_____

d. El periodista Manuel Mena Mendoza hace un escándalo por la participación de Johnny en el atraco. → El periodista es _____

e. La madre de Johnny, Gina, piensa que lo mejor que le puede pasar a su hijo es ir a la cárcel. → Gina es una madre _____

f. Johnny no se entrega a la policía y se dispara un tiro. → Johnny _____
_____

13-4. Imágenes

Piensa en ciertas imágenes de la película y responde las siguientes preguntas.

1. ¿Qué imágenes se muestran al comienzo de la película? ¿Cómo es el barrio por el que pasa el autobús? ¿Cómo está vestido Johnny?

2. ¿Cómo es la tienda de videos? ¿Por qué piensas que Don Alfonso no deja la puerta abierta al público? ¿Cómo son las personas que trabajan allí?

3. ¿Cómo es la casa donde viven Johnny y su madre? ¿Cómo es el dormitorio de Johnny? ¿Qué hay en el dormitorio de Johnny?

4. ¿Por qué piensas que los policías les tapan la cara a los ladrones al final de la película? ¿Qué hace Johnny al final de la película?

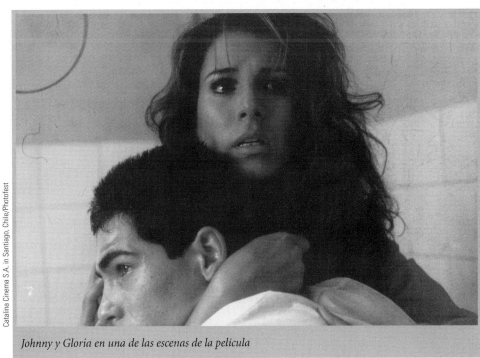

Catalina Cinema S.A. in Santiago, Chile/Photofest

Johnny y Gloria en una de las escenas de la película

13-5. Escenas y citas ¿Quién lo dice y por qué?

Lee las siguientes citas de la película y escribe quién las dice. Luego, en parejas expliquen por qué los personajes dicen esto.

1. "El problema es mío, de Freddy, de todos, porque vivimos en la misma población y cuando cae uno caen todos". _____

2. "Dime una cosa. Al final de todo, ¿qué eres, ladrón o estudiante?" _____

3. "Entonces somos iguales. Nada más que tú robas y yo me vendo". _____

4. "Hay que dársela de terrorista para que te pasen un avión". _____

5. "Tú estás igual de sola que yo, ¿o no?" _____

6. "Porque uno siempre quiere vivir. Ésa es la condena." _____

7. "Eso es lo que queremos. Queremos que no nos torturen". _____

8. "Reconozco que quizás son suposiciones. Nosotros solamente estamos investigando. Hay siempre un margen de error en nuestra labor, señora. Por lo mismo su testimonio es tan importante." _____

9. "¿Qué le interesa tanto mi testimonio? Oiga, lo único que anda buscando es un escándalo". _____

10. "La única seguridad que tenemos es ir a parar a la cárcel y yo la cárcel, nunca. [...] Es que no quiero ir preso". _____

Conexiones con el tema

 ### 13-6. Analizando la película

Utilicen las siguientes preguntas para hablar sobre el tema de la ***globalización en el mundo hispano*** en la película.

1. ¿Cómo es la tienda que atracan los asaltantes? ¿Qué tipo de negocio esconde la tienda de videos? ¿Cómo gana su dinero Don Alfonso? ¿Qué viene a hacer el abuelo (al comienzo de la película) a la tienda? ¿Quién le manda el dinero? ¿Por qué Don Alfonso no quiere llamar a la policía cuando entran los atracadores? ¿Por qué Don Alfonso se niega a abrir la puerta aunque sus empleados pueden estar en peligro?

2. ¿Qué papel juegan los medios de comunicación en la película? ¿Cómo se entera la madre de Johnny de que su hijo está atracando la tienda de videos? ¿Quién llega antes a la escena del crimen: la policía o la prensa? ¿Por qué le interesa al canal de televisión mostrar lo que sucede en el asalto a la tienda de videos? ¿Cómo reaccionan los asaltantes al descubrir que la televisión está transmitiendo la escena? ¿Por qué el presentador del canal de televisión no le da la mochila de Johnny a la policía?

3. ¿Piensan que el canal Tevesur hace una transmisión objetiva del atraco? ¿En qué aspectos del caso se centran? ¿En cuál de los asaltantes enfocan la historia y por qué? ¿Cuál es el objetivo de la campaña "Salvemos un joven para Chile"? ¿Es realmente su intención salvar a Johnny? ¿Por qué no hablan de los demás asaltantes? ¿Por qué no se habla de los motivos del atraco y del origen social de los otros asaltantes? ¿Por qué el canal de televisión Tevesur no muestra que su unidad móvil fue quemada en el barrio de Johnny? ¿Por qué el atraco se convierte en un espectáculo mediático?

4. ¿Cómo cambia el caso cuando los canales de televisión comienzan a transmitirlo? ¿Les importa a los medios el destino de los rehenes? ¿Cómo se entera el gobierno del atraco? ¿Por qué le interesa al gobierno este caso? ¿Por qué tratan de censurar la transmisión del caso en televisión? ¿Piensan que el desenlace de los hechos habría sido diferente si los medios de comunicación —especialmente la televisión— no hubieran estado allí?

5. La influencia de la televisión también llega hasta la madre de Johnny. Lean esta entrevista que le hacen a la madre de Johnny y el diálogo con su hijo a través de la televisión. Después, contesten las preguntas que siguen.

Reportero: Señora, el país se pregunta por qué.

Madre: Es que yo nunca me hubiera imaginado que mi hijo era un ladrón. A lo mejor es culpa mía o de su papá que se fue cuando era chiquitito, o a lo mejor porque nosotros siempre fuimos bien pobres y el Johnny siempre quería más.

Reportero: ¿Y qué más quería el Johnny, señora Gina?

Madre: No sé, poh. Él siempre hablaba de irse de aquí. Fíjese que un día me dijo que quería entrar por esa foto pa´ dentro y se quería botar al sol y no volver nunca más.

Reportero: ¿Y qué significa eso para usted?

Madre: No sé, poh. Yo lo único que le pediría a las personas en sus casas es que lo perdonen igual que yo como madre, que es lo único que puedo hacer porque el Johnny no sabe lo que hace.

Reportero: Señora, dígaselo directamente a su hijo. Tevesur ha logrado comunicarse con él. [...]

Madre: Aló, Johnny, m´hijito ¿cómo está? ¿No te ha pasado nada?

Johnny: No, no, estoy bien, mamá. Oiga, ¿qué hace metida en mi pieza?

Madre: No te enojes hijo se la estaba mostrado al caballero de la tele. Él dice que te puede ayudar.

Johnny: Nadie puede ayudarme más que usted mamá así que vaya a la cárcel y sáqueme.

Madre: ¿Qué, qué hijo?

Johnny: Sí, vaya a la correccional. Acuérdese que soy menor de edad. Si usted va por mí, salgo rápido.

Madre: Sí, Johnny, sí, pero sabe m´hijito yo creo que sería bueno que se quedara un tiempo en la cárcel.

Johnny: ¿Cómo? ¿Pero qué? ¿Te volviste loca mamá?

Madre: Allá ellos te pueden ayudar. El periodista me dice que allá tienen un psicólogo y gente que te va a sanar. Ellos te pueden salvar Johnny porque tu estás mal.

a. ¿Por qué piensan que la madre decide hablar con el periodista sobre su hijo? Según la madre, ¿cuáles son las razones por las que Johnny participa en el atraco? ¿Piensan que el periodista está interesado en explorar más estas razones? ¿Por qué? ¿Por qué piensan que Johnny no quería vivir en la realidad en la que vivía?

b. La madre le pide a la audiencia que perdone a su hijo por lo que ha hecho. ¿Concuerda este pedido con su actitud hacia su hijo al hablar con él? ¿Por qué piensan que cambió de opinión la madre de Johnny? ¿Qué papel tuvo la televisión en este cambio de opinión?

    c. ¿Cómo reacciona Johnny ante los comentarios de su madre? ¿Por qué le dispara él un tiro al televisor cuando está hablando con su madre? ¿Qué simboliza esto? ¿Creen que Johnny culpa a la televisión por la actitud de su madre?

6. Miren la sección **Un poco de historia** antes de contestar las siguientes preguntas. ¿Qué condición ponen los asaltantes antes de entregarse? ¿Por qué? ¿Por qué el juez no quiere firmar la petición de los asaltantes? ¿Qué razones políticas tiene el Ministerio del Interior para hacer firmar al juez el pedido de los asaltantes? ¿De qué tienen miedo los asaltantes si van a una comisaría antes de ser juzgados? ¿Por qué Johnny se dispara un tiro en vez de entregarse a la policía? ¿Qué relación tiene esto con la actitud de su madre, la de Gloria y con el miedo que tiene Johnny de ir a la cárcel?

7. ¿Qué papel juegan los medios de comunicación en la globalización? ¿Contribuyen los medios de comunicación a democratizar una sociedad? ¿Unen o separan a la gente de distinto origen social y cultural? ¿Promueven el diálogo o convierten a todos los ciudadanos en consumidores acríticos? ¿Qué grado de libertad piensan que tienen los ciudadanos de un país dominado por una cultura visual (televisión, publicidad, cine, medios gráficos, etc.)?

8. Lean nuevamente el texto de Vicente Verdú del comienzo de la unidad (página 181), ¿qué relación hay entre lo que dice Verdú sobre las imágenes en una sociedad globalizada y la historia de *Johnny cien pesos*? ¿Piensan que en la película los medios televisivos tratan de informar sobre lo ocurrido o simplemente tratan de explotar la actualidad para captar espectadores? ¿Reconstruyen las noticias de manera adecuada la historia de Johnny? ¿Es la cultura de los medios un efecto positivo o negativo de la globalización?

Más allá de la pantalla

13-7. Tú eres la estrella

Representen las siguientes situaciones. Traten de utilizar el vocabulario de la sección **Notas lingüísticas**.

1. Representen un juicio a Johnny, Freddy, Washington y el Loco por el asalto a la tienda de videos. Los estudiantes tendrán diferentes papeles: los asaltantes, el juez, el abogado defensor, el fiscal, el jurado y los testigos. El abogado defensor y el fiscal elegirán a los testigos (tal vez los diferentes rehenes, el periodista, la conserje del edificio, etc.) y planearán sus argumentos. Consideren las expresiones para usar en los juicios del **Apéndice 3** (páginas 243–244).

2. Imaginen que trabajan para el canal Tevesur y tienen que seguir organizando la campaña "Salvemos un joven para Chile" que se concentra en Johnny. Informen sobre lo ocurrido con Johnny al final de la película, entrevisten a la madre de Johnny nuevamente y también a Gloria o incluyan cualquier otra información que piensen que ayudará al éxito de la campaña.

3. Organicen una conferencia de prensa para entrevistar a un representante del Ministerio del Interior de Chile y al policía a cargo del caso del asalto a la tienda de videos. Un estudiante será el representante del gobierno, otro será el policía y los demás serán los reporteros de los distintos medios de comunicación (radio, televisión, prensa). Antes de la conferencia, ambos grupos deben planear preguntas y respuestas.

13-8. Tú eres el escritor

Escribe sobre los siguientes temas.

1. Escribe un artículo para un periódico de Chile sobre el atraco a la tienda de videos. Incluye una descripción de las personas involucradas en el evento, información sobre el verdadero negocio de Don Alfonso y testimonios de los rehenes, de la administradora del edificio y de la madre de Johnny.

2. La película tiene un final abierto y no se sabe qué pasará con Johnny después que se lo llevan en la ambulancia. Imagina que eres un guionista de cine y escribe otra escena para finalizar la película de una manera más definitiva. Ten en cuenta lo siguiente: ¿Muere Johnny? ¿Es encarcelado? ¿Lo ayuda su madre? ¿Es liberado por ser menor de edad?

3. Imagina que eres estudiante en la escuela secundaria de Johnny. Te hacen escribir una carta al director de un periódico para explicar por qué Johnny no debe ir a la cárcel y ofrecer soluciones alternativas para que se reintegre a la escuela y a la sociedad.

13-9. Tú eres el crítico

Debate los siguientes temas con la clase.

1. Comenta las siguientes hipótesis y explica tus razones:

   a. Si fueras Don Alfonso, ¿qué harías cuando llegan los asaltantes?

   b. Si fueras el periodista Manuel Mena Mendoza, ¿le darías la mochila de Johnny a la policía?

   c. Si fueras Johnny, ¿te entregarías a la policía como los demás asaltantes?

   d. Si fueras la madre de Johnny, ¿qué harías para ayudar a tu hijo?

2. En dos grupos debatan el papel de los medios de comunicación en la sociedad actual. Un grupo debe sostener que los medios reflejan la opinión de la gente; el otro debe argumentar que los medios manipulan a la gente y muestran una visión de la realidad que no es objetiva. Ambos grupos deben dar razones y ejemplos concretos para apoyar sus argumentos.

3. En dos grupos debatan cuál debe ser la función de las cárceles. Un grupo debe argumentar que las cárceles deben dedicarse sólo a castigar y disciplinar. El otro grupo tiene que defender la idea de que las cárceles deben reformar a los presos y deben tener programas que los ayuden a integrarse nuevamente en la sociedad. Ambos grupos deben dar razones para apoyar sus argumentos.

13-10. Tú eres el investigador

Busca información sobre los siguientes temas relacionados con la película. En grupos o individualmente presenta a la clase lo que aprendiste.

1. Investiga acerca de la economía de Chile en la actualidad. ¿Cuáles son los principales recursos económicos del país? ¿Qué productos exportan? ¿Qué importan? ¿Tiene Chile una economía estable? ¿Quiénes son los "*Chicago Boys*" y cuál es su importancia en el desarrollo de la economía chilena? ¿Cómo es la situación económica actual de Chile comparada con otros países de Sudamérica?

2. Investiga sobre Pedro Lemebel. Lee algunas de sus crónicas sobre los barrios marginales de Chile. ¿Qué personajes retrata Lemebel? ¿Qué piensa sobre la transición a la democracia en Chile?

3. Busca información en un periódico chileno (El Mercurio, El Mostrador, etc.) sobre alguno de los temas que se tratan en la película: la globalización, la influencia de los medios de comunicación, la pobreza, etc.

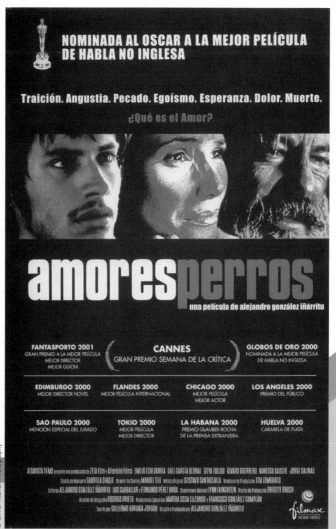

Sinopsis

Amores perros cuenta tres historias diferentes que terminan por unirse trágicamente a través de un accidente de tránsito. La Ciudad de México es el escenario en el que se cruzan las vidas de Octavio, un joven que planea fugarse con la esposa de su hermano; Daniel, un periodista que decide abandonar a su esposa para vivir con una modelo; y El Chivo, un ex–guerrillero que se ha convertido en asesino a sueldo.

Prepárate para ver la película

Un poco de historia: México: del tratado de libre comercio a la "crisis del tequila"

A pesar de contar con una estructura formalmente democrática, México fue gobernado por un único partido, el PRI (Partido Revolucionario Institucional), desde su formación durante la Revolución mexicana (1910–1920) hasta el último gobierno del presidente Ernesto Zedillo (2000). A partir de los años 80, especialmente con el gobierno de Carlos Salinas de Gortari (1988–1994), México emprendió un proceso de liberación de la economía y de modernización de las estructuras del Estado para afrontar la crisis financiera que experimentaba el país.

Este proceso culminó el 1º de enero de 1994 con la firma de un tratado de libre comercio con Canadá y Estados Unidos, NAFTA (*North American Free Trade Agreement*). Desde el comienzo mismo, el tratado generó en México fuertes protestas y dio lugar a la formación del Ejército Zapatista de Liberación Nacional (EZLN). Los zapatistas surgieron en el estado de Chiapas, uno de los estados mexicanos más ricos en recursos naturales y, a pesar de eso, uno de los que tiene más pobreza. Encabezado por el sub-comandante Marcos, el EZLN es un grupo de guerrilleros que lucha por los derechos de los indígenas mexicanos porque sostiene que NAFTA los excluye del proceso de globalización.

Además del surgimiento de los zapatistas en protesta por la firma de NAFTA, 1994 es también el año en el que se iniciaron varios conflictos relacionados con la implementación del proceso de globalización en México. El 23 de marzo de 1994, Luis Donaldo Colosio, el candidato a la presidencia del PRI, fue asesinado en un barrio marginal de Tijuana. Colosio defendía la democratización del PRI y la lucha por un proceso de integración más igualitario en los mercados mundiales en apoyo de los intereses de los indígenas. Las circunstancias de la muerte de Colosio no han sido todavía completamente aclaradas, el único culpable fue su asesino material, Mario Aburto, un obrero que entonces tenía 23 años. Sin embargo, una decena de libros escritos sobre el tema sugieren que el ex–presidente Carlos Salinas junto con algunas bandas de narcotraficantes tuvieron vínculos con el crimen.

En este clima de intensa violencia política, la economía mexicana sufrió un colapso en diciembre de 1994. En menos de un año de funcionamiento dentro de NAFTA, el peso mexicano se desplomó y dio lugar a una crisis económica —popularmente denominada "crisis del tequila"— que muchos economistas consideran la primera crisis financiera global. Como resultado de esta crisis, en los tres años siguientes la renta per cápita de México descendió un 3,22%, los salarios bajaron drásticamente y la moneda fue devaluada. Aunque las exportaciones en el sector manufacturero aumentaron, gran parte del trabajo fue realizado en maquiladoras bajo condiciones de explotación que favorecían sobre todo a las compañías transnacionales.

Todos estos factores, en particular la gran cantidad de gente que quedó fuera del proceso de globalización, han contribuido al alto índice de delincuencia de la Ciudad de México. La integración de México en los mercados globales, junto con la corrupción de buena parte de la clase política, generó un clima social en el que muchos fueron dejados atrás y acabaron incurriendo en el crimen o siendo víctimas de la violencia.

El director: Alejandro González Iñárritu

Alejandro González Iñárritu nació en la Ciudad de México el 15 de agosto de 1963. Estudió dirección teatral y cinematográfica en México y más tarde fue locutor de una de las radios de rock más famosas del país, WFM. De 1988 a 1990 se ocupó del programa televisivo "Magia Digital". Más tarde, en 1990 comenzó a trabajar para la cadena TELEVISA en el sector de creación.

A partir de su experiencia en la televisión y después de estudiar dirección cinematográfica en Los Ángeles, produjo su primera película para la televisión mexicana, **Detrás del dinero** (1995). En el 2000 dirigió finalmente su primera película para la gran pantalla, **Amores perros**, con gran éxito de crítica y público. **Amores perros** fue nominada al Oscar como mejor película en lengua extranjera y esto le permitió a Iñárritu realizar su segunda película en Estados Unidos, **21 Grams** (2003), con la participación de Benicio del Toro, Naomi Watts y Sean Penn.

El cine de González Iñárritu ha sido comparado en varias ocasiones con el de Quentin Tarantino, a causa de su inclinación a contar historias de manera no lineal y debido al uso en sus películas de la violencia gráfica. Más allá de las comparaciones que se puedan establecer, el cine de este joven director mexicano intenta observar la intrincada complejidad de las relaciones humanas y trasladarla a la gran pantalla.

Everett Collection

Alejandro González Iñárritu, director mexicano

Notas lingüísticas

Las siguientes palabras te servirán para comprender los diálogos de la película y podrás utilizarlas también en las actividades del capítulo.

Palabras útiles

atracar	asaltar con propósito de robo, generalmente en un lugar con mucha gente
apostar	arriesgar cierta cantidad de dinero en la creencia de que algo, como un juego, una competencia deportiva, etc., tendrá el resultado deseado; en el caso de acierto se recupera una cantidad de dinero

Palabras regionales

brother	(*inf.*) amigo
cabrón/ona	(*vulg.*) persona despreciable
chingada	(*vulg.*) expresión de sorpresa negativa
chingar	(*vulg.*) molestar, hacer daño
cuate	(*inf.*) amigo
escuincle	(*inf.*) niño/a
güey	(*inf.*) palabra usada para referirse a un amigo o compañero
lana	(*inf.*) dinero
no mames	(*vulg.*) no molestes
pendejo/a	(*inf.*, *vulg.*) tonto/a, estúpido/a
pinche	(*vulg.*) despreciable, malo/a
vieja	(*inf.*) madre

Cognados

agencia de publicidad	guerrillero/a	comandante
modelo		

Nota: El coloquialismo en el español de México

En la película se destacan muchas características coloquiales y, en cierto modo vulgares, del español mexicano contemporáneo. Este lenguaje es típico de los jóvenes mexicanos y se distingue por el uso frecuente de frases como "No mames, güey", "pinche güey" y "pinche cabrón". Los siguientes ejemplos están sacados de la película: "**Pinche** Susana, hijo, acabas de tener un hijo y ya piensas tener otro". "No te preocupes por Ramiro. Ese **güey** no se va a volver a meter con nosotros".

Predicciones y reflexiones

14-1. Anticipando los temas

Contesten las siguientes preguntas antes de ver la película.

1. Miren la portada y lean la sinopsis de la película. ¿Qué se ve en la portada? ¿Por qué piensan que la película se llama **Amores perros**?

2. En su opinión, ¿qué es el amor? ¿Han estado enamorados alguna vez? ¿Qué es lo bueno y qué es lo malo de estar enamorado? ¿En qué momentos puede el amor hacerle mal a una persona?

3. ¿Les gustan los perros? ¿Por qué? ¿Alguna vez han tenido un perro como mascota? ¿Cómo era su perro? ¿Era importante su perro para ustedes? ¿Qué cualidades se asocian con los perros? ¿Qué relaciones hay entre un perro y su amo? ¿Creen que hay una relación entre la personalidad de alguien y el perro que elige como mascota? ¿Por qué hay personas que maltratan a los perrros? ¿Qué indica esto sobre su personalidad?

4. ¿Por qué piensan que existe tanta violencia en el mundo? ¿Cuáles pueden ser algunas de las causas de que una persona sea violenta? ¿Piensan que la violencia es parte de la naturaleza humana? ¿Qué relación tiene el dinero con la violencia?

5. ¿Qué efectos positivos y negativos creen que ha tenido la globalización en México? ¿Qué relación política y económica hay entre México y otros países? ¿Creen que la globalización en México ha integrado a todos los mexicanos? ¿A quiénes piensan que incluye y excluye la globalización en México?

A simple vista

 14-2. La trama

Los ejercicios siguientes les servirán para analizar algunos de los eventos más importantes de la película.

1. La película está dividida en tres historias. Elijan los cuatro eventos más importantes de cada historia y ordénenlos cronológicamente.

Octavio y Susana:

1. _____
2. _____
3. _____
4. _____

Daniel y Valeria:

1. _____
2. _____
3. _____
4. _____

El Chivo y Maru:

1. _____
2. _____
3. _____
4. _____

2. El evento que une las tres partes de la película es el choque que se ve al comienzo. Completen el cuadro que sigue sobre este importante evento teniendo en cuenta lo siguiente:

Personaje: Nombre de cada personaje involucrado.

Motivo: ¿Por qué el personaje está en ese lugar?

Acontecimiento: ¿Qué le ocurrió al personaje en el accidente?

Impacto: ¿Cómo afectó este evento la vida del personaje?

Personaje	Motivo	Acontecimiento	Impacto

14-3. Los personajes

En el ejercicio siguiente vas a comentar con tus compañeros las características de los personajes de la película.

Octavio y Susana:

a. ¿Cómo es Susana? ¿Cuál es su ocupación? ¿Cómo es la relación de Susana con su marido, Ramiro?

b. ¿Cómo es Octavio? ¿Cuál es su ocupación? ¿Cómo es la relación de Octavio con su perro, Cofi?

c. ¿Cómo es la relación entre Ramiro y Octavio?

d. ¿Por qué piensas que Susana y Octavio comienzan una relación? ¿Piensas que se aman? ¿Por qué?

e. ¿Cómo evolucionan Susana y Octavio a través de la película? ¿Cuáles son sus transformaciones emocionales, mentales, etc. más importantes?

Daniel y Valeria:

a. ¿Cómo es Valeria? ¿Cuál es su ocupación? ¿Cómo es su relación con su perro, Richi?

b. ¿Qué aspectos de la vida de Valeria cambian después del accidente?

c. ¿Cómo es Daniel? ¿Cuál es su ocupación? ¿Cómo está constituida su familia? ¿Cómo es su relación con Valeria?

d. ¿Cómo cambia la relación entre Daniel y Valeria al irse a vivir juntos y después del accidente? ¿Cuáles son las transformaciones emocionales, físicas, mentales, etc. más importantes de Valeria y Daniel?

El Chivo y Maru:

a. ¿Cómo es el Chivo? ¿Cuál es su ocupación? ¿Cuál es la historia del Chivo? ¿Cómo es su relación con sus perros?

b. ¿Quién es Maru? ¿Qué hace Maru? ¿Cómo es la familia de Maru? ¿Cuál es la relación entre Maru y el Chivo?

c. ¿Cómo evoluciona el Chivo a través de la película? ¿Cuáles son sus transformaciones emocionales, mentales, etc. más importantes?

Gael García Bernal, actor mexicano

14-4. Imágenes

Piensa en ciertas imágenes de la película y responde las siguientes preguntas.

1. ¿Cómo es la casa de Susana, Octavio y Ramiro? ¿Cómo es el apartamento de Valeria y Daniel? ¿Cómo es la casa del Chivo? ¿Qué dicen estos lugares sobre la clase social de cada uno de estos personajes?

2. ¿Cómo es México? ¿Qué diferencias se observan entre las diferentes zonas de la Ciudad de México?

3. ¿Cómo se visten los diferentes personajes de la película? ¿Qué ropa usan Octavio y su amigo? ¿Cómo se visten Valeria y Daniel? ¿Cómo se viste el Chivo? ¿Por qué piensas que el Chivo se corta el pelo, se afeita y cambia de vestimenta al final de la película? ¿Qué simbolizan estas diferencias de vestimenta?

4. ¿Dónde está el Chivo al final de la película? ¿Cómo es ese lugar? ¿Qué colores predominan en el lugar? ¿Por qué piensas que la película termina con esa escena?

Lions Gate Films/Rodrigo Prieto/Album Archivo Fotografico, S.L.

14-5. Escenas y citas: ¿Quién lo dice y por qué?

Lee las siguientes citas de la película y escribe quién las dice. Luego, en parejas expliquen por qué los personajes dicen esto.

1. "Ay, señora, déme chance, mañana tengo examen final de mate. Si quiere yo le plancho hoy". _____

2. "Pinche Susana, hijo, acabas de tener un hijo y ya piensas tener otro". _____

3. "Ésta es mi empresa, no pago impuestos, no hay huelgas ni sindicatos, puro billete limpio". _____

4. "Güey, ya me diste un buen [una buena suma de dinero] como para vivir sin broncas por lo menos dos años". _____

5. "No te preocupes por Ramiro. Ese güey no se va a volver a meter con nosotros".

_____

6. "Éste es dinero bueno para que te vengas conmigo". _____

7. "Cuando yo llamaba sabías que era yo. ¿Quién llamó?" _____

8. "Eres un egoísta. Siempre has sido un egoísta". _____

9. "La basura deja, Leonardo [...] Mira, es un Citizen, me lo encontré en un bote".

_____

10. "Si no fuera por él, estarías muerto, cabrón". _____

Conexiones con el tema

 ## 14-6. Analizando la película

Utilicen las siguientes preguntas para hablar sobre el tema de la **globalización en el mundo hispano** en la película.

1. El choque de los coches al principio de la película es lo que une las tres historias de *Amores perros*. ¿Qué simboliza ese choque? ¿Cómo se relacionan las tres historias a través del choque? ¿Por qué piensan que el director une a través del choque tres historias que sería difícil unir de otra manera? Lean la sección **Un poco de historia** y traten de relacionar la violencia del choque con la historia de la globalización en México. ¿Piensan que el choque puede ser considerado una metáfora de la globalización? Expliquen sus respuestas.

2. Se podría decir que, por distintas razones, los personajes de *Amores perros* son un producto de la globalización. ¿Cómo participan en la economía Octavio, Ramiro y Susana? ¿De dónde viene su dinero? ¿Por qué Octavio hace pelear a su perro? ¿Cómo es el lugar donde pelean los perros y qué personas asisten al lugar? ¿Qué tipo de mercado es el de las peleas de perros? ¿Qué relación tiene ese mercado con otros mercados financieros? ¿Por qué Ramiro trabaja en un supermercado y a su vez roba diferentes tiendas? ¿De qué manera las acciones de Ramiro implican que está incluído y excluído de la globalización? ¿Qué papel desempeña Susana en la familia? ¿Qué tipo de mujer es? ¿Piensan que Susana es una mujer independiente? ¿Por qué?

3. ¿A qué clase social pertenecen Valeria y Daniel? ¿En qué trabajan? ¿Qué relación tiene su trabajo en los medios de comunicación con el mundo globalizado? ¿Qué cualidades de Valeria valora la sociedad? ¿Piensan que el cuerpo de Valeria es considerado una mercancía? ¿Por qué las agencias de publicidad cancelan su contrato después del accidente? ¿Es ésta una forma de exclusión?

4. El Chivo es un personaje con un proyecto de vida que ya no tiene lugar dentro de la globalización. Lean la siguiente cita en la que el Chivo le explica a su hija las razones de su ausencia durante muchos años. Luego contesten las preguntas que siguen.

Maru, mi amor, te habla Martín, papá, tu papá de sangre. Debes pensar que se trata de una broma absurda, sobre todo después de tantos años que me morí para ti. Pero no, soy un fantasma que sigue vivo. Cuando te dejé de ver acababas de cumplir dos años. Pero te juro que no ha pasado un solo día en que haya dejado de pensar en ti. La tarde en que me fui te abracé, te cargué, te pedí perdón por lo que iba a hacer, entonces, creía que había cosas más importantes que estar con tu madre y contigo. Quería componer el mundo para después compartirlo contigo. Te habrás dado cuenta de que fracasé. Acabé en la cárcel, convine con tu madre que te dijera que había muerto. Fue idea mía, no suya. Y juré que no te buscaría jamás. Pero no pude, me estaba muriendo más de lo muerto que ya estaba. Voy a regresar a buscarte cuando encuentre el valor para mirarte a los ojos. Te quiero mucho, m'hijita.

a. ¿Por qué decidió el Chivo dejar a su familia? ¿Por qué y cómo quería componer el mundo? ¿Por qué dice que fracasó en su intento de cambiar las cosas? ¿Qué diferencias piensan que hay entre el mundo que imaginó el Chivo y el mundo en el que vive ahora? ¿De qué manera piensan que la globalización afectó su fracaso? ¿Hay espacio en la globalización para proyectos revolucionarios como los del Chivo?

b. ¿Por qué fue a la cárcel el Chivo? ¿A qué se dedica ahora? ¿Por qué piensan que hace esto? ¿Cómo vive? ¿Piensan que le interesaría vivir de otra manera? ¿Piensan que le importa mucho el dinero? ¿Por qué dice que se estaba muriendo en vida? ¿Cómo lo ha transformado la historia del país? ¿Piensan que ha perdido sus ideales revolucionarios? ¿Piensan que convertirse en un asesino a sueldo es su única manera de poder integrarse en la sociedad actual?

c. ¿Por qué piensan que el Chivo le habla a su hija por medio de la contestadora? ¿Por qué le da dinero a su hija? ¿De dónde proviene ese dinero? ¿Piensan que el dinero es la mejor manera de reparar la relación con su hija? ¿Tenía el Chivo alguna otra opción para tratar de acercarse a su hija?

5. ¿Por qué la película se llama ***Amores perros***? ¿Qué simbolizan los perros en la película? ¿Qué similitudes hay entre Octavio, Valeria y el Chivo y sus perros? ¿Qué diferencias hay entre la relación que tienen Octavio, Valeria y el Chivo con sus perros?

6. ¿Qué formas de violencia se ven en la película? ¿Cuál es el origen de esta violencia? ¿Cuál es la relación entre esta violencia y la inserción de México en la globalización? ¿Qué papel juega el dinero en la producción de la violencia? ¿Qué relación hay entre el deseo y la violencia?

7. ¿Cómo es la relación entre Octavio y Ramiro? ¿Por qué piensan que es así la relación? ¿Por qué es tan difícil la relación entre estos hermanos? ¿Qué simboliza la violencia entre estos hermanos? ¿Piensan que este tipo de relación entre hermanos es resultado de una sociedad enferma?

8. Lean de nuevo el texto de Beatriz Sarlo del principio de la unidad (página 180) y contesten las siguientes preguntas. ¿Qué relación existe entre los contrastes que presenta Beatriz Sarlo y las historias de la película? ¿Cómo se relacionan los distintos personajes con la cultura del consumo y con la televisión? ¿Tienen todos el mismo acceso a la riqueza y a la educación? ¿Qué diferencias y semejanzas hay entre la Ciudad de México que muestra la película y la descripción de Argentina que hace Sarlo?

Más allá de la pantalla

14-7. Tú eres la estrella

Representen las siguientes situaciones. Traten de utilizar el vocabulario de la sección **Notas lingüísticas.**

1. Imaginen que Octavio decide finalmente irse a Ciudad Juárez y llama a Susana. En parejas, representen la conversación entre Susana y Octavio. Tengan en cuenta las siguientes preguntas. ¿Qué está haciendo Octavio en Juárez? ¿Cómo se siente al estar lejos de Susana? ¿Le pide a Susana que vaya a vivir con él? ¿Cómo reacciona Susana?

2. Imaginen que después de unos meses, el Chivo va a la casa de su hija y habla con ella sobre su historia. En parejas, representen la conversación entre el Chivo y su hija. Tengan en cuenta las siguientes preguntas. ¿Cómo le explica el Chivo a su hija su ausencia durante tantos años? ¿Cómo reacciona su hija? ¿Lo acepta como padre? ¿Lo perdona? ¿Qué planes tienen para el futuro?

3. Cada historia de *Amores perros* tiene un final abierto. Imaginen que se hace *Amores perros 2* y en grupos de tres estudiantes, elijan una de las tres historias de la película e interpreten la primera escena de la segunda parte de esa historia. Consideren las siguientes preguntas al preparar la escena. ¿Dónde y con quién viven los personajes? ¿Cómo es su vida? ¿Cómo son las relaciones entre ellos? ¿Qué ha cambiado en sus vidas?

14-8. Tú eres el escritor

Escribe sobre los siguientes temas.

1. En la película vemos tres historias, la de Susana y Octavio, la de Valeria y Daniel y la de el Chivo y Maru. Imagina que eres un guionista de cine y escribe un final diferente para cada una de las historias de la película.

2. Imagina que eres Maru y decides escribirle una carta a tu padre, el Chivo, después de que encuentras el mensaje y el dinero que tu padre te dejó. Incluye en la carta las preguntas que le haces a tu padre, explica tus sentimientos por él, aclara si aceptarás el dinero o no y si estás dispuesta a establecer una relación con él, etc.

3. Escribe una crítica de la película. Lee la información sobre Comentarios de películas en el **Apéndice 1** (páginas 239–240) antes de escribir.

14-9. Tú eres el crítico

Debate los siguientes temas con la clase.

1. Comenta las siguientes hipótesis y explica tus razones.

    a. Si fueras Octavio, ¿comenzarías una relación con la esposa de tu hermano?

    b. Si fueras Susana, ¿te irías con Octavio a Ciudad Juárez?

    c. Si fueras Daniel, ¿terminarías tu relación con Valeria después de que ella pierde una pierna?

    d. Si fueras el Chivo, ¿habrías dejado todo por la guerrilla?

    e. Si fueras el Chivo, ¿le hablarías a tu hija después de tanto tiempo?

2. En grupos de cuatro estudiantes hablen sobre la importancia del dinero en la película. ¿Están los personajes de la película obsesionados con el dinero? ¿Es el dinero el motivo que los lleva a traicionar a otros personajes y a involucrarse en actividades delictivas? ¿Por qué Octavio usa a su perro para conseguir dinero? ¿Le importa a Octavio que su perro resulte herido? ¿Cuál es el trabajo del Chivo y por qué piensan que se involucra en estas actividades? ¿Por qué Gustavo quiere matar a su medio hermano?

3. En dos grupos debatan el efecto de las compañías trasnacionales en los países del "tercer mundo" como México. Un grupo debe defender la idea de que estas compañías generan puestos de trabajo y ayudan a que la economía de estos países mejore. El otro grupo debe argumentar que las compañías se aprovechan de la pobreza que existe en esos países para ganar dinero.

4. Comenten la importancia que tienen los medios de comunicación en la formación de un ideal de belleza femenina. ¿Qué imagen de la mujer promueven las revistas, la televisión y el cine? ¿Qué aspectos de la mujer se valoran y cuáles no se tienen en cuenta? ¿Creen que el ideal de belleza que se presenta es alcanzable? ¿Creen que los medios de comunicación han convertido a la mujer en un objeto de consumo?

14-10. Tú eres el investigador

Busca información sobre los siguientes temas relacionados con la película. En grupos o individualmente presenta a la clase lo que aprendiste.

1. Piensa en la película *Los olvidados* de Luis Buñuel (Capítulo 10) y compara el México que se ve en esa película con el México que se ve en *Amores perros.* ¿Qué cosas eran diferentes y qué cosas similares? ¿En qué aspectos la Ciudad de México ha mejorado y en cuáles ha empeorado desde el año 1950?

2. La Ciudad de México es hoy la ciudad más poblada del mundo. Busca información sobre esta ciudad y sus problemas actuales. Concéntrate en los problemas sociales y económicos: por ejemplo, el crimen, la violencia, la corrupción y la pobreza.

3. Investiga qué es el Ejército Zapatista de Liberación Nacional (EZLN) y cuál es su posición con respecto a la globalización y al neoliberalismo. ¿Por qué se opone al tratado de libre comercio, NAFTA? ¿Cuál es su visión de los indígenas dentro de la globalización?

4. Investiga sobre la música *rap* en México, específicamente sobre el grupo Molotov. ¿De qué tratan sus canciones? ¿Qué visión ofrecen de la Ciudad de México y de los jóvenes mexicanos? ¿Qué visión tienen de los Estados Unidos? ¿Por qué muchas de sus canciones incluyen palabras en inglés?

Capítulo 15

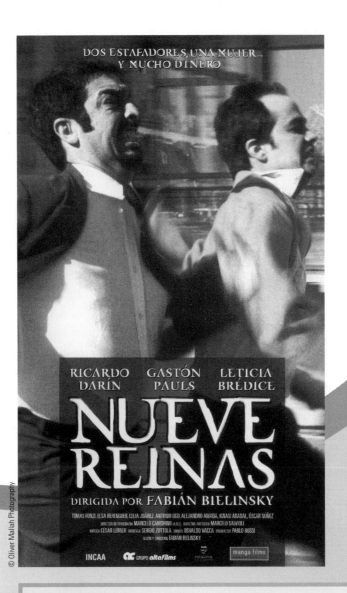

Sinopsis

La película cuenta la historia de Juan y Marcos, dos estafadores argentinos que inesperadamente tienen la oportunidad de su vida para hacerse millonarios. Durante un intenso día, los dos estafadores tratarán de vender una colección de estampillas falsas —las Nueve Reinas— a un empresario español y se verán involucrados en muchas situaciones que pondrán en peligro la posibilidad de conseguir el dinero que quieren.

Prepárate para ver la película

Un poco de historia: El origen de la deuda argentina y la crisis financiera de diciembre de 2001

La deuda externa argentina tiene su origen en las primeras reformas económicas realizadas durante el último gobierno militar (1976–1983). En 1976 el ministro de economía de la Junta Militar, Martínez de Hoz, emprendió toda una serie de medidas cuya función era liberalizar la economía y hacer desaparecer el Estado social. Estas políticas estaban destinadas a fortalecer la libre competencia y dinamizar la maltrecha economía argentina, pero tuvieron un efecto inverso: aumentaron la deuda externa, el desempleo y la pobreza.

El gobierno democrático de Raúl Alfonsín (1983–1989) heredó una deuda externa de 54.600 millones de dólares y además el Banco Central Argentino asumió la deuda que las empresas privadas habían contraído durante la dictadura. El gobierno de Alfonsín puso en marcha un plan económico (el Plan Austral) para tratar de solucionar los problemas de la economía argentina. El plan era un intento de reducir la deuda sin que el costo social fuera excesivamente alto, pero fracasó por la presión de las instituciones financieras internacionales que, a cambio de renegociar la deuda, exigían medidas liberalizadoras de la economía y recortes en el gasto social del Estado.

En los dos mandatos de Carlos Saúl Menem (1989–1999) se implementaron estas medidas liberalizadoras para atraer la inversión extranjera y solucionar el problema de la deuda. Durante el primer gobierno de Menem se completó la privatización de las empresas del Estado. Las primeras privatizaciones se llevaron a cabo en un tiempo récord y en medio de un clima de corrupción. Los beneficiarios de estas privatizaciones fueron principalmente empresas españolas (Telefónica, Iberia), que durante los años 90 desplazaron a Estados Unidos como primer inversor en Argentina.

Las privatizaciones produjeron una entrada de capital que, en un primer momento, solucionó la crisis fiscal del Estado. A las privatizaciones se añadió en 1991 la "ley de convertibilidad" del ministro de economía Domingo Cavallo. Esta ley equiparó el valor del peso, la moneda argentina, con el dólar. Esta medida consiguió reducir la inflación y atrajo la inversión extranjera. Sin embargo, al final del mandato de Menem, estas políticas resultaron tan ineficaces como las anteriores y la deuda externa llegó, según cifras oficiales, a 4,5 billones de dólares.

Cuando Fernando de la Rúa asumió la presidencia en 1999 descubrió que la deuda externa en realidad ascendía a 15 billones. Por otro lado, como consecuencia de las políticas de privatización, el desempleo había alcanzado un dramático 20%. Todas estas circunstancias hicieron que las protestas sociales aumentaran y que el Fondo Monetario Internacional presionara más a Argentina para que pagara la deuda. El gobierno argentino estaba atrapado entre la presión de los organismos financieros internacionales y la presión social de un país en el que el hambre y la pobreza habían aumentado considerablemente.

Ante la amenaza de que se produjera una masiva fuga de capitales, en diciembre de 2001, el gobierno decidió congelar las cuentas de ahorro personales en todos los bancos: medida que se conoce con el nombre de "corralito". Este congelamiento de las cuentas afectó principalmente a la clase media y, entre otras cosas, provocó la caída del sistema económico argentino. Las protestas populares y los saqueos de los supermercados provocados por el hambre, fueron reprimidos brutalmente por la policía, pero obligaron al presidente de la Rúa a huir en helicóptero de la Casa Rosada y posteriormente a dimitir. Tras la salida del presidente, el país quedó en una situación de alta inestabilidad económica, obligado a renegociar continuamente su deuda externa con el FMI (Fondo Monetario Internacional) y el Banco Mundial.

El director: Fabián Bielinsky

Fabián Bielinsky nació en Argentina en 1959 y dirigió su primer cortometraje en 1972 cuando tenía sólo 13 años. El cortometraje era una adaptación de "Continuidad de los parques", un cuento de Julio Cortázar en el que la víctima resulta ser el lector del mismo cuento. Años más tarde se graduó del Instituto Nacional de Cinematografía en Argentina. Su segundo cortometraje fue **La espera**, adaptado de un cuento con el mismo título de Jorge Luis Borges.

En estos cuentos, se encuentran algunos de los elementos que forman parte del cine de Fabián Bielinsky como el gusto por intrigas complicadas, el suspenso y los finales sorprendentes. Antes de realizar su primera película, **Nueve Reinas** (2000), Bielinsky trabajó como asistente de dirección y como profesor en el Instituto Nacional de Cinematografía además de realizar más de cuatrocientos anuncios publicitarios.

Durante más de dos años Bielinsky trató de buscar sin éxito un productor para **Nueve Reinas**. Finalmente, en 1998 se decidió a participar en un concurso de guiones cinematográficos organizado por Patagonik Film Group y su trabajo fue elegido entre 350 participantes. **Nueve Reinas** se estrenó en el año 2000 y recibió 7 premios de la Asociación Nacional de Críticos Cinematográficos Argentinos además de varios otros premios internacionales.

Silvio Benitez/Photofest

Fabián Bielinsky, director argentino

Notas lingüísticas

Las siguientes palabras te servirán para comprender los diálogos de la película y podrás utilizarlas también en las actividades del capítulo.

Palabras útiles

estafar	pedir o sacarle a alguien dinero o cosas de valor por medio de engaños y con la intención de no devolver o pagar lo pedido o sacado
estampilla	pequeño trozo de papel que se pone en un sobre o paquete para enviarlo por correo
huésped	persona que se aloja en un hotel
sello	estampilla
truco	trampa que se utiliza para lograr un fin

Palabras regionales

boludo/a	(*vulg.*) estúpido/a
cana	(*inf.*) policía
chorro/a	(*inf.*) ladrón/ona, criminal
cuento	(*inf.*) narración, generalmente oral, que se le hace a una persona para engañarla
filo	(*inf.*) ladrón, criminal
guita	(*inf.*) dinero
laburo	(*inf.*) trabajo
mina	(*inf.*) chica, muchacha
palo	(*inf.*) millón
pelotudo	(*vulg.*) estúpido
plata	(*inf.*) dinero
rata	(*inf.*) persona despreciable
tipo/a	(*des.*) hombre/mujer

Nota: El yeísmo, el voseo, el uso del che y el lunfardo en Argentina

1. El yeísmo es un fenómeno que ocurre en Argentina y en Uruguay. Se refiere a la pronunciación de Y (por ejemplo en la palabra **ayuda**) y Ll (por ejemplo en la palabra **gallego**) con el sonido de /sh/ en la palabra *English*.

2. **Vos** se usa en varios países de Latinoamérica (Guatemala, Honduras, El Salvador, Argentina, Uruguay) en lugar del pronombre **tú**. La conjugación del verbo es similar a la de la forma **vosotros**, pero con variaciones en la acentuación y otras características particulares. El ejemplo siguiente está sacado de la película: "No, **vos** no. **Vos quedáte** ahí". "**Vos** no podrías sobrevivir".

3. **Che** es una expresión informal similar a **oye** que es utilizada muy frecuentemente en Argentina,

Uruguay y partes de Bolivia para llamar la atención de alguien. El ejemplo siguiente está sacado de la película: "**Che**, muy emotivo, Sandler, todo esto, pero ¿qué querías?"

4. En la película se distinguen muchos usos del lunfardo, un dialecto hablado en Argentina que incluye palabras españolas, italianas, francesas, portuguesas, inglesas, así como de lenguas indígenas. Ejemplos de palabras del lunfardo son: *laburo* para referirse a *trabajo*, *guita* para referirse a *dinero* y *cana* para referirse a la *policía*. Otra característica del lunfardo es la alteración del orden de las sílabas, por ejemplo *jermu* es *mujer* y *jovie* es *viejo*. Los ejemplos siguientes están sacados de la película: "Mirá, escucháme necesito la **guita**". "Yo **laburo** solo".

Predicciones y reflexiones

15-1. Anticipando los temas

Contesten las siguientes preguntas antes de ver la película.

1. Miren la portada y lean la sinopsis de la película. ¿Qué se ve en la portada? ¿Por qué piensan que la película se llama *Nueve Reinas*?

2. ¿Qué objetos suele coleccionar la gente? ¿Qué objetos son más comúnmente coleccionados? ¿Qué valor monetario tienen las colecciones? ¿Han coleccionado algo alguna vez? ¿Qué? ¿Piensan que algunas personas pueden obsesionarse con la colección de algo?

3. ¿Es segura la ciudad donde viven? ¿Los han robado o estafado alguna vez? ¿Qué les sacaron? ¿Dónde les robaron? ¿Piensan que podrían haber evitado que les robaran?

4. ¿Qué estarían dispuestos a hacer por dinero? ¿Serían capaces de engañar a su familia o a sus amigos por dinero? ¿Qué es para ustedes más importante que el dinero? ¿Por qué piensan que el dinero es tan importante para algunas personas?

A simple vista

 ## 15-2. La trama

Los ejercicios siguientes les servirán para analizar algunos de los eventos más importantes de la película.

1. En la película Marcos y Juan están dispuestos a hacer cualquier cosa para conseguir las Nueve Reinas y venderlas. A continuación se enumeran los problemas que tuvieron para realizar su negocio. Lee los problemas e indica qué hicieron Marcos y Juan para resolver cada uno.

Problema	Solución creativa
Marcos y Juan deben conseguir la copia de las Nueve Reinas de la esposa de Sandler, el antiguo compañero de Marcos.	*Juan le hace creer a la esposa de Sandler que su familia es de Entre Ríos y que está relacionada con la familia de Sandler.*
Marcos y Juan tienen que ponerse en contacto con Vidal Gandolfo para concretar la venta.	
Dos motociclistas les roban las Nueve Reinas falsas a Marcos y a Juan.	
Marcos y Juan necesitan 250.000 dólares para comprar las Nueve Reinas auténticas.	
Vidal Gandolfo pide que Valeria, la hermana de Marcos, pase la noche con él como parte del trato de la venta de las Nueve Reinas.	
Vidal Gandolfo paga los 400.000 dólares por las Nueve Reinas con un cheque.	

2. Contesten las siguientes preguntas sobre el final de la película.

a. ¿Dónde está Juan en la última escena de la película?

b. ¿Quiénes están en ese lugar y qué están haciendo?

c. ¿Qué se descubre al final de la película acerca de Juan y Valeria?

d. ¿Quién piensan que inventó la historia de las Nueve Reinas y por qué?

e. ¿Les sorprendió el final de la película? ¿Por qué?

Marcos, Juan y Valeria en una escena de la película

15-3. Los personajes

En el ejercicio siguiente vas a comentar con tus compañeros las características de los personajes de la película.

Vas a realizar una encuesta sobre los personajes de la película. Elige uno de los personajes. Recorre la clase y pregunta a tus compañeros cuáles son las características que mejor definen a ese personaje y por qué. Utiliza el vocabulario de abajo y anota las respuestas en el cuadro de resultados. Antes de hacer la encuesta ponte de acuerdo con tus compañeros para no elegir el mismo personaje.

Ejemplo: *8 estudiantes piensan que Marcos es una persona lista.*

Resultado: *La mayoría de la clase piensa que Marcos es listo, porque ...*

divertido/a	mentiroso/a	egoísta	corrupto/a	ambicioso/a	irresponsable
arrogante	materialista	serio/a	honesto/a	deshonesto/a	manipulador/a
ingenioso/a	inteligente	trabajador/a	responsable	sociable	independiente
listo/a	talentoso/a	emprendedor/a	creativo/a	exitoso/a	

Marcos
listo _____
_____
_____
_____

Juan
_____
_____
_____
_____

Valeria
_____
_____
_____
_____

Vidal Gandolfo
_____
_____
_____
_____

Resultados de la encuesta

La mayoría de la clase piensa que

Marcos es _____

Juan es _____

Valeria es _____

Vidal Gandolfo es _____

15-4. Imágenes

Piensa en ciertas imágenes de la película y responde las siguientes preguntas.

1. ¿Cómo es Buenos Aires? ¿Cómo son las calles de Buenos Aires? ¿Cómo son los edificios? ¿Hay mucha gente y mucho tráfico en las calles? ¿Te parece una ciudad moderna?

2. ¿Dónde tiene lugar la primera escena de la película? ¿Qué sucede en esta escena? ¿A qué hora del día ocurre esto?

3. ¿Cómo se visten Juan y Marcos? ¿Parecen ladrones? ¿Por qué?

4. ¿Cómo es el hotel donde trabaja Valeria? ¿Cómo son los huéspedes del hotel?

5. ¿Qué sucede al final de la película? ¿Qué pasa en el banco? ¿Qué hace la gente? ¿Por qué?

15-5. Escenas y citas: ¿Quién lo dice y por qué?

Lee las siguientes citas de la película y escribe quién las dice. Luego, en parejas expliquen por qué los personajes dicen esto.

1. "*Crunchy*. Elaborado en Grecia. Este país se va a la mierda". _____

2. "Cuidá el maletín, la valija, la puerta, la ventana, el auto, cuidá los ahorros..."

_____

3. "¿Cuántas veces te pedí que no te metas ni con el hotel ni con los pasajeros, que hagas tus asuntos en otra parte?" _____

4. "Yo te aseguro que te mato si me pierdo esto por tu culpa". _____

5. "Estas cosas pasan, hermano, es una oportunidad, una sola, una en un millón en toda tu vida, nos está tocando a vos y a mí ahora acá, es una en un millón".

_____

6. "Yo ya cometí los errores, no hace falta que vos los cometas de nuevo". _____

_____

7. "Estoy a punto de cerrar un negocio fantástico con tu hermano, os voy a hacer ricos". _____

8. "No hay santos, lo que hay son tarifas diferentes". _____

9. "¡Un cheque! [...] ¿Cómo le aceptás un cheque?" _____

10. "Somos diferentes vos y yo". _____

Conexiones con el tema

 ## 15-6. Analizando la película

Utilicen las siguientes preguntas para hablar sobre el tema de la *globalización en el mundo hispano* en la película.

1. Marcos y Juan son estafadores profesionales. ¿Por qué piensan que se dedican a estafar? ¿Qué motivos tiene Marcos para hacerlo? ¿Qué motivos tiene Juan? ¿Piensan que Juan tiene una posición más ética que Marcos? Según Marcos, la ciudad de Buenos Aires está llena de ladrones, estafadores, etc., ¿piensan que hay alguna relación entre la crisis de la economía argentina y la existencia de estafadores? Lean la sección **Un poco de historia** para justificar sus respuestas.

2. ¿Qué tipos de relaciones se establecen en la película? ¿Qué efecto produce el dinero en las relaciones que se dan entre los personajes? ¿Piensan que el dinero deshumaniza las relaciones? ¿Quién está engañando a quién por dinero?

3. ¿Cómo estafó Marcos a sus hermanos? ¿Qué explicación le da a su hermano menor sobre esto? ¿Piensan que es ético el plan de Valeria y Juan para recuperar el dinero de la herencia y sacar al padre de Juan de la cárcel? ¿Por qué?

4. Una escena importante de la película es la primera conversación que tienen Marcos y Juan con Vidal Gandolfo acerca de las Nueve Reinas. Lean el diálogo y contesten las preguntas que siguen.

Vidal Gandolfo: [...] Tú le dijiste al policía que tenías algo para vender, un negocio, legal según tus palabras, y por lo que escuché de la conversación telefónica quizá pudiera interesarme.

Marcos: ¿Usted quién es?

Vidal Gandolfo: Si lo que tienes para ofrecer es lo que yo creo ...

Marcos: Perdón, ¿usted quién es?

Vidal Gandolfo: La persona que te indicaron, la que viniste a buscar.

Marcos: Mire, yo no tengo nada para vender ni le pedí ningún favor [...]

Vidal Gandofo: ¡Vaya profesionales! [a sus ayudantes] ¿Entendéis cretinos cómo se hacen estas cosas? Si tú tuvieras algo para venderme seguramente llamarías a mi puerta como un vendedor de enciclopedias, pero si fueras un porteño listo intentarías que yo me interesara, buscarías la forma de que yo te buscara a ti y no al revés. [...]

Marcos: No sé de que está hablando. [...]

Vidal Gandolfo: Bueno, hombre, no seas pesado; ya está, terminó la función, estáis frente a mí, te estoy escuchando. ¿Quieres ofrecerme algo? Pues, hazlo ya o vete a la mierda que me queda poco tiempo y muchas cosas por disponer.

(Marcos le muestra las Nueve Reinas)

> **Vidal Gandolfo:** ¿Tú tienes esto? ¿Y de dónde lo sacaste?
>
> **Juan:** Me las dejó mi abuelo a mí poco antes de morir. A él se las vendió un alemán que conoció en un barco. Las pagó siete pesos [...]
>
> **Marcos:** ¿Le interesa?
>
> **Vidal Gandolfo:** No me apresures.
>
> **Marcos:** No, como tiene tan poco tiempo y tantas cosas por disponer ...
>
> **Vidal Gandolfo:** Quizá quiera comprarlas. [....] No tengo mucho tiempo. Lamentablemente tengo que abandonar vuestra ciudad mañana por la mañana. [...] Y creédme voy a extrañar este país, nunca he visto tan buena disposición para los negocios ...

a. ¿Cómo consigue Marcos que Vidal Gandolfo se interese en las Nueve Reinas? ¿Cómo reacciona Vidal Gandolfo ante esta manera de hacer negocios? ¿Cómo trata Vidal Gandolfo a Marcos y a Juan? ¿Por qué Marcos finge no conocerlo? ¿Por qué Vidal Gandolfo les dice que no necesitan seguir fingiendo y que "la función ha terminado"? ¿Piensan que Vidal Gandolfo también está fingiendo?

b. ¿Cómo es Vidal Gandolfo? ¿De dónde es? ¿Cómo son los empleados que tiene? ¿Son empleados verdaderos? ¿Por qué piensan que se tiene que ir del país? ¿Por qué están triturando los papeles en la habitación del hotel antes de irse? ¿Qué imagen de los empresarios españoles pretende mostrar la película con estas acciones?

c. Lean la sección **Un poco de historia**, ¿qué papel jugaron las compañías españolas en la economía argentina de los años 90? ¿Por qué piensan que el posible comprador de las Nueve Reinas es español? ¿Por qué dice el empresario que Argentina tiene buena disposición para los negocios?

d. ¿Por qué la película se llama *Nueve Reinas*? ¿Qué son las Nueve Reinas? ¿Qué valor tienen? ¿Tienen valor real? ¿Son útiles las Nueve Reinas? ¿Por qué son especiales? ¿Por qué hay gente que está dispuesta a pagar mucho dinero por ellas? Las Nueve Reinas son una carta de póquer, ¿cuál es la relación entre el juego y el mercado global? ¿Qué importancia tiene el azar en el funcionamiento de los mercados globales?

5. ¿Qué es lo que se descubre al final de la película? ¿Por qué es creíble la historia que inventaron Juan, Valeria y los demás personajes para engañar a Marcos? ¿Qué relación hay entre la ficción creada por Juan y Valeria y la realidad de Argentina? ¿Qué importancia tiene el dinero en el plan de Juan y Valeria?

6. ¿Cómo le pagan a Marcos por las Nueve Reinas? ¿Por qué Marcos no confía en ese modo de pago? ¿Qué sucede cuando Marcos va al banco a cobrar el dinero de la venta de las Nueve Reinas? ¿Qué está haciendo la gente? ¿Cómo reacciona Marcos ante lo que está sucediendo? Mira la sección **Un poco de historia**, ¿qué similitudes hay entre la crisis de diciembre de 2001 y lo que sucede en el banco en la película? ¿Quién le roba a Marcos realmente? Comparen los delitos de Marcos con lo que sucede en el banco al final de la película, ¿qué piensan que es más grave, las estafas de Marcos o las del banco?

Más allá de la pantalla

15-7. Tú eres la estrella

Representen las siguientes situaciones. Traten de utilizar el vocabulario de la sección **Notas lingüísticas.**

1. Imaginen que después de un tiempo Marcos se entera de que ha sido engañado con el plan de las Nueve Reinas. En grupos de cuatro estudiantes representen una conversación entre Marcos, Valeria, Juan y otro de los personajes de la película después de que Marcos descubre la verdad. Al planear la conversación, tengan en cuenta las siguientes preguntas. ¿Cómo reacciona Marcos? ¿Pide que le devuelvan su dinero? ¿Tiene una reacción violenta? ¿Cómo reaccionan Valeria y Juan? ¿Qué explicación usan para justificar su plan? ¿Se sienten mal por lo que hicieron o piensan que fue lo más justo para recuperar el dinero de Valeria y su hermano menor?

2. Imaginen que se hace un juicio a Marcos por quedarse con la herencia de la venta de la casa de sus abuelos. Representen el juicio. Cada uno tendrá un papel diferente: Marcos, Valeria, Diego, el juez, el abogado defensor, el fiscal, jurado y testigos. El abogado defensor y el fiscal elegirán a los testigos y planearán sus argumentos. Consideren las expresiones para usar en los juicios del **Apéndice 3** (páginas 243–244).

3. Imaginen que Marcos y su familia son invitados a un programa de entrevistas como "El show de Cristina" para hablar de sus problemas, el engaño de Marcos respecto a la herencia de sus abuelos y la historia de las Nueve Reinas. Representen el programa de televisión. Un/a estudiante será el/la presentador/a del programa y planeará sus preguntas. Los otros estudiantes serán Marcos, Valeria, Diego, Juan y algunos de los otros personajes de la película. El resto de la clase será la audiencia. Cada personaje debe responder las preguntas del/la presentador/a o de la audiencia y dar su opinión sobre los hechos.

15-8. Tú eres el escritor

Escribe sobre los siguientes temas.

1. Describe y analiza el problema de la inseguridad y de los robos en la ciudad de Buenos Aires en un artículo para un periódico. Incluye ejemplos de estafas y robos de la película y ejemplos de casos reales que encuentres en periódicos de Argentina en Internet (*La Nación, Clarín, Página 12*, etc.).

2. Piensa en los dichos "El fin justifica los medios" y "Quien roba a un ladrón tiene cien años de perdón". Escribe un ensayo argumentativo a favor o en contra de lo que hacen Juan y Valeria con Marcos. ¿Piensas que su fin justifica los medios? ¿Es éticamente aceptado lo que le hacen a Marcos?

3. Lee la siguiente crítica de la película y escribe un ensayo como respuesta. Explica si estás a favor o en contra de los argumentos del autor de la crítica, y da tu punto de vista.

"Lo propuesto por Belinsky en el filme es un vigoroso ejercicio de estilo construido en torno al engaño. Sin el menor ánimo de profundizar en las razones que les impulsan a ello, absolutamente todos los personajes del filme mienten en algún momento de la proyección. Mentiras que van entrelazándose y que dan, como resultado, de manera inconsciente, una venenosa radiografía de la sociedad porteña, donde en cualquier momento el estafador puede convertirse en estafado. Y es que, tal y como se dice en la película, "putos no faltan, lo que faltan son inversores".

(adaptado de Francisco Javier Pulido, *Ladrones como nosotros.*)

15-9. Tú eres el crítico

Debate los siguientes temas con la clase.

1. Comenta las siguientes hipótesis y explica tus razones:

a. Si fueras Marcos, ¿le pedirías a Juan que trabaje contigo?

b. Si fueras Juan, ¿aceptarías la oferta de Marcos de trabajar con él por un día?

c. Si fueras Juan, ¿empezarías a estafar en las calles para ayudar a tu padre?

d. Si fueras Valeria, ¿le harías un juicio a tu hermano Marcos por haberse quedado con el dinero de la herencia de los abuelos?

e. Si fueras Valeria, ¿llevarías a cabo el plan de las Nueve Reinas con Juan para recuperar el dinero con el que se quedó Marcos?

f. Si fueras Marcos, ¿te involucrarías en el negocio de las Nueve Reinas?

2. Hablen sobre la corrupción política y social en Argentina. Tengan en cuenta las siguientes preguntas. ¿Qué ejemplos de corrupción se observan en la película? ¿Quién es corrupto en la película y quién no? ¿Por qué? Según lo que leyeron en **Un poco de historia**, ¿qué casos de corrupción se produjeron en la política argentina, especialmente durante la presidencia de Carlos Saúl Menem? ¿Por qué piensan que existe tanta corrupción en la política? ¿Qué factores influyen en la corrupción política? ¿Piensan que la corrupción es un problema específico de los países del llamado tercer mundo? ¿Existe corrupción en los países donde viven ustedes? ¿Qué ejemplos de corrupción conocen en sus países?

3. En dos grupos hagan un debate sobre la privatización de empresas por parte del gobierno. Un grupo debe estar a favor de la privatización y el otro debe estar a favor de que el Estado sea responsable de los servicios básicos (luz, agua, teléfono, etc.). Ambos grupos deben dar razones para apoyar sus argumentos.

15-10. Tú eres el investigador

Busca información sobre los siguientes temas relacionados con la película. En grupos o individualmente presenta a la clase lo que aprendiste.

1. Busca información sobre las privatizaciones en Argentina durante los años 90. ¿Fueron las privatizaciones beneficiosas para el país? ¿Qué papel tuvo España en estas privatizaciones? ¿Qué efecto tuvieron las privatizaciones en la población de Argentina?

2. Busca más información sobre la caída de la economía argentina en diciembre del 2001. ¿Cómo era la moneda de Argentina antes del 2001? ¿Qué ocurrió con la moneda después? ¿Qué sectores de la sociedad fueron los más afectados? ¿Qué influencia tuvo la caída de la economía en el porcentaje de la emigración argentina a otros países?

3. ¿Cómo es la economía actual de Argentina? ¿Cuáles son los problemas más graves que enfrenta el país en este momento?

Sinopsis

Julia, una mujer de unos cuarenta años, trabaja temporalmente en una agencia inmobiliaria de Madrid. Un día decide quedarse en uno de los apartamentos que están en venta y descubre una importante suma de dinero en el apartamento de un vecino que acaba de morir. La película cuenta las complicadas relaciones de Julia con los vecinos de la comunidad cuando ella decide quedarse con el dinero.

Prepárate para ver la película

Un poco de historia: La globalización en España a través de la integración en la Unión Europea

A partir del fin de la dictadura en 1975, España inició un rápido proceso de integración en la Unión Europea. En 1981 España entró a formar parte de la OTAN (Organización del Tratado del Atlántico Norte) a pesar de las protestas de algunos sectores de la población. En 1982 el PSOE (Partido Socialista Español) ganó las elecciones con mayoría absoluta y posteriormente, en 1986, celebró un referéndum para ratificar la entrada de España en la OTAN. Según los líderes del Partido Socialista, la integración de España en la OTAN era una condición indispensable para que el país fuera aceptado en la Unión Europea. Finalmente, en 1986 España entró a formar parte de la entonces llamada CEE (Comunidad Económica Europea).

A partir de la victoria del Partido Socialista, España inició un rápido proceso de modernización cuyo objetivo era hacer que la economía española se pusiera al nivel de los países más desarrollados de Europa. Durante los primeros años del gobierno socialista, el país emprendió distintas medidas liberalizadoras para atraer la inversión extranjera. Como resultado de estas medidas la economía española creció de forma estable acercándose al nivel del resto de los países europeos. Como parte de este proceso de integración europea y modernización, en 1992 España gastó 10.000 millones de dólares en la celebración de los Juegos Olímpicos de Barcelona, en la Exposición Universal de Sevilla y en los eventos relacionados con la designación de Madrid como capital europea de la cultura.

Las celebraciones de 1992 vinieron acompañadas de una fuerte inversión en infraestructuras. Por ejemplo, entre 1985 y 1992 España duplicó la cantidad de dinero invertida en la construcción de autopistas, que llegaron a extenderse por 7.000 kilómetros y construyó un tren de alta velocidad (AVE) entre Madrid y Sevilla. A principios de los años 90 también se liberalizó el sector de las comunicaciones audiovisuales y España pasó de tener dos canales de televisión públicos a tener cinco en una primera fase y muchos más después, con la aparición de las cadenas digitales. El país se transformó a un ritmo vertiginoso a pesar del desarrollo desigual entre regiones y de la persistencia del desempleo, que en 1994 se mantenía todavía en un 22% de la población activa.

En 1993 España implementó las políticas económicas acordadas con el resto de los países europeos en la firma del Tratado de Maastricht. El objetivo de este tratado era facilitar la integración económica mediante la creación de un mercado y una moneda únicos. La primera fase del tratado requería que todos los países controlaran e igualaran el déficit público, la inflación, los tipos de interés y el tipo de cambio. Sin embargo, no formaban parte central del tratado ni el control del desempleo ni la redistribución de la riqueza. En el año 2003 se llegó a la última fase del Tratado de Maastricht: la adopción del Euro como moneda oficial.

La integración de España en la Unión Europea fue, sin duda, uno de los factores que contribuyeron a que el país se convirtiera en el primer inversor extranjero en Latinoamérica y desplazara así a Estados Unidos. Sin embargo, con la incorporación a la Unión Europea han persistido algunos problemas y se han creado otros nuevos. Por ejemplo, en 1994 el gobierno autorizó la creación de Empresas de Trabajo Temporal (ETT). Estas empresas han contribuido a hacer descender los niveles de desempleo, pero los trabajos que ofrecen no están bien pagados y no dan ninguna protección al trabajador. Con el desarrrollo económico, han surgido también actitudes racistas hacia los trabajadores indocumentados y se ha generado una cultura del consumo que muchas veces produce apatía social y comportamientos individualistas y antisolidarios.

El director: Alex de la Iglesia

Joan Vidal/Album Archivo Fotografico, S.L.

Alex de la Iglesia, director español

Alex de la Iglesia nació en Bilbao en 1965 y asistió a la Universidad de Deusto donde estudió filosofía. Durante sus años de estudiante trabajó como dibujante de cómics y comenzó a interesarse por el cine. En 1991 trabajó con Enrique Urbizu en la realización de *Todo por la pasta*. A partir de ese momento su carrera avanzó a ritmo vertiginoso. En 1993 la productora "El Deseo" de Pedro Almodóvar decidió financiar su primera película, *Acción mutante,* una comedia de ciencia ficción en la que un grupo de discapacitados se rebelan contra la estética de la belleza. Esta película tuvo un éxito relativo de público y fue duramente cuestionada por la crítica cinematográfica.

Su primer éxito de crítica y público llegó con *El día de la bestia* (1995), una comedia de acción satánica por la que recibió seis premios Goya. En 1997 se trasladó a Hollywood para adaptar al cine una novela de Barry Gifford, *Perdita Durango*, con la participación de Rosie Pérez en el reparto. Posteriormente realizó *La comunidad* (2000) por la que recibió tres premios Goya. *800 balas* (2002), su última película, es una parodia y a la vez un homenaje a las películas del oeste (*western*) de bajo presupuesto rodadas en España.

En todas sus películas la cultura popular (el cómic, la ciencia ficción, el cine de aventuras, etc.) es un elemento central que se mezcla con la actualidad de la cultura española. Alex de la Iglesia forma parte, junto con Juanma Bajo Ulloa y Julio Medem, de una generación de directores de cine jóvenes que han cambiado la manera de hacer cine en España.

Notas lingüísticas

Las siguientes palabras te servirán para comprender los diálogos de la película y podrás utilizarlas también en las actividades del capítulo.

Palabras útiles

Dinero

avaro/a	persona que desea tener muchas riquezas y no compartirlas
duro	cinco pesetas
no tener donde caerse muerto	(*inf.*) no tener dinero
peseta	moneda española que en la actualidad está fuera de circulación
tesoro	dinero y/o cosas valiosas que se guardan

Otras palabras

esconder	ocultar algo en un lugar secreto
gotera	filtración de agua a través del techo

Palabras regionales

cojonudo	(*vulg.*, *inf.*) excelente, fantástico
coño	(*vulg.*) expresión que se usa para mostrar asombro o enfado
gilipollas	(*vulg.*) tonto
quiniela	En España, apuesta en la que los jugadores predicen el resultado de los partidos de fútbol o de las carreras de caballos
pela	(*inf.*) peseta
piso	apartamento
vale	(*inf.*) expresión que se usa para expresar acuerdo; en forma de pregunta sirve para asegurarse de que el interlocutor ha entendido el mensaje o está de acuerdo

Cognados

referéndum	(trabajo) temporario

Nota: El uso de vosotros y el coloquialismo en el español de España

1. **Vosotros** es la segunda persona del plural y se utiliza para dirigirse informalmente a un grupo de personas. Es una de las marcas lingüísticas más reconocibles del español hablado en la mayor parte de España. En los demás países hispanohablantes se utiliza la forma **ustedes** en lugar de **vosotros**. El español peninsular utiliza la forma **ustedes** para dirigirse formalmente a un grupo de personas. El ejemplo siguiente está sacado de la película: "**Vosotros** cubanos **os pasáis** de educados". En Latinoamérica se diría:

Ustedes cubanos **se pasan** de educados.

2. En la película se escuchan muchas palabras y expresiones coloquiales del español de España, entre las cuales hay algunas consideradas vulgares. Este lenguaje se distingue por el uso frecuente de frases como "vale," "gilipollas," "cojonudo" y "coño." Los siguientes ejemplos están sacados de la película: "¿Quién **coño** es el administrador?" "Sí, es **cojonudo**." "¡Ay, no puedo! ¿**Vale**?"

Predicciones y reflexiones

16-1. Anticipando los temas

Contesten las siguientes preguntas antes de ver la película.

1. Miren la portada y lean la sinopsis de la película. ¿Qué se ve en la portada? ¿Quiénes piensan que son las personas que se ven allí? ¿Por qué piensan que la película se llama **La comunidad**?

2. ¿Pertenecen a alguna comunidad? ¿Qué tipo de comunidad? ¿Cuáles son los valores que comparten con esa comunidad? ¿Qué tipo de objetivos tiene la comunidad? ¿Qué actividades comparten con la comunidad?

3. ¿Conocen a sus vecinos? ¿Quiénes son y cómo son? ¿Tienen una buena relación con ellos? ¿Cómo piensan que es la relación entre vecinos en los países del mundo hispano?

4. ¿Es común que la gente juegue a la lotería en su país? ¿Por qué piensan que la gente juega? ¿Conocen a alguien que haya ganado la lotería? ¿Qué hizo con el dinero? ¿Juegan ustedes a la lotería? ¿Han ganado alguna vez? ¿Qué hicieron con el dinero?

5. ¿Cómo piensan que se siente una persona que gana mucho dinero en algún juego? ¿Cómo piensan que reaccionan las personas que lo/la rodean? ¿Qué influencia tiene el dinero en las relaciones interpersonales?

A simple vista

16-2. La trama

Completa el cuadro siguiente teniendo en cuenta las consecuencias de los hechos más importantes de la película.

Evento	Consecuencia
El señor del quinto piso del edificio gana la quiniela. →	*Los vecinos planean sacarle el dinero.*
El vecino se encierra en su apartamento y no sale nunca. →	
Julia muestra el apartamento para alquilar y le gusta mucho. →	
Hay una gotera en el apartamento donde está Julia. →	
Julia se queda con la billetera del señor del quinto piso. →	
Los vecinos se enteran de que Julia tiene el dinero. →	
El administrador del edificio, Enrique, vuelve de sus vacaciones. →	
Julia quiere escapar del edificio con el dinero. →	
Charly ayuda a Julia a escapar. →	
Los vecinos persiguen a Julia por los tejados para conseguir el dinero. →	
Charly se queda con todo el dinero. →	

16-3. Los personajes

En los siguientes ejercicios vas a comentar con tus compañeros las características de los personajes de la película y las relaciones que se establecen entre ellos.

1. Piensa en los siguientes personajes y describe su personalidad. Usa eventos de la película para explicar tus respuestas.

Julia:

_____

_____

_____

_____

Ricardo, el esposo de Julia:

_____

_____

_____

_____

Enrique, el administrador del edificio:

_____

_____

_____

_____

Charly, Darth Vader:

_____

_____

_____

_____

Los vecinos:

_____

_____

_____

_____

2. La película se llama *La comunidad*. La comunidad son los vecinos del edificio. Contesta las siguientes preguntas sobre la relación que hay entre ellos.

a. ¿Cómo es la relación entre los vecinos?

b. ¿En qué está basada esta relación? ¿Piensas que es una relación honesta? ¿Por qué?

c. ¿Qué importancia tiene Enrique en mantener la relación entre los vecinos?

d. ¿De qué manera Julia interfiere en la comunidad?

16-4. Imágenes

Piensa en ciertas imágenes de la película y responde las siguientes preguntas.

1. ¿Cómo es el edificio donde tiene lugar la historia? ¿Qué diferencias hay entre el interior del edificio y el resto de la ciudad? ¿Cómo es el apartamento que Julia ofrece en alquiler? ¿Hay mucha diferencia entre este apartamento y los demás del edificio? ¿Cómo reacciona Julia al ver el apartamento por primera vez?

2. ¿En qué estado se encuentra el apartamento al que entran los bomberos? ¿Qué encuentran los bomberos en el apartamento? ¿Qué objetos hay en el apartamento? ¿Qué hay de valor escondido en el lugar y dónde está?

3. ¿Cómo son los vecinos del edificio? ¿Te parecen normales? ¿Cómo se viste Charly? ¿Por qué se viste de esa manera? ¿Cómo lo trata su madre? ¿Cómo es Osvaldo, el cubano? ¿Cómo es la fiesta en su apartamento? ¿Qué diferencias hay entre Julia y los vecinos?

4. ¿Cómo son las imágenes al final de la película cuando los personajes están en los tejados de Madrid? ¿Son imágenes dramáticas, trágicas o cómicas? ¿Piensas que esto podría suceder en la vida real?

16-5. Escenas y citas: ¿Quién lo dice y por qué?

Lee las siguientes citas de la película y escribe quién las dice. Luego, en parejas expliquen por qué los personajes dicen esto.

1. "Fíjense, siempre que lo enseño me pasa lo mismo, me dan ganas de quedármelo yo". _____

2. "Yo no hice nada para que me echaran, Julia te lo he dicho mil veces, fue un reajuste de plantilla". _____

3. "Me estás diciendo que me echaron de mi trabajo después de 7 años porque sobraba". _____

LOLAFILMS/Album Archivo Fotografico, S.L.

Julia (Carmen Maura) en una escena de la película

4. "Puedo no gastarme un duro y vivir el resto de mi vida de los intereses". _____

5. "¿Sabes por qué no quiero quedarme en este piso? Porque es exactamente lo que no vamos a tener nunca". _____

6. "Siempre nos ha interesado mucho el bien común, el interés que todos tenemos por el edificio. Algunos hemos vivido aquí siempre". _____

7. "¿Qué cree que le pasó al ingeniero? No aceptó las normas de la comunidad". _____

8. "¿Sabes el esfuerzo que he tenido que hacer para poner de acuerdo a toda esta gente? He rechazado trabajos, trabajos muy bien pagados sólo para no alejarme de esta casa". _____

9. "Tranquila mujer, que no pasa nada, me haré el tonto como siempre, confía en mí, ¿vale?". _____

10. "Quería estar seguro de que no eras como mi madre". _____

Conexiones con el tema

 ## 16-6. Analizando la película

Utilicen las siguientes preguntas para hablar sobre el tema de la *globalización* en la película.

1. ¿Qué es una comunidad? ¿Qué elementos le dan unidad a una comunidad? ¿Qué valores unen a los miembros de la comunidad de la película? ¿Qué objetivos piensan que tienen los miembros de esta comunidad? ¿Piensan que todos los miembros de la comunidad de la película tienen el mismo poder? ¿Qué diferencias y semejanzas hay entre la comunidad de la película y otros tipos de comunidades?

2. ¿Qué relación tiene el vecino del quinto piso con la comunidad? ¿Cómo consiguió él el dinero? ¿Qué hizo después de conseguir el dinero? ¿Por qué no quería salir de su apartamento? ¿Por qué hizo un plano del escondite donde estaba su tesoro?

3. ¿Cómo murió y qué estaba haciendo cuando murió? ¿Por qué murió solo? ¿Es común en la sociedad actual que la gente muera en soledad? ¿Por qué estaba aislado de la comunidad? ¿Piensan que la globalización es un modo de unir a la gente o una forma de aislarla?

4. ¿Quiénes son los excluídos de la comunidad en la película? ¿Por qué no son aceptados? ¿Cómo se relaciona Julia con el resto de los vecinos del edificio? ¿Piensan que Julia tiene los mismo objetivos que el resto de la comunidad? ¿Qué tipo de mujer es Julia? ¿Qué cosas le interesan? ¿Qué tipo de trabajo tiene ella? ¿Piensan que le importa mucho perder su trabajo? ¿Por qué? ¿Cómo reacciona Julia al encontrar el dinero? ¿Cómo cambia su vida a partir de ese momento?

5. ¿Qué relación tiene Emilio con la comunidad? ¿Dónde estaba Emilio cuando Julia encontró el dinero? ¿Cómo afectó esta ausencia al plan de la comunidad? ¿En qué trabaja Emilio? ¿Qué relación tenía Emilio con el muerto? ¿Por qué piensa Emilio que tiene derecho al dinero?

6. Uno de los momentos más importantes de la película es cuando Emilio confronta a Julia en su apartamento para averiguar dónde está el dinero. Lean la conversación entre ellos y contesten las preguntas que siguen.

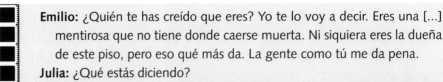

Emilio: ¿Quién te has creído que eres? Yo te lo voy a decir. Eres una […] mentirosa que no tiene donde caerse muerta. Ni siquiera eres la dueña de este piso, pero eso qué más da. La gente como tú me da pena.

Julia: ¿Qué estás diciendo?

Emilio: No te hagas ahora la tonta, sabes perfectamente de qué estoy hablando. Sóis todos iguales. Sólo pensáis en vosotros mismos. Seguro que tampoco tienes familia, que también eso es mentira. Claro, vosotros

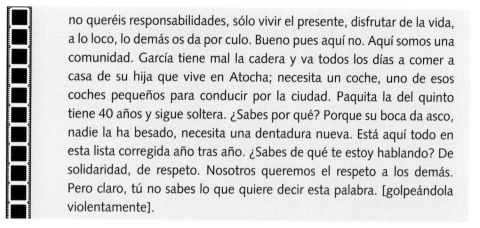

no queréis responsabilidades, sólo vivir el presente, disfrutar de la vida, a lo loco, lo demás os da por culo. Bueno pues aquí no. Aquí somos una comunidad. García tiene mal la cadera y va todos los días a comer a casa de su hija que vive en Atocha; necesita un coche, uno de esos coches pequeños para conducir por la ciudad. Paquita la del quinto tiene 40 años y sigue soltera. ¿Sabes por qué? Porque su boca da asco, nadie la ha besado, necesita una dentadura nueva. Está aquí todo en esta lista corregida año tras año. ¿Sabes de qué te estoy hablando? De solidaridad, de respeto. Nosotros queremos el respeto a los demás. Pero claro, tú no sabes lo que quiere decir esta palabra. [golpeándola violentamente].

a. ¿Cómo iban a usar el dinero los miembros de la comunidad? ¿Por qué Emilio era el encargado de guardar y reformar cada año la lista con los deseos de los miembros de la comunidad? ¿Piensan que estos deseos son un lujo o una necesidad? ¿Por qué?

b. ¿Con qué valores quiere justificar Emilio la recuperación del dinero? ¿Piensan que la comunidad tiene realmente estos valores? ¿Respeta Emilio realmente a Julia y a los otros miembros de la comunidad? ¿Existe solidaridad entre los miembros de la comunidad? ¿Piensan que Emilio es honesto?

c. ¿Qué actitud tiene Emilio hacia Julia? Por qué le dice a Julia que no tiene donde caerse muerta? ¿Es verdad esto? ¿Por qué reacciona él de manera violenta? ¿Qué contraste hay entre la violencia que emplea Emilio y los valores de los que habla?

d. Emilio Gutiérrez Caba, el actor que representa el papel de Emilio, es uno de los actores que hizo más películas durante la dictadura de Franco en España. ¿Por qué piensan que el director eligió a este actor para representar el papel de administrador de la comunidad? ¿Piensan que Emilio representa la continuidad de la violencia de la dictadura en el presente? ¿Por qué? Lean de nuevo el texto de Verdú del comienzo de la unidad (pág. 181), ¿qué relación hay entre la desaparición de la historia en la globalización y el papel que desarrolla Emilio en la película? ¿Piensan que Emilio representa una parte de la historia de España que la globalización ha tratado de ocultar bajo la imagen de modernidad? ¿De qué manera?

7. ¿Qué aspectos de la película muestran que España es una sociedad de consumo? ¿Qué desea la gente en una sociedad de consumo? ¿Qué está dispuesta a hacer para conseguir lo que quiere? ¿Pueden Julia y su marido conseguir lo que quieren con los trabajos que tienen? ¿Es la inseguridad laboral resultado de la globalización? ¿Están Julia y su marido excluidos de la comunidad española?

8. ¿Qué tipo de cultura ha generado la globalización? ¿Piensan que la globalización ha generado una cultura solidaria o individualista?

9. ¿Cómo termina la película? ¿Es un final paródico? ¿Qué papel juega Darth Vader en el desenlace de la historia? ¿Cómo termina la comunidad? ¿Qué tiene la maleta por la que se pelean los miembros de la comunidad? ¿Cuál es la ironía de esto? ¿Quién se queda con el dinero? ¿Qué sucede cuando se reúnen Julia y Darth Vader al final de la película? ¿Qué implica que ellos repartan el dinero? ¿Qué tipo de mensaje tiene el final de la película?

Más allá de la pantalla

16-7. Tú eres la estrella

Representen las siguientes situaciones. Traten de utilizar el vocabulario de la sección **Notas lingüísticas.**

1. La película termina cuando Julia y Charly se encuentran en un bar de Madrid. Representen la conversación entre ellos después de la última escena de la película. ¿De qué hablan? ¿Qué van a hacer con el dinero? ¿Se quedarán en Madrid? ¿Qué planes tienen? ¿Se quedarán juntos?

2. Representen la conversación entre Julia y su esposo Ricardo la primera vez que se encuentran después de lo ocurrido en el edificio. ¿Qué le cuestiona Ricardo a Julia? ¿Piensan que él aprueba la decisión de ella de pelear por el dinero? ¿Cómo justifica Julia su comportamiento? ¿Seguirá su relación?

3. Imaginen que el marido de Julia y la madre de Charly deciden llevar a Julia y a Charly a un programa de televisión como "El Show de Cristina" para reclamarles parte del dinero. Un estudiante será el presentador del programa de televisión, otros representarán a Ricardo, Julia, Charly y su madre; el resto de la clase será la audiencia. Los miembros de la audiencia también pueden participar en el programa y dar su opinión sobre el caso.

16-8. Tú eres el escritor

Escribe sobre los siguientes temas.

1. Al final de la película aparece en un periódico de Madrid la noticia de lo sucedido bajo el título: "Vecinos se matan por dinero que no existe". Escribe el artículo contando el caso, el plan de los vecinos para conseguir el dinero, el papel de Julia en lo ocurrido y el final de la historia. Incluye testimonios de los vecinos.

2. Imagina que eres Charly y que después de un par de meses le escribes una carta a tu madre. Ten en cuenta las siguientes preguntas. ¿Dónde estás? ¿Cón quién estás? ¿Qué estás haciendo? ¿Compartes el dinero con tu madre? ¿Cuáles son tus planes para el futuro?

16-9. Tú eres el crítico

Debate con la clase los siguientes temas.

1. Comenta las siguientes hipótesis y explica tus razones:

a. Si fueras Julia, ¿te quedarías en el apartamento que estás ofreciendo en alquiler?

b. Si fueras Emilio, ¿organizarías un plan para obtener el dinero?

c. Si vivieras en el edificio, ¿participarías en el plan de los vecinos?

d. Si fueras Julia, ¿harías tantas cosas para quedarte con el dinero?

e. Si fueras Charly, ¿compartirías el dinero con Julia?

2. Discutan sobre la importancia del dinero en el mundo actual. ¿Qué importancia tiene el dinero en la vida de las personas? ¿Piensan que el dinero tiene mayor importancia en algunos países que en otros? ¿Por qué? ¿Qué está dispuesta a hacer la gente por dinero? ¿Qué cosas materiales quiere tener la gente comúnmente? ¿Piensan que mucha gente está obsesionada con el dinero? ¿Por qué? ¿Piensan que el dinero es un factor importante para decidir lo que las personas estudian o en dónde trabajan?

3. Discutan sobre las implicaciones sociales y culturales de la globalización. ¿Piensan que la globalización ha contribuído a romper las fronteras entre culturas? ¿Creen que la globalización económica ha hecho que los pueblos estén más en contacto? ¿Piensan que la globalización une comunidades o las separa? ¿Qué tipo de cultura ha creado la globalización? ¿Existe un sentido de comunidad en el mundo global? ¿Es la globalización simplemente la extensión de la cultura estadounidense al resto del planeta? ¿Cómo afecta la globalización a las personas de distintas culturas? ¿Cómo se manifiesta la globalización en la vida cotidiana?

16-10. Tú eres el investigador

Busca información sobre los siguientes temas relacionados con la película. En grupos o individualmente presenta a la clase lo que aprendiste.

1. Busca un artículo en algún periódico de España relacionado con algún aspecto de la Unión Europea, presenta un resumen del artículo a la clase y da tu opinión.

2. Lee el libro de Robert Louis Stevenson, *La isla del tesoro*, y piensa qué elementos de la novela usa el director de **La comunidad** para elaborar la trama de su película.

3. Mira la película **El día de la bestia** y presta atención al papel que juegan los medios de comunicación y el racismo en la película. Después piensa en la importancia que tienen el dinero y la corrupción del concepto de comunidad en **La comunidad**. ¿Qué visión de la globalización en España muestra el director en estas dos películas? Busca ejemplos en las dos películas que justifiquen tu opinión.

Otras películas sobre el tema de
la globalización

El día de la bestia. Alex de la Iglesia (España, 1995)

El padre Berriartua, un profesor de teología de la Universidad de Deusto, descubre estudiando la Biblia que el Anticristo va a nacer en Madrid durante la navidad de 1995. En esa ciudad, el padre Berriartua se asocia con José María, un fanático de la música *Heavy metal*, y con el profesor Cavan, presentador de un programa de la televisión basura. Juntos recorren las calles de Madrid en busca del Anticristo para derrotar a las fuerzas del mal. La película es un comentario sobre los aspectos más sórdidos de la sociedad española de los años 90: el racismo, el espectáculo de la televisión basura, la violencia contra los inmigrantes, etc.

Y tu mamá también. Alfonso Cuarón (México, 2001)

Julio y Tenoch, dos adolescentes de la Ciudad de México, conocen a Luisa, una española de veintiocho años con la que hacen un viaje a una playa imaginaria que llaman "Boca del cielo". Durante el viaje los dos amigos pierden la inocencia, inician sus primeras relaciones de adultos y se despiden de su mundo de adolescentes. El viaje sirve además como recorrido por la historia y la geografía de un país militarizado y atravesado por contradicciones.

El hijo de la novia. Juan José Campanella (Argentina, 2001)

Rafael Belvedere, el protagonista de esta película, es el dueño de un restaurante que pasa por la crisis de los cuarenta. Está divorciado, no tiene suficiente tiempo para dedicarle a su novia ni a su hija y, para colmo, su padre quiere que lo ayude a realizar el sueño de su vida: casarse con su mujer que está enferma de Alzheimer. Todos estos acontecimientos le provocan un infarto a Rafael, que al final de la película decide vender el restaurante familiar a una cadena de restaurantes italianos. La crisis de Rafael sirve al director para realizar un comentario sobre la profunda crisis que atraviesa Argentina.

Los lunes al sol. Fernando León (España, 2002)

Esta película cuenta la historia de un grupo de desempleados que se reúne todos los días en el bar de Rico para hablar de sus vidas, de sus esperanzas y frustraciones. La historia tiene lugar al final de la reconversión industrial en España, cuando Santa y sus amigos pierden sus trabajos por el cierre de los astilleros de Vigo. Para estos obreros desempleados y ya adultos no es fácil encontrar nuevos trabajos, por eso pasan casi todos los días entre la inactividad y la frustración.

Apéndice 1

Comentarios de películas*

Cuando se hace la crítica de una película se supone que el lector no la ha visto. En el comentario se resumen los aspectos principales de la trama sin contar el final, y se sitúa la película en un contexto cultural, social y/o histórico para que el lector comprenda mejor los temas principales.

Género y organización: Generalmente las críticas de películas contienen lo siguiente.

1. **Ficha técnica:** dirección, guión, producción, género, reparto, premios, etc. Por ejemplo:

   La Historia Oficial (Comentario por Frances Diaz, Carnegie Mellon University)
   Argentina (1985)
   Director: Luis Puenzo
   Reparto: Norma Aleandro, Héctor Alterio, Chunchuna Villafañe, María Luisa Robledo
   Premios: Oscar a mejor película extranjera (1986)

2. **Introducción:** Presentación de la película con comentarios generales sobre los temas principales para atraer la atención de la audiencia. Por ejemplo:

   Hoy día, es difícil asistir a una clase de historia nivel universitario sin escuchar a alguien decir la frase "los ganadores son los que escriben la historia". Esta frase sugiere que la historia que aparece en los libros muestra sólo uno de los posibles puntos de vista —el punto de vista de los que ganaron, no de los que perdieron. La Historia Oficial, dirigida por Luis Puenzo, es una de las primeras películas producidas en Argentina después de la caída de la dictadura que trata este tema. La película, que recibió el Oscar a la mejor película extranjera en 1986, explora valientemente la realidad política y social de la Argentina y plantea el tema de cómo se construye la historia. [...]

*Puedes encontrar más comentarios de películas en la página de Internet del libro.

3. **Resumen:** Narración de los eventos principales en tiempo presente sin contar el final. Por ejemplo:

   La película está ambientada justo antes de la caída de la dictadura, cuando arrecía la lucha por los derechos civiles. La película enfoca la vida de Alicia, interpretada por Norma Aleandro. [...] La película termina en una escena explosiva que deja muchas preguntas no resueltas.

4. **Crítica:** Comentarios sobre los temas principales de la película, la trama, el director, la actuación, la cinematografía, el sonido, etc. Se hace referencia a los protagonistas, a los eventos y a escenas específicas de la película. Por ejemplo:

   a. *Es difícil encontrar defectos en la película. Realmente, es una película muy bien escrita, dirigida e interpretada.*

   b. *La película es: emotiva, intensa, trágica, humorística, realista, capaz de llegar a todos los espectadores, decepcionante, una historia delirante, mediocre ...*

   c. *Producción: sensacional calidad de imagen, defectos/deficiencias en el sonido ...*

   d. *A través de la película, el director muestra ...*

   e. *Otros temas importantes que aparecen en la película son ...*

   f. *Esto se nota al principio de la película ...*

   g. *Los diálogos son ...*

   h. *No hay nada que destacar sobre esta película. Es realmente mediocre en todos los sentidos ...*

   i. *Otra escena muy interesante de la película tiene lugar cuando ...*

   j. *Fue una buena decisión en la creación de la película dejar el final abierto porque ...*

5. **Conclusión:** Comentarios finales sobre la película dirigidos implícita o explícitamente a la audiencia para recomendar o no la película. Por ejemplo:

   a. *La película inspira a la audiencia a pensar ...*

   b. *Vale la pena / No vale la pena ver la película porque ...*

   c. *Es una película que no se debe perder.*

Apéndice 2

Expresiones de opinión

Para expresar tu opinión*

Pienso que ...	*I think that*
Creo que ...	*I think that*
En mi opinión ...	*In my opinion*
Me parece interesante, absurdo ...	*It seems interesting, absurd (silly) ... to me*
Prefiero ...	*I prefer*
Es verdad que ...	*It's true that*

*Estas expresiones llevan indicativo cuando son afirmativas y subjuntivo cuando son negativas. Por ejemplo: **Pienso** que la película **es** muy interesante. **No me parece** que la película **sea** muy buena.

Más expresiones para expresar tu opinión*

Me parece bien/mal que ...	*It seems good/bad to me that*
Es bueno/malo que ...	*It's good/bad that*
Está bien que ...	*It's O.K. that*
Es necesario que ...	*It's necessary that*
Es normal que ...	*It's normal that*
Es peligroso que ...	*It's dangerous that*
Me alegro de que ...	*I'm happy that*
Es una lástima que ...	*It's a pity that*
Espero que ...	*I hope that*
Dudo que ...	*I doubt that*

*Todas estas expresiones llevan subjuntivo.

Para reaccionar a las opiniones de otros

(No) Estoy de acuerdo	*I (dis)agree*
(No) Tienes razón	*You are (not) right*
Por supuesto	*Of course*
Absolutamente	*Absolutely*
Yo también / A mí también	*Me too*
Yo tampoco / A mí tampoco	*Me neither*
No comprendo lo que estás diciendo	*I don't understand what you are saying*
No comprendo tu idea/argumento/razón	*I don't understand your idea/argument/reason*
¿Tienes alguna razón para decir eso?	*Do you have any reason to say that?*
¿Qué evidencia tienes ...?	*What evidence do you have...?*

Para preguntar opiniones

¿Qué crees / piensas / opinas ...?	*What do you think ...?*
¿Qué te parece?	*What do you think ...?*
¿Qué opinas al respecto?	*What is your opinion about this?*
¿Tienes algo que agregar ...?	*Do you have anything to add?*

Apéndice 3

Expresiones para usar en juicios

Participantes

abogado/a	*lawyer; attorney*
abogado/a defensor/a	*defense attorney*
acusado/a	*defendant*
demandante	*plaintiff*
fiscal	*prosecutor*
juez/a	*judge*
miembros del jurado	*members of the jury*
testigo	*witness*

Durante el juicio

¡Pido la palabra!	*I request the floor.*
Tiene la palabra.	*You have the floor.*
¡Protesto!	*Objection!/I object*
Ha lugar	*Sustained* [refers to an objection]
No ha lugar	*Overruled* [refers to an objection]
Presente al testigo.	*Present your witness.*

Condenas

condenado a cadena perpetua	*sentenced to life imprisonment*
culpable	*guilty*
inocente	*not guilty*
orden de deportación	*deportation order*
se le impone una multa de XX $	*You are levied a fine of $XX*
sentenciado a XX años en prisión	*sentenced to XX years in prison*

tiene libertad condicional	*You are on probation*
tiene libertad bajo fianza	*You are free on bond*

Otras palabras útiles

alegar	*to allege*
apelar	*to appeal*
arrestar	*to arrest*
atestiguar	*to testify*
cometer un delito	*to commit a crime/an offense*
demandar	*to sue*
detener	*to detain*
fianza	*bail*
juicio	*trial*
prestar juramento	*take an oath*
sentenciar	*to sentence*

Apéndice 4

Vocabulario cinematográfico

el actor/la actriz	persona que actúa en una película
banda sonora	la música y los efectos sonoros que acompañan a una película
cineasta	persona relacionada con la realización de una película
cortometraje o "corto"	película de menos de 30 minutos de duración
desenlace	momento en el que se resuelve la trama de una película
efectos especiales	conjunto de técnicas sonoras, mecánicas y visuales destinadas a reproducir el ambiente que requiere una película
elenco	grupo de actores y actrices que participan en una película
fotograma	cada una de las imágenes que tiene una película
fundido	transición entre planos visuales en la que desaparece una imagen progresivamente hasta que la pantalla se queda completamente oscura
guión	texto de los diálogos y las situaciones de una película con indicaciones para su realización
el/la guionista	persona que escribe un guión
interpretar	actuar en una película
el/la intérprete	persona que actúa en una película
largometraje	película de más de 60 minutos de duración
melodrama	género de cine que presenta situaciones sumamente sentimentales y patéticas
pantalla	lugar donde se proyecta la película
plano	conjunto de imágenes filmadas sin interrupción

plató	escenario donde generalmente se filman las escenas interiores de una película
reparto	lista con los nombres de todos los actores que participan en una película
rodar/el rodaje	filmar una película, acto de filmar la película
secuencia	grupo de planos y escenas que forman parte de una unidad de acción, similar a un capítulo de una novela
títulos de crédito	rótulos que aparecen al principio y al final de la película con los nombres de las personas que participan
trama	acciones que forman la historia de una película
voz en *off*	voz de una persona (generalmente un/a narrador/a) que no está en la escena en ese momento

Cognados

cámara	comedia
el/la director/a	escena
escena retrospectiva o *flashback*	espectador
el/la protagonista	

Index

Las palabras y frases en negrita están en las **Notas Lingüísticas** de los diferentes capítulos y en los apéndices.

A

abogado/a, 243
abogado/a defensor/a, 243
Abuelas de Plaza de Mayo, 42
Aburto, Mario, 197
Acción mutante, 226
actor, 245
actriz, 245
acusado/a, 243
afeminado, 151
aimara, 57
Alaska, 165
Aleandro, Norma, 239, 240
alegar, 244
Alemán, Miguel, 135
Alfonsín, Raúl, 31, 93, 211
Algunos que vivieron, 32
All about Eve, 177
Allende, Salvador, 183
Almendros, Néstor, 149, 162
Almodóvar, Pedro, 165, 166, 177, 226
almuerzo lezamiano, 152
Alterio, Héctor, 239
alternancia de código, 82
Amanece que no es poco, 6
amenaza, 47
ametralladora, 47
Amnesia, 58
amo, 125
Amores perros, 196–209
El ángel exterminador, 136
Antes que anochezca (Arenas), 149, 162
Anzaldúa, Gloria, 62, 79
apelar, 244
apostar, 199
Aranoa, Fernando León de, 178
Arbenz, Juan Jacobo, 19, 29, 65
El árbol de Guernica, 20
Arenas, Reinaldo, 117, 149, 162
Arévalo, Juan José, 19
Argentina, 59
    dictadura militar en, 58
    globalización en, 180, 237
    inmigración y exilio en, 93
    privatizaciones en, 223
    represión en, 31
    situación económica en, 104, 211
    y política del terror, 123, 133
Arguedas, José María, 57
Argueta, Luis, 20
Aristarain, Adolfo, 94
Arjona, Ricardo, 73
Arrabal, Fernando, 20
arrepentirse, 125
arrestar, 244
Articulario: Desexilio y perplejidades: Reflexiones desde el Sur (Benedetti), 62–63
asaltante, 185
Así en el cielo como en la tierra, 6
asimilación de /r/ y /l/, 109, 152
aspiración de /s/, 109, 152
ateo, 7
atestiguar, 244
atracar, 199
atraco, 185
avaro/a, 227
Aviador Dro, 165
Ayacucho, Perú, 45
Aylwin, Patricio, 183
Azaña, Manuel, 5

B

balsa, 109
balsero/a, 109
bananera, 21
Banco Mundial, 211
banda, 109
banda sonora, 245
Barrio, 178
Batista, Fulgencio, 149
Bayly, Jaime, 46
beca, 81
Bechis, Marco, 58
Belaúnde Terry, Fernando, 45
Bemberg, María Luisa, 124, 133
Benedetti, Mario, 62
Bielinsky, Fabián, 212
bilingüismo, 82, 91
La boca del lobo, 44–57
boca del lobo, 47
Bollaín, Icíar, 118
bollera, 167
boludo/a, 95, 213
Borderlands/La Frontera (Anzaldúa), 62
Borges, Jorge Luis, 212
borrarse, 95
El bosque animado, 6
Brasil, 178
Bread and Roses, 78–89
Broken Silence, 32
brother, 199
Buñuel, Luis, 135, 136, 209

C

caballitos, 137
caballo, 167
cabo, 47
cabrón/ona, 81, 199
caerse muerto, 227
Camada negra, 108
cambio de /r/ a /l/, 109, 152
Camila, 122–133
Campanella, Juan José, 237
Camus, Albert, 32
cana, 95, 213
Canadá, 197
carabinero, 185
Cárdenas, Lázaro, 135
carnet de identidad, 152
Carranza, Venustiano, 135
Casa de las Américas, 149
Castillo Armas, 19, 65
Castro, Fidel, 107, 117, 149
Cavallo, Domingo, 211
CEDA (Confederación Española de Derechas Autónomas), 5
CEE (Comunidad Económica Europea), 225
celibato, 125
Center for Immigration Studies, 79
Central Intelligence Agency (CIA), 65
chamaco/a, 137
chamba, 137
chambear, 137
chavales, 7
Chávez, César, 79, 91

che, 34, 96, 214
chela, 47
Chiapas, México, 197
"Chicago Boys", 195
chico/a, 151, 152
Chile, 58, 59, 183, 195
chingada, 81, 199
chingar, 199
cholo/a, 47
chorro/a, 213
Chuspi, Perú, 45
ciego/a, 137
cine, vocabulario de, 245–246
cineasta, 245
Ciudad de Dios, 147, 178
Ciudad de México, 209
La ciudad y los perros, 46
clase media, 95
coger, 95
cojonudo, 227
cojudeces, 47
cojudo/a, 47
collar, 67
Collect Call, 20
Colombia, 118, 178
coloquialismo, 199, 228
Colosio, Luis Donaldo, 197
comadre, 67
comentarios de películas, 239–240
cometer un delito, 244
comisaría, 185
Comisión Nacional de los
    Desaparecidos (CONADE), 42
compadre, 152
compañero/a, 109
La comunidad, 224–236
Comunidad Económica Europea
    (CEE), 225
comunismo, 19
CONADE (Comisión Nacional de los
    Desaparecidos), 42
condenado a cadena perpetua, 243
Conducta impropia, 149, 162
Confederación Española de Derechas
    Autónomas (CEDA), 5
confesión, 125
coño, 7, 152, 167, 227
conserje, 185
"Continuidad de los parques"
    (Cortázar), 212
contrarrevolucionario/a, 151
El corazón del bosque, 108
*Corre, Rocker: Crónica personal de los
    ochenta* (Méndez), 177
correccional de menores, 137
Cortázar, Julio, 93, 104, 212
"corto", 245

cortometraje, 245
Cosas que dejé en La Habana, 106–117
El costo del algodón, 20
coyote, 67, 81
creyente, 152
criollo, 125
"crisis del tequila", 197
críticas de películas, 239–240
Cruz, Celia, 117
Cuarón, Alfonso, 237
cuate, 199
Cuba, 107, 149
cuento, 213
Cuerda, José Luis, 6
culpable, 243
cura, 7, 125

D
Dalí, Salvador, 136, 147
dar bola, 95
dar palo, 7
De eso no se habla, 124
Del Toro, Benicio, 198
demandante, 243
demandar, 244
Demonios en el jardín, 108
desaparecido, 33
descarado/a, 152
desenlace, 245
*Después de la lluvia: Sobre la ambigua
    modernidad española* (Subirats), 2
desubicado/a, 95
detener; 244
Detrás del dinero, 198
El día de la bestia, 226, 236, 237
diablo, 125
Diaz, Frances, 239
Díaz, Porfirio, 135
Díaz-Quiñones, Arcadio, 3
Dicen que la avenida está sin árboles
    (Benedetti), 62–63
Diplomatic Siege, 184
divisa punzó, 125
Dog Day Afternoon, 184
donante, 167
drag, 167
drenaje, 67
duro, 227

E
Echeverría, Esteban, 133
La edad de oro, 136
Edad de Oro, 135
efectos especiales, 245
Ejército Zapatista de Liberación
    Nacional (EZLN), 197, 209
elenco, 245

embajada, 152
"En el país de Nomeacuerdo"
    (María Elena Walsh), 40
encajonar, 137
encefalograma, 167
English Only, 91
*Escenas de la vida posmoderna.
    Intelectuales, arte y videocultura
    en la Argentina* (Sarlo), 180
esclavo, 125
esclavos, 133
esconder, 227
"escuadrones de la muerte", 65
escuela granja, 137
Escuela Nacional de Arte, 149
escuincle, 137, 199
España
    globalización en, 225, 237, 238
    Guerra Civil en, 5, 17, 20, 58, 136
    inmigración cubana en, 107, 118
    República en, 5
    y "movida madrileña", 165, 166,
        177, 178
español colonial del siglo XIX, 126
La espera, 212
espresiones de opinión, 241–242
Estados Unidos
    inmigración mexicana en, 79, 118
    intervención en Guatemala, 19
    y Argentina, 31
    y Chile, 183
    y Cuba, 149
    y NAFTA, 197
estafar, 109, 213
estampilla, 213
estanciero, 125
estar en pedo, 95
Estefan, Gloria, 117
estéril, 33
*El estilo del mundo. La vida en el
    capitalismo de ficción* (Verdú), 181
Eva al desnudo (All about Eve), 177
exiliado, 95
expediente, 152
Exposición Universal de Sevilla, 225
extrañar, 95
extranjero/a, 95, 152
EZLN (Ejército Zapatista de Liberación
    Nacional), 197, 209

F
fachos, 95
Fernández Flóres, Wenceslao, 6
fianza, 244
filo, 213
fiscal, 243
flojo/a, 137

Flores de otro mundo, 118
FMI (Fondo Monetario Internacional), 246
Fondo de las Naciones Unidas para la Infancia (UNICEF), 146–147
Fondo Monetario Internacional (FMI), 211
fotograma, 245
Franco, Francisco, 5, 136, 165
"La frasesita" (Los Jornaleros del Norte), 88
Frente Popular, en España, 5
Fresa y chocolate, 148–162
frontera, 67, 81
Fuera de juego (Padilla), 149
fuereño/a, 137
Fujimori, Alberto, 46
fundido, 245

G

gabacho/a, 67
Galeano, Eduardo, 77
gallego/a, 95
Gallero, José Luis, 177
Galtieri, Leopoldo, 31
Garage olímpo, 58
García Lorca, Federico, 17, 136, 147
García Márquez, Gabriel, 162
gatear, 67
gauchos, 133
Gaviria, Victor, 178
Gifford, Barry, 226
gilipollas, 227
GlutamatoYe- Yé, 165
golpe de Estado, 21, 33
González Iñárritu, Alejandro, 198
gorrión, 7
gotera, 227
Graef-Marino, Gustavo, 184
Gringo viejo, 32
Guadalupe Hidalgo, tratado de, 79
guagua, 151
guajiro/a, 151
Guantanamera, 150
guarida, 152
Guatemala, 19, 65
Guerra Civil española, 5, 17, 20, 58, 136
Guerra con México, 79
Guerra Fría, 19
güey, 81, 199
guión, 95, 245
guionista, 245
guita, 95, 213
Gutiérrez Alea, Tomás, 150
Gutiérrez Aragón, Manuel, 108
Gutiérrez, Ladislao, 123, 133
Guzmán, Abimael, 45, 57

H

Ha lugar, 243
Habla, mudita, 108
Hable con ella, 166
hacer cola, 151
hacer guardia, 151
hacer la carrera, 167
Hannah, Daryl, 184
harto, 185
Hemingway, Ernest, 17
Hernández, Miguel, 17
El hijo de la novia, 237
HIJOS, 42
himno nacional, 33
La historia oficial, 30–43, 239–240
HIV positivo/a, 167
holocausto, 32
huelga, 81
huésped, 213
Las Hurdes, 136

I

ICAIC (Instituto Cubano de Arte e Industria Cinematográficos), 149, 150
idiomas indígenas, 48, 57
Iglesia, Alex de la, 226, 237
indicativo, y expresiones de opinión, 241
indígenas
   de Guatemala, 29, 77
   de Perú, 57
informe, 152
inmigración mexicana, 79
inocente, 243
Instinct to Kill, 184
Instituto Cubano de Arte e Industria Cinematográficos (ICAIC), 149, 150
interpretar, 245
La isla del tesoro (Stevenson), 236
Islas Malvinas, 31, 43

J

jefe, 137
joder, 109
Johnny cien pesos, 182–195
Los jornaleros del Norte, 88
The Journal of Diego Rodríguez Silva, 66
Juegos Olímpicos de Barcelona, 225
juez/a, 243
juicio, 244
juicios, expresiones para usar en, 243–244
Justice for Janitors, 80
Justiniano, Gonzalo, 58
La Juventud, 151

L

Laberinto de pasiones, 166
laburo, 213
ladrón/ona, 185
Ladrones como nosotros (Pulido), 222
Lady Bird, Lady Bird, 80
lana, 81, 137, 199
largometraje, 245
Lele, Ouka, 165
Lemebel, Pedro, 195
La lengua de las mariposas, 4–17
León, Fernando, 238
Lezama Lima, José, 149, 152
licenciado, 21
liceo, 185
Loach, Ken, 80
El lobo, el bosque y el hombre nuevo (Paz), 150
loca, 151
Lodge, Henry Cabot, 19
Lombardi, Francisco, 46
López, Jennifer, 66
Lucas García, Romeo, 65
Un lugar en el mundo, 94
Lugares comunes, 94
Los lunes al sol, 238
lunfardo, 214

M

Machado, Antonio, 17
Machuca, 59
Madero, Francisco, 135
Madres de Plaza de Mayo, 31, 42
Madrid, España, 165, 178, 225
madrina, 67
La mala educación, 166
Malraux, André, 17
manifestación, 33, 81
María llena de gracia, 118
Mariátegui, José Carlos, 45, 57
marica, 95
maricón, 151
Marston, Joshua, 118
Martín (Hache), 92–104
Martínez de Hoz, José, 211
Martínez, Tomás Eloy, 104
Me llamo Rigoberta Menchú y así me nació la conciencia (Menchú), 77
mearse, 7
Medem, Julio, 226
Meirelles, Fernando, 178
melodrama, 245
La memoria rota. Ensayos sobre literatura y política (Díaz-Quiñones), 3
Memorias del subdesarrollo, 150

Menchú, Rigoberta, 29, 77
Méndez, Sabino, 165, 177
Menem, Carlos Saúl, 31, 93, 211
menso/a, 137
merca, 95
Mercado, Tununa, 104
México, 62, 77, 135, 197, 209, 237
miembros del jurado, 243
migra, 67
milicos, 95
militante, 151
mina, 95, 213
misa, 125
Molotov, 209
Momentos, 124
monja, 167
"movida madrileña", 165, 166, 177
movimiento *English Only*, 91
Movimiento Revolucionario Túpac
   Amaru (MRTA), 45
movimiento sindical, 91
MRTA (Movimiento Revolucionario
   Túpac Amaru), 45
Muerte al amanecer, 46
La muerte de un burócrata, 150
*Mujeres al borde de un ataque de
   nervios*, 166
música *punk*, 177
música *rap*, 209
My Family/Mi familia, 66, 118

N

NAFTA (North American Free Trade
   Agreement), 79, 197, 209
National Conference of Community
   and Justice (NCCJ), 66
Nava, Gregory, 66, 118
NCCJ (National Conference of
   Community and Justice), 66
Neruda, Pablo, 17
niña, 125
No ha lugar, 243
no mames, 81, 199
No se lo digas a nadie, 46
no tener donde, 227
"noche de los bastones largos", 93
La noche de los lápices, 59
El Norte, 64–77
North American Free Trade Agreement
   (NAFTA), 197, 209
Nueve Reinas, 210–223
Nunca Más (CONADE), 42

O

800 balas, 226
O'Gorman, Camila, 123, 133
Ojos que no ven, 46

Olivera, Héctor, 59
Los olvidados, 134–147, 209
Onganía, Juan Carlos, 93
opinión, expresiones de, 241–242
orden de deportación, 243
Organización del Tratado del Atlántico
   Norte (OTAN), 225
orishas, 151
Orwell, George, 17
OTAN (Organización del Tratado del
   Atlántico Norte), 225

P

paco, 185
Padilla, Heberto, 149, 162
palo, 213
pancarta, 33
pandillero/a, 137
Pantaleón y las visitadoras, 46
pantalla, 245
papeles, 109
Paradiso (Lezama Lima), 152
Pares y nones, 6
La parte del león, 94
Partido Revolucionario Institucional
   (PRI), 197
Partido Socialista Español (PSOE), 225
pata de chucho, 21
patria, 95
Paz, Octavio, 124, 149
Paz, Senel, 150
pecado, 125
pela, 227
pelas, 109
pelotudo, 95, 213
pena de muerte, 125
pendejo/a, 185, 199
Penn, Sean, 198
"pensamiento Gonzalo", 45
*Pepi, Luci, Bom y otras chicas del
   montón*, 166, 177
Perdita Durango, 226
Pérez, Rosie, 226
Perón, Juan, 93
Un perro andaluz, 136
Perú, 45, 57
peseta, 227
La peste, 32
pibe/a, 33
picana, 33
picanear, 33
¡Pido la palabra!, 243
pincharse, 167
pinche, 81, 199
Piñera, Virgilio, 149
Pinochet, Augusto, 58, 183
piso, 227

pisto, 67
plano, 245
plata, 213
plató, 246
población, 185
pobreza, 135
pocho/a, 67
poh, 185
pololo/a, 185
porteños, 95
Presente al testigo, 243
prestar juramento, 244
pretendiente, 109
PRI (Partido Revolucionario
   Institucional), 197
Primera Guerra Mundial, 79
Proceso de Reorganización
   Nacional, 31
"programa braceros", 79
pronunciación, características de,
   109, 152
propaganda, 151
¡Protesto!, 243
PSOE (Partido Socialista Español), 225
Puenzo, Luis, 32, 239
Pulido, Francisco Javier, 222
punk, 177

Q

quechua, 48, 57
quiché, 67
quiniela, 227

R

racionamiento, 109
Radio Futura, 165
Raining Stones, 80
rap, 209
rata, 213
Redford, Robert, 150
reformatorio, 137
rehén, 185
reparto, 246
República, 7
República, en España, 5, 136
republicano, 7
Reservoir Dogs, 184
Revolución Cubana, 117, 149
"revolución de octubre", 19
Revolución Mexicana, 135
Riff-Raff, 80
Ríos Montt, Efraín, 65
Rivas, Manuel, 6
Robledo, María Luisa, 239
rodaje, 246
rodar, 246
Rodrigo D: No futuro, 147, 178

rojo, 7
Rosas, Juan Manuel de, 123
Roth, Cecilia, 104
Rúa, Fernando de la, 211
Ruiz de la Prada, Ágata, 165

S

Salinas de Gortari, Carlos, 197
salvoconducto, 21
Sánchez Mazas, Rafael, 17, 58
Sarlo, Beatriz, 180
Sarmiento, Domingo Faustino, 133
sastre, 7
Schroeder, Barbet, 178
se le impone una multa de XX$, 243
secuencia, 246
secuestrar, 33, 185
Segunda Guerra Mundial, 19, 79
Segunda República, en España, 5
seguro médico, 81
Selena, 66
sello, 213
senderista, 47
Sendero Luminoso, 45, 57
Señora de nadie, 124
señorito, 7
**sentenciado a XX años en
    prisión**, 243
sentenciar, 244
sermón, 125
serrano/a, 47
"Si el norte fuera el sur" (Ricardo
    Arjona), 73–74
"Sí se puede"(Los jornaleros del
    Norte), 89
SIDA, 165, 177
siesta, 125
El silencio de Neto, 18–29
Simón del desierto, 136
sindicalista, 81
sindicato, 81
Soldados de Salamina, 58
solicitadas, 33
Sólo se vive una vez (Gallero), 177
Sonámbulos, 108
soplón/ona, 47
*Sor Juana Inés de la Cruz o las trampas
    de la fe* (Paz), 124
spanglish, 82
Stevenson, Robert Louis, 236
Die stimme (La voz), 184
A Streetcar Named Desire
    (Williams), 177
su merced, 125
Subirats, Eduardo, 2

subjuntivo, y expresiones de
    opinión, 241
suburbio, 137
subversivo, 33
sudaca, 95
El sur también existe, 77
surrealismo, 136, 147

T

Tabío, Juan Carlos, 150
Tarantino, Quentin, 184, 198
tatita, 125
teniente, 47
teología de la liberación, 65
"teoría de la dependencia", 77
terruco/a, 47
tertulia, 125
tesoro, 227
testigo, 243
tetas, 167
Thomas, Ann, 66
Tiempo de revancha, 94
Tiene la palabra, 243
tiene libertad bajo fianza, 244
tiene libertad condicional, 244
Tijuana, México, 77
tipo/a, 213
títulos de crédito, 246
Todo por la pasta, 226
Todo sobre me madre, 164–177
trama, 246
transexualidad, 165
*Un tranvía llamado deseo (A Streetcar
    Named Desire)* (Williams), 177
Tratado de Maastricht, 225
travesti, 167
trotamundos, 21
truco, 213
Trueba, David, 58
21 Grams, 198

U

Ubico, Jorge, 19
UFW (United Farm Workers), 79
Ulloa, Bajo, 226
Últimos días de la víctima, 94
UMAP (Unidades Militares de Ayuda a
    la Producción), 149, 162
UNEAC (Unión de Escritores y Artistas
    de Cuba), 149
UNICEF (Fondo de las Naciones
    Unidas para la Infancia),
    146–147
Unidad Revolucionaria Nacional
    Guatemalteca (URNG), 65

Unidades Militares de Ayuda a la
    Producción (UMAP), 149, 162
Unión de Escritores y Artistas de Cuba
    (UNEAC), 149
Unión Europea, 225, 236
United Farm Workers (UFW), 79
United Fruit Company, 19, 29, 65
Urbizu, Enrique, 226
URNG (Unidad Revolucionaria
    Nacional Guatemalteca), 65

V

vago/a, 137
vale, 227
Vallejo, César, 17
Vallejo, Fernando, 178
Vargas Llosa, Mario, 46, 149, 162
variación lingüística social, 138
Las venas abiertas de América Latina
    (Galeano), 77
vendepatria, 21
Verdú, Vicente, 181
verso, 95
Videla, Jorge Rafael, 31, 93
vieja, 199
vigilante, 151
Villa, Pancho, 135
Villafañe, Chunchuna, 239
Viñas, David, 104
La virgen de los sicarios, 147, 178
Viridiana, 136
Vocabulario
    de cine, 245–246
    de críticas de películas, 239–240
vos, 21, 34, 95, 96, 214
voseo, 21, 34, 96, 214
vosotros, uso de, 7, 167, 228
voz en *off*, 246

W

Walsh, María Elena, 40
Watts, Naomi, 198
Weller, Peter, 184
Williams, Tennessee, 177
Wood, Andrés, 59

Y

Y tu mamá también, 237
yeísmo, 34, 96, 214
Yo, la peor de todas, 124

Z

Zapata, Emiliano, 135
zapatistas, 197
Zedillo, Ernesto, 197

Credits

Text Credits

This page constitutes an extension of the copyright page. We have made every effort to trace the ownership of all copyrighted material and to secure permission from copyright holders. In the event of any question arising as to the use of any material, we will be pleased to make the necessary corrections in future printings. Thanks are due to the following authors, publishers, and agents for permission to use the material indicated.

Chapter 1. p. 2: Unit 1 Ch 1 Opener, Contextos: Subirats CREDIT LINE: Excerpt from Después de la lluvia: Sobre la ambigua modernidad española by Eduardo Subirats, Madrid: Ediciones Temas de Hoy, S.A., 1993; **p. 3:** Unit 1 Ch 1 Opener, Contextos: Díaz-Quiñones CREDIT LINE: Excerpt from La memoria rota. Ensayos sobre literatura y política by Arcadio Díaz-Quiñones, Puerto Rico: Ediciones Huracán Inc., 1993.

Chapter 3. p. 40: Ch 3, Conexiones con el tema: Walsh CREDIT LINE: "En el país de nomeacuerdo" by María Elena Walsh. © 1986 Editorial Lagos (SADAIC). All Rights Administered by Warner Chappell Music Argentina. All Rights Reserved. Used by Permission of Warner Bros. Publications U.S., Inc., Miami, FL 33014.

Chapter 5. p. 62: Unit 2 Opener, Contextos: Anzaldúa CREDIT LINE: Excerpt from Borderlands/La Frontera: The New Mestiza (2nd edition) by Gloria Anzaldúa, San Francisco: Aunt Lute Books, 1999; **p. 62:** Unit 2 Opener, Contextos: Benedetti CREDIT LINE: "Dicen que la avenida está sin arboles" from Articulario. Desexilio y perplejidades: Reflexiones desde el sur by Mario Benedetti. © Mario Benedetti. c/o Guillermo Schavelzon, Agente Literario, info@schavelzon.com. Used by permission; **p. 73:** Unit 2, Ch 5 Conexiones con el tema: Arjona CREDIT LINE: "Si el norte fuera el Sur" by Ricardo Arjona. © 1996, Arjona Musical. All rights administered by Sony/ATV Music Publishing LLC, 8 Music Square West, Nashville, TN 37203.

Chapter 6. p. 88: Unit 2 Ch 6 Conexiones con el tema lyrics "La frasesita" by Los Jornaleros del Norte CREDIT LINE: "La frasesita" by Los Jornaleros del Norte. Used by permission; **p. 89:** Unit 2 Ch 6 Conexiones con el tema lyrics "Si se Puede" by Jesus Rivas. CREDIT LINE: "La frasesita" by Los Jornaleros del Norte. Used by permission.

Chapter 9. p. 120: Unit 3 Opener, Contextos: Galeano CREDIT LINE: "Los nadies" from El libro de los abrazos by Eduardo Galeano. Used by permission of the author.

Chapter 12. p. 176: Unit 3 Ch 12 : Almodóvar "Mi idea al principio . . . de las desconocidas." CREDIT LINE: Excerpt from http://www.clubcultura.com/clubcine/clubcineastas/almodovar/esp/ peli_madre5.htm (26 May 2005)

Chapter 13. p. 180: Unit 4 Opener, Contextos: Sarlo CREDIT LINE: Excerpt from Escenas de la vida posmoderna. Intelectuales, arte y videocultura en la Argentina by Beatriz Sarlo, Buenos Aires: Ariel (Grupo editorial Planeta), 1994; **p. 181:** Unit 4 Opener, contextos: Verdú CREDIT LINE: Excerpt from El estilo del mundo. La vida en el capitalismo de ficción, Vicente Verdú, Barcelona: Anagrama, 2003.

Photo Credits

p. 4 © Oliver Mallah Photography; **p. 6** Manuel Zambrava/CORBIS; **p. 11** Courtesy of the Authors; **p. 18** Maya Media Corp/ www.mayamediacorp.com; **p. 25** Time Life Pictures/Getty Images; **p. 30** Virgin Films/Album Archivo Fotografico, S.L.; **p. 32** Arici Graziano/SYGMA/CORBIS; **p. 37** Andrew Hasson/Alamy; **p. 44** Tornasol Films/Album Archivo Fotografico, S.L.; **p. 45** © Oliver Mallah Photography; **p. 64** Independent Prods/AM Playhouse/The Kobal Collection/The Picture Desk; **p. 78** Tornasol Films/Album Archivo Fotografico, S.L.; **p. 80** The Kobal Collection/The Picture Desk; **p. 86** Everett Collection; **p. 92** © Oliver Mallah Photography; **p. 94** Tornasol Films/Album Archivo Fotografico, S.L.; **p. 97** Tornasol Films/Album Archivo Fotografico, S.L.; **p. 106** Sogetel/Tornasol Films/Album Archivo Fotografico, S.L.; **p. 108** Joan Vidal/Album Archivo Fotografico, S.L.; **p. 121** Courtesy of Juana O'Gorman; **p. 122** GEA/Impala/Album Archivo Fotografico, S.L.; **p. 124** The Kobal Collection/The Picture Desk; **p. 134** Cardinal Films Limited/Album Archivo Fotografico, S.L.; **p. 136** Everett Collection; **p. 140** Everett Collection; **p. 148** Album Archivo Fotografico, S.L.; **p. 150** Everett Collection; **p. 153** Hulton Archive/Getty Images; **p. 164** © Oliver Mallah Photography; **p. 166** AFP/Getty Images; **p. 173** El Deseo S.A./Album Archivo Fotografico, S.L.; **p. 182** Catalina Cinema S.A. in Santiago, Chile/Photofest; **p. 189** Catalina Cinema S.A. in Santiago, Chile/Photofest; **p. 196** © Oliver Mallah Photography; **p. 198** Everett Collection; **p. 203** Lions Gate Films/Rodrigo Prieto/Album Archivo Fotografico, S.L.; **p. 210** © Oliver Mallah Photography; **p. 212** Silvio Benitez/Photofest; **p. 216** Everett Collection; **p. 224** © Oliver Mallah Photography; **p. 226** Joan Vidal/Album Archivo Fotografico, S.L.; **p. 231** LOLAFILMS/Album Archivo Fotografico, S.L.